山东省社科规划项目研究成果（项目批准号：19CZWJ04）

明清小说中的山东城市映像研究

王守亮 著

山东大学出版社
SHANDONG UNIVERSITY PRESS
·济南·

图书在版编目(CIP)数据

明清小说中的山东城市映像研究 / 王守亮著.—济南:山东大学出版社,2022.3

ISBN 978-7-5607-7394-0

Ⅰ. ①明… Ⅱ. ①王… Ⅲ. ①古典小说—小说研究—中国—明清时代②城市史—研究—山东—明清时代 Ⅳ. ①I207.41②K295.2

中国版本图书馆 CIP 数据核字(2022)第 037296 号

策划编辑 毕文霞
责任编辑 郭凯迪
封面设计 王秋忆

出版发行 山东大学出版社
社 址 山东省济南市山大南路 20 号
邮政编码 250100
发行热线 (0531)88363008
经 销 新华书店
印 刷 济南巨丰印刷有限公司
规 格 880 毫米×1230 毫米 1/32
8.875 印张 222 千字
版 次 2022 年 3 月第 1 版
印 次 2022 年 3 月第 1 次印刷
定 价 35.00 元

序

城市是人类文明之光，孕育文学的摇篮，也是文学书写的重要对象。因此，读者可以从城市看文学，也可以从文学看城市。从文学看城市，除虚构的城市不论和当代文学书写现实中的城市另当别论外，古代文学书写中的城市历经沧桑，或毁，或迁，或仅留遗迹，甚至荡然无存。今人想慕，即使能从史志或考古中窥其一斑，也无法唤起生动的感受，唯有从古代文学中的城市书写得到一定的补偿，甚至可以引发对所书写城市的某种具象的想象。因此，从古代文学看城市是文学研究的题中之义，也是思慕城市古貌以资当今城建借鉴的一个可能的途径。

作为古代文学研究的题中之义，文学书写中的城市是人物活动、故事过程始末的环境，与人物、故事以至思想艺术的研究密切相关。如杜牧《阿房宫赋》，又如《水浒传》写东京、泰安的楼房、街市等，或为一篇之议论与抒情缘起，或为一回书叙事写人的环境，都有助于读者知人论世以解读作品，其本身亦具有特殊的审美价值。

作为城建借鉴的途径，概括说来，发掘一部名著（篇）、一个故事与某一城市的联系，等于给予或刷新这座城市的名片。如《西厢记》之于蒲州，《三国演义》之于涿州、平原、隆中、新野、荆州等，《水浒传》之于梁山、郓城、东平、阳谷、九江、淮安等。甚至山东省梁山县很大程度上就是因《水浒传》写“梁山泊好汉”而设，从而历史不长的梁山县城成为有故事的城市，而且名满天下。又如毛泽东曾说他年轻时在“《三国》上有名的徐州城墙……环绕过一次”[①]，就是因《三国演义》认证了徐州城墙的“有名”。这种“名”其实就是当今城市建设的文化资源。

因此，从古代文学看城市的研究，应该受到学术与城建各方共同的关注，以及各方应有密切配合的努力。近二三十年来，这种努力取得了显著成就与经验，从学术研究一端看先后出版了不少论著。王守亮教授这部《明清小说中的山东城市映像研究》（以下简称《映像研究》）就是从古代文学看城市研究的最新成果。其价值连“城”和独具一格，略有如下特点。

首先，《映像研究》是古代文学城市书写研究有代表性的力作。其代表性一则在于与古代诗、文、戏曲等各单一文体相比，小说文体容量最大，其写城市的内容也更为广阔；二是我国自古城市化进程中，山东是最早发达地区之一。尤其明、清二代，北京上承元代是大一统中国的皇城，山东成为南北水陆交通的要道，更进一步成为全国城市最发达的省份之一。其影响所及，就是仰赖于城市发展的“四大奇书”等“奇书体”长篇通俗小说以及《聊斋志异》等名著，或其作者为山东人，或小说故事主要发生在山东，甚至据我的考证，《西游记》的故事背景就大量模拟泰安的泰山，从而我国最重要的小说几乎无不与山东的城市相关联。这注定了山东城市必然是明清小说城市书写研究关注的重心。《映像研究》聚焦于此，又为首创，从而最新并具有代表性；又大小城市（镇），巨细不遗，考论周到，每于人不经意处发见精彩，是可谓价值连“城”者，故又允为古代文学城市书写研究的一部力作。

其次，《映像研究》宏观把握准确，认识到位，思路清晰。例如其就研究对象的性质论曰：“总体而言，明清小说中的山东城市是小说家以文学笔墨描绘的城市历史图景，是对当时城市生活的文学表现，属于‘文学中的城市’之范畴。不过，明清小说对这些城市的书写并不是出于纯然虚构，而时时可见历史真实的

① ［美］埃德加·斯诺：《西行漫记》，董乐山译，三联书店1979年版，第129页。

影子，却又比严谨理性的史料记载更为形象生动，从而更具艺术感染力。在这个意义上，明清小说中的山东城市映像不但是研究相关城市历史可资参考的文献资料，而且是城市文化传统乃至齐鲁文化的有机组成部分，理应发掘和研究。”又曰：“明清小说与山东城市之间是一种彼此影响、双向互动的关系，明清小说对山东城市的书写是这一关系的艺术反映。在本书的研讨中，我们采取文学本位，兼顾历史实际的原则，也就是以明清小说对山东城市的书写为出发点和基本依据进行研究，同时结合历史文献记载，进行必要的文史比对，以及适当的田野考察实证，并探讨这种书写的现实价值和意义。”按之全书，作者所声明的这种理念、方法与实事求是的态度都得到了很好的贯彻，从而为古代文学城市书写研究提供了新的经验，是后来者良好的参考。

最后，《映像研究》守正出新，经世致用。守正出新是说自多年前古代小说研究“名著热”的退潮，随之潜滋暗长一种疏远名著或名著重大问题研究，甚至冒出完全否定《三国演义》《水浒传》等名著价值的论调。这就或矫枉过正，或简单粗暴，不同程度上背离了最广大读者热爱名著、以名著阅读为中心的社会现实。当此之际，《映像研究》固然无意矫俗，但其重视名著，聚焦城市，考小说中城市文化之古，分析论定其城市描写的价值，就不仅与大众阅读之主流相向而行，而且能引导读者对古城文化的想象与感受，乃至起抚今追昔之情，从而守正出新，独具一格。

经世致用是说自改革开放以来，随着城市化的进展，对包括明清小说在内的传统文化资源的发掘利用成为各地城建的时尚。其成就不容低估，但也有些地方因为不得要领，或急功近利，或二者的叠加，造出了不少伪景观、假古董。其劳民伤财，事与愿违，使人想到避免这种失误和浪费的措施之一，就是请教各有关专家和参考如《映像研究》之类相关著作。也就是说，《映像研究》是一部文学研究著作，也是一个山东城建开发利用古代小说城市书写资源的有益参考。喜爱小说者值得一读，读之可以赏心悦目；有关领导以及相关从业者值得一读，读之可以有助于把好事做好，避免劳民伤财。顾炎武曰："文须有益于天下。"《映像研究》有焉！

《映像研究》涉及内容广泛，梳理考证颇有难度。此仅大概言之，其具体之精粗得失，读者见仁见智可也。守亮教授为人质朴，敬业有恒，好学不倦。其先已出版《谶纬与汉魏六朝小说》。此书之出，标志其学术进一步成熟，值得祝贺。而守亮教授正当盛年，厚积薄发，任重道远，读者也有理由盼其再接再厉，再著佳作！是为序。

杜贵晨

2021 年 10 月 21 日

于泉城历下

前　言

在文学诸体裁中，小说尤其是中、长篇小说，无疑能够容纳更为丰富、厚重的社会生活内容，在其艺术的审美价值之外，还具有让读者形象地了解某个历史时代的认识价值。

中国古人往往称小说为“稗官野史”，注重的就是小说的这种认识价值。元末明初，长篇章回小说兴起，它们的社会生活容量成为人们关注的一个重要方面。明天都外臣在《水浒传序》中概括《水浒传》的题材内容道：“载观此书，其地则秦、晋、燕、赵、齐、楚、吴、越，名都荒落，绝塞遐方，无所不通；其人则王侯将相，官师士农，工贾方技，吏胥厮养，驵侩舆台，粉黛缁黄，赭衣左衽，无所不有；其事则天地时令，山川草木，鸟兽虫鱼，刑名法律，韬略甲兵，支干风角，图书珍玩，市语方言，无所不解；其情则上下同异，欣戚合离，捭阖纵横，揣摩挥霍，寒暄嚬笑，谑浪排调，行役献酬，歌舞谲怪，以至大乘之偈，真诰之文，少年之场，宵人之态，无所不该。”[①]此说道出了《水浒传》反映的广阔社会生活背景。因此，通过小说认识一定历史时代的社会状况、民情风俗等，也就成为小说阅读与欣赏的角度之一，古今中外，概莫如此。恩格斯在1888年4月初《致玛·哈克奈斯》的信中，曾对巴尔扎克《人间喜剧》的历史认识价值作过一个经典评价，说：“他汇集了法国社会的全部历史，我从这里，甚至在经济细节方面（如革命

---

① （明）天都外臣：《水浒传序》，朱一玄、刘毓忱编：《水浒传资料汇编》，南开大学出版社2002年版，第168—169页。

以后动产和不动产的重新分配)所学到的东西,也要比从当时所有职业的历史学家、经济学家和统计学家那里学到的全部东西还要多。”①

恩格斯的论断同样适用于指导我们阅读和欣赏明清小说。且看《醒世姻缘传》中的两段文字。第二十八回写道:“济南的合属中,如海丰、乐陵、利津、蒲台、滨州、武定,那井泉都是盐卤一般的咸苦。合伙砌了池塘,夏秋积上雨水,冬里扫上雪,开春化了冻,发得那水绿威威的浓浊……有那仕宦大家,空园中放了几百只大瓮,接那夏秋的雨水,也是发得那水碧绿的青苔……到霜降以后,那水渐渐澄清将来,另用别瓮逐瓮折澄过去,如此折澄两三遍,澄得没有一些滓渣,却用煤炭如拳头大的烧得红透,乘热投在水中,每瓮一块,将瓮口封严,其水经夏不坏,烹茶也不甚恶,做极好的清酒,交头吃这一年。”②有关鲁东北城乡官民积雨雪之水饮用的情形,描写如此细致,非史志所能载,是我们深入了解这一带历史和社会发展状况的重要资料。第五十六回写道:“狄员外雇了四个长骡。那时太平年景,北京到绣江明水镇止九百八十里路,那骡子的脚价每头不过八钱,路上饭食,白日的饭是照数打发,不过一分银吃的响饱,晚间至贵不过二分。夜住晓行,绝无阻滞。若是短盘驴子,长天时节,多不过六日就到;因是长生口,所以走了十日方才到家。”③这段文字详细地写出了北京至济南府绣江县明水镇的途程里数、行走天数、骡子脚价、饮食价格乃至沿途治安状况。再如,清代山东嘉祥作家曾衍东(1751—1830)《小豆棚》卷十一《鬼妻》,写仲家用人在路边休息时“击石镰吸淡巴菇”,恰有一女路过,“曰:‘尔吸者济宁烟草耶?

① [德]马克思、恩格斯:《马克思恩格斯论文学与艺术》,人民文学出版社1982年版,第190页。

② (明)西周生辑著,李国庆校注:《醒世姻缘传》,中华书局2005年版,第362—363页。

③ (明)西周生辑著,李国庆校注:《醒世姻缘传》,中华书局2005年版,第718—719页。

乞假一管。'佣欲易而与之"[①]。由所写可知清代中叶底层百姓用火镰击打石头取火点烟[②]等吸食烟草的方式。而"济宁烟草"的说法也表明,烟草种植在当时济宁一带应该是常见的,并且有了一定知名度。类似《醒世姻缘传》和《小豆棚》中这样有关当时人们生活和社会状况的细节性描述,自然难以见诸正史以及方志记载。因此,恩格斯对巴尔扎克《人间喜剧》的论断是具有普遍意义的,也是本书确定以明清小说与山东城市为研究对象的指导原则。

综观中国古代各体文学,受城市影响广泛而深刻,对城市生活有着形象而全面、系统书写的,首推小说,尤其是明清长篇小说。中国古代小说自其成熟的唐代开始,不少作品便以城市为故事发生的地点、情节展开的背景。在宋元话本小说中,城市商品经济、市民生活和市民形象成为小说内容的重要方面。明清时期,城市数量较前更多,且更为繁荣。有学者指出,明代小说就是城市文化培育的丰硕成果。[③] 城市作为影响文学发展的一种外部因素,为明清小说的创作提供了丰富素材,城市生活和市民形象大量进入小说的书写,成为引人注目的内容。因此,明清小说与城市的关系值得我们重视和研究。

近年来,有不少学者对明清小说中的城市书写这一文学现象进行研究,多有相关论著出版或发表。这一方面的著作有葛永海《古代小说与城市文化研究》(复旦大学出版社 2005 年版)、施晔《近代小说的城市书写与社会变革》(广西师范大学出版社 2013 年版)和周晓琳、刘玉平《中国古代城市文学史》(人民出版社 2013 年版)等。相关论文有孙逊、葛永海《中国古代小说中的

---

① (清)曾衍东著,盛伟校点:《小豆棚》,齐鲁书社 2004 年版,第 193 页。

② 就笔者所见,在 20 世纪 70 年代山东一些乡村,仍有老年人使用"火镰"(一般是一块厚铁片)击打"火石"(通常就地取材,以白石头为佳),用高粱秸秆内芯靠近击打出来的火星取火,然后点燃旱烟袋吸烟。《小豆棚》所写仲家用人吸烟似此,故作此解。

③ 参见周晓琳、刘玉平:《中国古代城市文学史》,人民出版社 2013 年版,第 380 页。

“双城”意象及其文化蕴涵》(《中国社会科学》2004年第6期),张慧禾《古代杭州小说的帝都情结》(《浙江学刊》2007年第4期),孙逊、刘方《中国古代小说中的城市书写及现代阐释》(《中国社会科学》2007年第5期),陈平原《文学的都市与都市的文学——中国文学史有待彰显的另一面相》(《社会科学论坛·学术评论卷》2009年第3期),施晔、郑秉咸《古代杭州小说中的抱剑营书写研究》(《九江学院学报》2012年第1期)。这些论著引领形成了古代小说研究的一个新领域和学术增长点。总体看来,这些成果关注较多的是古代小说所写的长安、东京、北京等古都以及苏州、杭州、扬州等江南烟柳繁华之地;对明清时期在北方经济、政治和文化版图中占有重要地位,在明清小说中被多角度、多层次写及的山东城市,既有成果关注较少。

山东是明清小说创作的重镇之一,《三国演义》《水浒传》《金瓶梅》《醒世姻缘传》和《聊斋志异》等重要的明清小说佳作,不但作者是山东人,而且山东城市如青州、济宁、泰安、东昌(聊城)、济南等,在其中都得到了不同程度的书写。当然,不止于此。《好逑传》作为才子佳人小说的代表作,写的主要是发生在济南府历城县的一个“发乎情,止乎礼”的爱情婚姻故事。《儒林外史》写王冕曾在济南卖字画,更有周进在汶上县教学、在省城撞号板等精彩情节。《红楼梦》第一回不但提到东鲁孔梅溪将是书改题为“风月宝鉴”,而且第七十八回还写了令人荡气回肠的青州恒王府林四娘故事。《老残游记》作为晚清长篇小说的代表作,故事起始于登州府蓬莱阁,主要写老残在千乘、济南、曹州、泰安等地的所见所闻,可谓老残的山东城市游记。即使作为神魔小说代表的《西游记》,虽然没有具体、直接写到山东哪一个城镇,但书中多关涉泰山文化,多有山东方言,表明这部小说和山东也有千丝万缕的关系。[①] 如此等等,可见山东尤其山东城市在

① 请参见杜贵晨《〈西游记〉与泰山关系考论》(《山东社会科学》2006年第3期)、拙文《〈西游记〉中的山东方言词汇例释——兼及〈西游记〉黄肃秋注与李洪甫注》(《明清小说研究》2018年第3期)。

明清小说中的分量，故而明清小说对山东城市的书写理应成为学界关注的文学现象和研究课题。

前此已有学者对《醒世姻缘传》和《老残游记》等明清小说所写的山东城市，主要是济南一地，进行过一些研究工作。相关成果有滕咸惠《老残眼中的济南风物》(《古典文学知识》1995 年第 1 期)、王保林《从小说描写看明清时期济南的风景名胜——以〈醒世姻缘传〉〈老残游记〉为例》(《三门峡职业技术学院学报》2009 年第 1 期)、张海燕《刘鹗的山东经历和〈老残游记〉的济南描写》(《九江学院学报》2013 年第 1 期)等。这些论文探讨《醒世姻缘传》和《老残游记》对济南的书写，属于明清小说与山东城市关系研究的个案研究，对本书所要研讨的课题具有很好的参考和借鉴价值。

本书就明清小说对山东城市的书写进行全面观照与系统研究，力求较为深入地考察、描述明清小说中的山东城市映像，并探讨、发掘其中潜蕴的现实价值和意义。总体而言，明清小说中的山东城市是小说家以文学笔墨描绘的城市历史图景，是对当时城市生活的文学表现，属于“文学中的城市”之范畴。不过，明清小说对这些城市的书写并不是出于纯然虚构，而时时可见历史真实的影子，却又比严谨理性的史料记载更为形象生动，从而更具艺术感染力。在这个意义上，明清小说中的山东城市映像不但是研究相关城市历史可资参考的文献资料，而且是城市文化传统乃至齐鲁文化的有机组成部分，理应得到发掘和研究。

明清小说与山东城市之间是一种彼此影响、双向互动的关系，明清小说对山东城市的书写是这一关系的艺术反映。在本书的研讨中，我们将采取文学本位，兼顾历史实际的原则，也就是以明清小说对山东城市的书写为出发点和基本依据，同时结合历史文献记载，进行必要的文史比对，以及适当的田野考察实证，并探讨这种书写的现实价值和意义。总体来看，明清小说书写的山东城市几乎涵盖今天山东省的所有地市和数量颇丰的县(市、区)。明代和清代前期，山东半岛以西是政治、经济、文化的活跃区域，小说所写的山东城市以青州以西至京杭大运河沿岸者居多。晚清时期的山东，如《官场现形记》第七回所说："东半省地方已渐渐为外国人势力圈所有，不时有交涉事件。"①因此，青岛、潍县、诸城等山东半岛城市较多地进入小说叙事之中。据此，本书选择那些在明清小说中得到较多描写的山东城市为对象，着重研讨小说所写这些城市的地理风貌、人物故事、商业活动、民情风俗等。《醒世姻缘传》第二十四回综论山东六府山水，有云："这些的山水都是人去妆点他。"②人，是城市与山水中活动的最醒目的主体。因此，在本书各章节的论述中，我们会较多关注发生于某一城市的人物故事。

王守亮

2020年1月6日

---

① (清)李宝嘉著，张友鹤校注：《官场现形记》，人民文学出版社1957年版，第86页。

② (明)西周生辑著，李国庆校注：《醒世姻缘传》，中华书局2005年版，第320页。

目　录

第一章　明清小说中的泉城济南

明洪武九年（1376），山东承宣布政使司治所由青州移至济南，济南从此成为山东的行政中心。对于青州与济南两个城市行政地位的变化，我们从明清小说中可以窥见一斑。在元末明初的《三国志通俗演义》和《水浒传》中，所写最多的是青州一地，济南几乎没有什么位置，这一文学现象应该与青州当时的行政地位仍然高于济南有一定关系。不过，随着济南作为山东省城地位的确立，并逐步发展为一个重要的地域性城市，从明代早期李昌祺《剪灯馀话》开始，一直到晚清时期，济南一地越来越多地出现在各类长、中、短篇小说中。在本章，我们即根据明清小说的相关描写，综合考察、分析济南的地理、人物故事和民情风俗等。

第一节　明清小说中的济南及其所属城镇

明清小说对济南及其周边所属城镇的描写，以《醒世姻缘传》和《老残游记》为代表，具有相当程度的写实性。《醒世姻缘传》作者西周生，明末清初人，生平身世不可考。从小说字里行间来看，西周生对济南和章丘两地的地理风貌、民情风俗等是相当熟悉的。根据小说对章丘一带山水名胜、人情风俗的较多描写来看，西周生的家乡可能就在今济南市章丘区。该书以济南府绣江县明水镇狄希陈为主人公，叙写他在明水、济南、北京和成都等地的经历，涉及今之山东、北京和四川三省市，重点则在明水镇和济南。在明清长篇小说中,《醒世姻缘传》首次以写实笔墨描绘出济南的山水与风俗图景。

刘鹗(1857—1909)《老残游记》是继《醒世姻缘传》之后,第二部以写实笔墨表现济南山水、风情的长篇之作。开篇所叙起自山东蓬莱,主体内容叙写老残在千乘、济南、曹州、东昌、齐河和泰安等山东地方的游历。其中,小说写老残在济南的行踪路线、所游景点等,都具有写实特征,且写实意味比《醒世姻缘传》更为明显。之所以如此,是与刘鹗曾幕游山东、熟悉济南有直接关系的。

下面,我们主要依据《醒世姻缘传》和《老残游记》,结合《女仙外史》《近十年之怪现状》等其他小说的相关内容,来考察明清小说书写的济南及其所属城镇的状况。

一、明清小说中的济南城市及历城县

在明清小说中,济南的城市状况得到了一定程度的写实性反映,读者据此可以了解济南城市发展变化的大概情形。

先看明清小说描绘的济南城市地理环境。在明清小说中,有不少作品比较真实地反映出济南面山、背河、坐拥湖泉的基本地理状况。《醒世姻缘传》是最早真实地写出济南城市这种地理格局的长篇小说。第三十七回狄希陈等人在考前游玩,第一日出济南西门到跑(趵)突泉,次日出南门去千佛寺,登千佛山顶,第三日到大明湖。《老残游记》第二、三回写老残游赏大明湖和趵突泉,南眺千佛山;第四回写老残“出济南府西门,北行十八里,有个镇市,名叫雒口”[①],在此雇船,从黄河船行西去,前往曹州。这些描写都真实地表现出济南的基本地理环境。不仅如此,即使《女仙外史》一书,虽为神魔题材,但写到的“华不注山”(第三十三回)、“府城北鹊山湖”(第三十五回)、“西湖之历下亭”(第八十三回)以及珍珠泉等,都是般般实有的济南山水名胜,个

① (清)刘鹗:《老残游记》,中华书局2013年版,第21页。

中亦透漏出济南的地理环境信息。

再看明清小说所写济南城池布局及其变化的情况。明末袁于令(1592—1674)《隋史遗文》第三回、第三十回写秦琼的好友贾闰甫,开鞭杖行,就在济州历城的西门外;这一带开牙行经纪人家特多,“有粜籴米粮、贩卖罗缎、西马北布、木植等行”[①],商业相当繁荣。这些应是明末清初济南西门外的情形。与袁于令大约同时的西周生,在《醒世姻缘传》第三十七回写到济南东门里的鹊华桥。狄希陈和同学相于廷、薛如卞、薛如兼等人到府城参加府学童生考试,就借住在鹊华桥东的远房亲戚的房子里,读书应考,达二十多天。据此来看,东门里面当是一处清静之地;东门外面东关一带则有雇骡市(第四十回),属于热闹去处。在晚清小说中,东门里的鹊华桥一带就大有变化了,如《老残游记》第二回写道:

> 到了鹊华桥,才觉得人烟稠密,也有挑担子的,也有推小车子的,也有坐二人抬小蓝呢轿子的。轿子后面,一个跟班的戴个红缨帽子,膀子底下夹个护书,拼命价奔,一面用手巾擦汗,一面低着头跑。街上五六岁的孩子不知避人,被那轿夫无意踢倒一个,他便哇哇的哭起。[②]

这些描写反映出东门一带人烟稠密的情景。出版时间晚于《老残游记》的吴趼人《近十年之怪现状》第十四回所写鹊华桥一带,则已沦为济南有名的烟花柳巷。小说多次写到“鹊华桥、大明湖(济南游宴之地)”,“鹊华桥(济南冶游之地)”,“济南的鹊华桥,犹如上海的四马路一般,是个烟花所在”。[③] 这里还有“在济南享了个第一艳名”[④]的妓女巧玲,她与省城的大人老爷们交往密切。

---

① (明)袁于令评改,宋祥瑞校点:《隋史遗文》,北京大学出版社1988年版,第241页。

② (清)刘鹗:《老残游记》,中华书局2013年版,第8页。

③ (清)吴趼人:《近十年之怪现状》,天津古籍出版社1986年版,第5、103、104页。

④ (清)吴趼人:《近十年之怪现状》,天津古籍出版社1986年版,第108页。

那么，上海的四马路是什么情形呢？《官场现形记》第七回写四马路“是上海第一个热闹所在。……真正是笙歌彻夜，灯火通宵”[①]。由《醒世姻缘传》《老残游记》和《近十年之怪现状》所写，可知从清初至晚清济南东门鹊华桥一带人烟日益稠密、歌舞繁华的情况。另据《醒世姻缘传》第六十七回，济南东关曾建有一座春牛庙。

《醒世姻缘传》《聊斋志异》和《老残游记》等小说还写到济南南门的情形。《醒世姻缘传》第六十七回写及济南府“南门外岳庙后”[②]，这在小说中是并不起眼的细处文字，却并非作者的有意虚构，而具有写实性。《聊斋志异》卷一《鹰虎神》开篇写道：“郡城东岳庙，在南郭。”[③]“郡城”即济南府城，“东岳庙”即岳庙，此可与《醒世姻缘传》中的文字互为印证。据《（乾隆）历城县志》所载历城县志图，东岳庙在府城南门外的东南位置。[④] 由此可知，《醒世姻缘传》和《鹰虎神》对济南府南门岳庙所在位置的描写都是真实的。《老残游记》第二、三回写济南南门及其周边：舜井在南门之内；出南门不远，到历山脚下，有传说中大舜昔日耕田的地方；南门城外有好大一条护城河，流淌着湛清的泉水，水草都长得有一丈多长，河岸南面有几个大长方池子，许多妇女在池边石上捣衣。南门一带多了几分清静气息。

济南城内的街道在明清小说中也有所反映。明清时期，济南既是省城，又是府城，驻有官府的各级各类机构，市面繁华，城内外相应就有了以官署或者行业命名的街道。例如《女仙外史》第三十三回写到的“府署后街”，就是以济南府署命名的街道；而“府署”一名早就见于明代的济南府城图中。再如布政司街。

① （清）李宝嘉著，张友鹤校注：《官场现形记》，人民文学出版社 1957 年版，第 97 页。

② （明）西周生辑著，李国庆校注：《醒世姻缘传》，中华书局 2005 年版，第 860 页。

③ （清）蒲松龄著，张友鹤辑校：《聊斋志异》（会校会注会评本），上海古籍出版社 1986 年版，第 103 页。

④ 参见张华松等校点：《历城县志正续合编》，济南出版社 2007 年版。

《醒世姻缘传》第三十七回写狄希陈等人外出游玩的路线，“从鹊华桥发脚，由黑虎庙到了贡院里边……又到了府学里边看了铁牛山，从守道门前四牌坊到了布政司里面，由布政司大街各家书铺里看过书，去出西门，到跑突泉上玩耍了一大会”[①]。又如第五十回写到的济南西门外剪子巷，这是至今尚存的一条老街，明清时期因制作剪子的作坊众多而得名。《老残游记》写老残游赏大明湖后，“从鹊华桥往南，缓缓向小布政司街走去。……信步走来，不知不觉已到高升店门口”[②]。如此等等，不一而足。《醒世姻缘传》和《老残游记》写到的“布政司大街”和“小布政司街”，是济南老城区的街道，至今仍存，位于山东省政府大门两侧。大布政司街今称“省府前街”，北起原布政使司大门，南止院西大街（今泉城路）。小布政司街和大布政司街垂直相交，它的东段起自芙蓉街，西止原布政使司大门，今称“省府东街”。[③] 在吴趼人《瞎骗奇闻》第五回末，借赵家长工之口，报了一连串济南城里的街道名称，有布政司街、将军庙街、曲水亭街和按察司街等，这些都是至今在济南老城区实有的街道。

从明清小说中也可以看到济南的交通状况。济南作为省城，有官道连通周边与四方，无论北上经德州进京，还是南下泰安、曲阜，或者西去聊城、临清等运河城市，或者东至“东三府”[④]，济南均是人员和商贸往来的必经之地。《聊斋志异》卷四《念秧》写“余乡”王子巽进京，行程路线是淄川—济南—德州—北京。《醒世姻缘传》写一批青州府的布客去临清贩布，回程的固定路线是经过济南府城和绣江县，再到青州（第二十五回）；薛素姐、狄希陈等人去泰山进香，从明水镇出发，西行至济南住宿，次日

---

① （明）西周生辑著，李国庆校注：《醒世姻缘传》，中华书局 2005 年版，第 478、479 页。

② （清）刘鹗：《老残游记》，中华书局 2013 年版，第 8 页。

③ 济南市旅游发展委员会：《老济南最有政府气息的千年老街——布政司街》，http://tour.dzwww.com/sn/news/201705/t20170508_15894297.htm。

④ （明）西周生辑著，李国庆校注：《醒世姻缘传》，中华书局 2005 年版，第 321 页。按：东三府指济南府以东的青州府、莱州府和登州府。

南去泰安(第六十九回);为了追赶狄希陈的官船,薛素姐从明水起身,也走这条进香的道路,一直追到济宁和淮安(第八十六回)。到了近代,轮船的出现,以及上海与天津之间海上客运航线的开通,使京沪之间的往来要比走内陆官道方便快捷得多。《官场现形记》第四十六回顽固保守的童钦差巡查江南,坚持走耗时费力的内陆官站,拒绝由京师乘火车到天津,再换乘轮船去上海的快捷方式,就透露出津沪海运航线开通的信息。对济南而言,这条海运航线的开通使之多了一条沟通外界的新通道。晚清小说《近十年之怪现状》第一回写乔子迁和李老三在济南合伙偷了广东客人的三四桶金矿石,"雇船到了烟台,附着轮船仍回上海"①;第十三回,陈雨堂与萧志何从上海前往济南,先乘船到烟台,再转至济南。显然,至晚清,有了从济南到烟台再到上海的水路交通,大概是从济南小清河乘船至渤海,到达烟台,再转乘轮船去往上海。另外,随着胶济铁路的修建和逐段开通,人们也可从济南出发,前往潍县坐火车去青岛,再换乘轮船去上海。《官场现形记》第七回陶子尧去上海购买机器,走的就是这条路线。

历城自古号称齐鲁首邑,济南民间素有"先有历城县,后有济南府"之说。明初,山东省会移至济南,历城自此成为省、府、县三级行政机构所在地;清初,设济东道,道治亦在历城。这些行政机构的设置在明清小说中都有所反映。《女仙外史》第三十五回,青州义军占领济南城,原在城内的段布政使、济南知府刘骏、历城县令陈恂,均受到义军的保护,这间接反映出省、府、县三级治所同在济南一城。对济南写实性较强的《醒世姻缘传》,或称济南为"府城"(第三十七回),或称"省城济南府"(第三十八回),表明省治、府治同在一城。《绿野仙踪》第四十三回,杜珊做了济东道道员,衙门就在省城济南。晚清《老残游记》和《文明小史》等小说的故事情节对此也有所反映。如《文明小史》第三十

① (清)吴趼人:《近十年之怪现状》,天津古籍出版社1986年版,第7页。

七回，聂慕政刺杀经过省城济南的云南总督陆夏夫，被抓住后交由历城县收监、审讯，表明历城县直接负责省城的治安事务。因此，上述明清小说书写的济南城池布局等，实际也就是同期历城的市貌。

二、《醒世姻缘传》中的绣江县和明水镇

《醒世姻缘传》第二十三回写绣江县：

> 这绣江县是济南府的外县，离府城一百一十里路，是山东有数的大地方，四境多有名山胜水。那最有名的，第一是那会仙山，原是古时节第九处洞天福地。……这会仙山上有无数的流泉，或汇为瀑布，或汇为水帘，灌泻成一片白云湖。遇着天旱的时节，这湖里的水不见有甚消涸；遇着天潦的时节，这湖里的水不见有甚么泛溢。[①]

绣江是今济南市章丘区内最大的一条河流，发源于百脉泉，向北流入小清河，《醒世姻缘传》所称绣江县实即今之章丘。根据小说描写，当年去“国初”[②]未远的时节，绣江县“人以孝弟忠信是敦，家惟礼义廉耻为尚”[③]，百姓遵守法度，按时进城完纳钱粮，绝无官府追比之说；各家夫妇和谐，阴阳合宜；秀才们亦唯在读书上下功夫，阖县风俗淳厚，百姓安居乐业。

小说写明水镇离绣江县四十里，到济南府城七十里[④]，周边有白云湖和会仙山。镇上有吕祖阁（第二十八回）和文昌祠（第三十八回），镇东头有三官大帝的庙宇（第五十六回），还有龙王

---

① （明）西周生辑著，李国庆校注：《醒世姻缘传》，中华书局2005年版，第298—299页。

② 《醒世姻缘传》所谓“国初”指明朝初期，如第二十三回所说：“去太祖高皇帝的时节刚刚六七十年。”

③ （明）西周生辑著，李国庆校注：《醒世姻缘传》，中华书局2005年版，第298页。

④ 《醒世姻缘传》第二十五回写薛教授一家从济南到明水，狄员外热情挽留住宿，说了其中原因。薛教授说：“怪道的，昨日刚才午转，从济南到这里只走了七十里地，便苦苦的定要住了。”

庙、玉皇庙、白衣庵等，香火颇盛。第二十四回有一首《满江红》词，单道明水镇早先时节山水哺育及百姓轻徭薄赋、安居乐业的世外桃源景象：

> 四面山屏，烟雾里、翠浓欲滴。时物换，景色相随，浅红深碧。涧水几条寒似玉，晶帘一片尘凡隔。今古来、总汇白云湖，流不息。屋鱼鳞，人蚁迹。事不烦，境常寂。遍桑麻禾黍，临渊鲤鲫。胥吏追呼门不扰，老翁华发无徭役。听松涛、鸟语读书声，尽耕织。①

占尽天时地利人和的明水镇，成为物产丰饶的鱼米之乡，所谓“家家富足，男有余粮；户户丰饶，女多余布”②。同绣江县一样，早先去“国初淳庞未远”③的时节，“这个明水……越发成了个避世的桃源一般。这一村的人更是质朴，个个通是那前代的古人”(第二十三回)④。官至宫保尚书后告老归乡的杨乡宦，平易近人，善待乡亲，并极力为过往明水的客商提供饮食之便。塾师舒秀才品行端正，不图私利，全为学生成才着想。不识字的财主李大郎极为敬重读书人，以丰厚的束脩为子延师。小户农夫祝其嵩对着故意讹人的粮道书办，敢说公道话，见义勇为。总之，明水镇上的居民，无论乡绅、文人还是普通农夫，都古道热心，和谐相处。但随着前辈老成渐渐离世，忠厚遗风渐渐浇漓，镇上的狄员外感叹：“如今渐渐的大不似往年了！这些新发的后生，那里还有上世的一些质朴！”(第二十五回)⑤小说的男女主人公狄希

---

① (明)西周生辑著，李国庆校注：《醒世姻缘传》，中华书局 2005 年版，第 312 页。

② (明)西周生辑著，李国庆校注：《醒世姻缘传》，中华书局 2005 年版，第 311—312 页。

③ (明)西周生辑著，李国庆校注：《醒世姻缘传》，中华书局 2005 年版，第 298 页。

④ (明)西周生辑著，李国庆校注：《醒世姻缘传》，中华书局 2005 年版，第 300 页。

⑤ (明)西周生辑著，李国庆校注：《醒世姻缘传》，中华书局 2005 年版，第 323 页。

陈、薛素姐就是在这样的风气下结为夫妻，在明水镇上演了丈夫异常惧内、妻子悍妒驭夫的所谓牝鸡司晨的故事。

在《醒世姻缘传》作者笔下，在距“国初”未远时节的绣江县和明水镇，人们生活富裕，充满祥和。对那时的明水镇，小说作者征引儒、释、道三教事典，极尽赞美，如：“避世的桃源”（第二十三回）、“极乐的世界”（第二十四回）、“华胥城”（第二十四回）、“仙乡乐土”（第二十五回）。[1] 极乐世界和仙乡分别是佛、道事典，为人所熟知；“避世的桃源”典出陶渊明《桃花源记》，“华胥城”化用道教经典《列子·黄帝》中“华胥氏之国”故事，“乐土”出自《诗经·魏风·硕鼠》。各个事典所指，都是人们理想中的美好世界，且儒、释、道三教混融，似乎无分主次。不过，小说作者是一个典型的儒家知识分子，这由其“西周生”的署名可窥见一斑。因此，小说作者最终把距“国初”未远时节的明水镇归结到儒家理想中的三代之治：“这明水镇的地方，若依了数十年先，或者不敢比得唐虞，断亦不亚西周的风景。”（第二十六回）[2]《论语·阳货》言：“子曰：‘如有用我者，吾其为东周乎？’”[3]在孔子看来，文王、武王时代的西周是礼乐秩序和谐的盛世，为后代楷模，因而怀抱在东方复兴文王、武王之道的宏大理想。在和谐的礼乐秩序中，夫妇关系有着基础性地位，如《礼记·内则》说：“礼始于谨夫妇。”[4]但在《醒世姻缘传》中，去“国初”已远时节的男女主人公在这一根本方面却闹了个乾坤倒转，一塌糊涂，这正是小说作者批判的一个指向。

小说作者西周生在创作中谨遵孔子“吾其为东周”的理想，把西周图景作为明水镇拥有过的一段历史，所谓“明水镇有古淳

---

① (明)西周生辑著，李国庆校注：《醒世姻缘传》，中华书局2005年版，第300、311、312、323页。

② (明)西周生辑著，李国庆校注：《醒世姻缘传》，中华书局2005年版，第333页。

③ 杨伯峻译注：《论语译注》，中华书局1980年版，第182页。

④ 王文锦译解：《礼记译解》，中华书局2001年版，第389页。

风"(第二十三回)。作为古风遗存,在去"国初"已远时节的明水,仍有子孝妇贤的和睦人家。第五十二回张养冲的两个儿媳一心孝敬公婆,把自家种的稻谷碾成精细的大米,小麦磨出的上好细面,自养的猪、鱼和鸡鸭蛋,都供给公婆食用;把喂蚕织成的绢帛,供公婆穿用。公婆晚景幸福,"两个老人家虽是贫生夫妇,竟是文王手下食肉的耆民。……又通似文王手里衣帛的老人"[①]。但是,去"国初"已远时节的明水毕竟还是变得人心不古了,小说写道:"那些前辈的老成渐渐的死去,那些刻薄没良心的事体渐渐行将开去,习染成风,惯行成性,那还似旧日的半分明水!"(第二十六回)[②]这样一来,小说所写狄希陈"惧内怕老婆……那样阴阳倒置、刚柔失宜、雌鸡报晓的事"(第二十三回)[③],就有了得以发生的合理社会环境。

三、《女仙外史》中的济南都

济南都是《女仙外史》描绘的建文行阙所在、月君唐赛儿摄政的理想国,颇类《水浒传》中的梁山山寨,具有政治乌托邦的色彩。实际上,《女仙外史》中的济南都就是基于《水浒传》中梁山山寨的意象而营构出来的,两者有大同之处,也有小异之别。

在《水浒传》中,梁山山寨是江湖好汉心向往之的地方,有两个突出特点。一是梁山好汉具有所向披靡的强大战斗力。在大聚义之前,他们就多次打败官军与地方豪强;大聚义后的一段时间内,一百零八位好汉两赢童贯,三败高俅,把官军打得落花流水,官军对其根本奈何不得;招安之后,梁山好汉征辽、平方腊,均大获全胜,打出了朝廷的声威。二是平等友爱、量才任用的山

① (明)西周生辑著,李国庆校注:《醒世姻缘传》,中华书局2005年版,第676页。

② (明)西周生辑著,李国庆校注:《醒世姻缘传》,中华书局2005年版,第333页。

③ (明)西周生辑著,李国庆校注:《醒世姻缘传》,中华书局2005年版,第300页。

寨组织体系。第七十一回有一段文字“单道梁山泊的好处”，云：

八方共域，异姓一家。天地显罡煞之精，人境合杰灵之美。千里面朝夕相见，一寸心死生可同。相貌语言，南北东西虽各别；心情肝胆，忠诚信义并无差。其人则有帝子神孙，富豪将吏，并三教九流，乃至猎户渔人，屠儿刽子，都一般儿哥弟称呼，不分贵贱。且又有同胞手足，捉对夫妻，与叔侄郎舅，以及跟随主仆，争斗冤仇，皆一样的酒筵欢乐，无问亲疏。或精灵，或粗卤，或村朴，或风流，何尝相碍，果然识性同居；或笔舌，或刀枪，或奔驰，或偷骗，各有偏长，真是随才器使。①

这段文字描绘了一幅令人企慕、向往的山寨社会图景：一方面，“八方共域，异姓一家”，山寨内部不分贵贱，无问亲疏，平等友爱，关系和谐；另一方面，“识性同居”，“各有偏长，随才器使”，山寨对众好汉量才而用，充分发挥每一个人的才能，使其各有用武之地，人尽其能。梁山山寨自成一家，迥异于等级森严、人才受压抑甚至遭迫害的主流社会，具有浓厚的乌托邦色彩，是受先秦以来大同社会、世外桃源等观念的影响，由作者虚构出来的一方理想世界。

吕熊在《女仙外史》中营构了一个反对朱棣朝廷、寻求建文复位、恢复朱明正统的济南都，它是天下忠臣义士纷纷来归的地方。济南都与《水浒传》中的梁山山寨不乏相似之处。其一，《女仙外史》第八十三回写济南都的君臣典礼、男女仪制等克服尊卑太甚之过。建文帝诏至济南，对君臣典礼的旨意是“臣不太卑，而君不太尊，就是孟子所云‘天子不召师’的议论”②。群臣据此订立君臣之礼，请月君唐赛儿裁正。月君制定、颁布男女仪制，

① (明)施耐庵著，(清)金人瑞评，刘一舟校点：《水浒传》，齐鲁书社 1991 年版，第 1303—1304 页。

② (清)吕熊著，杨钟贤校点：《女仙外史》，百花文艺出版社 1985 年版，第 912 页。

亦据此原则，去其帝太尊而后太卑之礼仪等，而约之以夫妇之礼，求其合宜。《女仙外史》表达的削弱君尊臣卑、男尊女卑差别的意识，虽不及《水浒传》水泊梁山“八方共域，异姓一家”理想那样宏阔开放，但在当时却新人耳目，故为评点者所关注。清人澹岩评云：“月君所定典礼，非夏非周，非汉非唐，原出自杜撰，然其间斟酌损益，恰有合宜处。”①

其二，济南都将领及其所率“济南兵”②具有强大的战斗力，几乎战无不胜，略如梁山山寨人马。在吕律、高咸宁等一班济南都将领的进攻下，朱棣的军队呈节节败退之势。经过近二十年的军事斗争，济南都的将领占领了大片土地：东起登、莱二州，西到开封府，南达淮、扬、庐三郡，西南及至郧阳，北控德州，作为济南都头号人物的唐赛儿成为当之无愧的“中原女主”。

其三，济南都实行“随材器使”的用人原则。早在起义勤王之初，唐赛儿将据点设在青州卸石寨时，就确立了这一用人原则。她延揽天下英雄豪杰，各有适当的安排与任用，故而深得人心：“诸将见月君因材器使，设官分授，悉合机宜，莫不踊跃心服。”（第二十四回）③唐赛儿在济南建都后，设立济南阙下的内外官制，规定“冢宰铨选外官，仍用掣签以示至公，而后召见廷对。长才任以冲剧，才短调之简僻，方为随材器使”（第三十七回）④。军师吕律作为唐赛儿的得力辅佐、济南都的二号人物，认为济南都文武官员“各有所长，亦有所短，要之随材器使，无不可者”（第六十八回）⑤。可见“随材器使”乃为济南都高层人物的共识与普

---

① （清）吕熊著，杨钟贤校点：《女仙外史》，百花文艺出版社1985年版，第922页。

② “济南兵”之称始见于《女仙外史》第四十九回。

③ （清）吕熊著，杨钟贤校点：《女仙外史》，百花文艺出版社1985年版，第272页。

④ （清）吕熊著，杨钟贤校点：《女仙外史》，百花文艺出版社1985年版，第425页。

⑤ （清）吕熊著，杨钟贤校点：《女仙外史》，百花文艺出版社1985年版，第762页。

遍的用人原则。在明清小说中,“随才器使”的人事原则最早由《水浒传》提出。吕熊显然是赞赏这一原则的,故在《女仙外史》中予以吸收和阐发,从而使得济南都与梁山山寨有了相似的思想内蕴。

当然,《女仙外史》中的济南都与《水浒传》中的梁山山寨也有明显区别:后者是一个完全为男性主导的世界,女性被漠视;前者为仙、佛、道、魔诸教女性神灵云集之地,如第三十六回剑仙公孙大娘所说:“如今是女人的世界哩。”[①]月君唐赛儿作为中原女主,在济南都摄行帝位,创立须眉之事业,确为天下女性吐气。

除上述之外,明清小说还写到济南周边的一些小镇。《醒世姻缘传》第二十五回写“济南城东二十五里王舍店”[②],是过往商旅行人的投宿之地,小说不止一次提及这个又叫王舍人店的小镇。《聊斋志异》卷四《姊妹易嫁》写掖县毛相国未仕时,“补博士弟子,应秋闱试。道经王舍人店”。清人吕湛恩注“王舍人店”曰:“在历城县东三十里。”[③]毛相国听客店主人说了自己要发达的异梦后,暗生易妻之念,为冥司所察,惩罚他当年秋闱落第。《醒世姻缘传》第三十八回两次写到的“龙山”,是济南东部一个小镇。第二十八回写到“炒米店”,“这个所在又是通泰安的大路,春秋两季,往泰安进香的,一日成几十万人经过”[④],第六十九回写及“弯德”,这两个镇市都在济南西南部,位于通往泰安的大道上。按诸实际,王舍人、龙山、炒米店、弯德等至今仍均有其地。其中,“弯德”即今之长清区万德镇。《老残游记》第四回中,老残前往曹州,出济南府西门,北行十八里至雒口,从黄河船行

① (清)吕熊著,杨钟贤校点:《女仙外史》,百花文艺出版社 1985 年版,第 412 页。

② (明)西周生辑著,李国庆校注:《醒世姻缘传》,中华书局 2005 年版,第 330 页。

③ (清)蒲松龄著,张友鹤辑校:《聊斋志异》(会校会注会评本),上海古籍出版社 1986 年版,第 514 页。

④ (明)西周生辑著,李国庆校注:《醒世姻缘传》,中华书局 2005 年版,第 362 页。

西去。其中，所写雒口即今济南北部的天桥区泺口，明清时期是热闹繁华的河运码头。《绿野仙踪》第四十三回中，离省城济南南部五十多里有一小镇试马坡，世传韩信做三齐王时，在此试过马，故名，系历城县管①。此地发生过没落贵族公子温如玉与烟花女子金钟儿的一段爱情悲剧，但地方是否实有，待考。

第二节　明清小说中的济南山水图景

一、明清小说中的千佛山和会仙山

《醒世姻缘传》和《老残游记》中有不少章回写到了千佛山、会仙山和大明湖等济南山水名胜。

《醒世姻缘传》第三十七回写狄希陈等人前往千佛山游览，出了府城南门，先到千佛寺下院，休息之后到了山顶，下山途中又到教场将台上玩耍；次日，乘船游览大明湖，又在湖边北极庙游玩了半天。第四十回，狄希陈之母狄婆子来到济南，先去北极庙，次日游览千佛山、大佛头。由这些情节来看，清初的大明湖、千佛山以及大佛头等地方，早已是济南有名的山水景致。

根据《醒世姻缘传》的描写，会仙山属于济南府绣江县。第二十三回写到，绣江县"四境多有名山胜水。那最有名的，第一是那会仙山，原是古时节第九处洞天福地"②，并叙写此山名字的由来。传说，唐顺宗梦中吃了东海龙君的一丸药，成了哑子，没法上朝理政。皇后差遣近侍太监李言忠前往山东登、莱两府海神庙祈祷，并对沿途名山大川俱行祈祷。李言忠途经绣江县地方，访知会仙山是天下名胜，于九月重阳日，行礼致祭。"五更一点，正待行礼，只听见山上一派乐声嘹亮，举目一看，灯火明如白

① 《绿野仙踪》第六十回，泰安州头役对州官道："试马坡系历城县管，还求老爷赏关文一角。"这说明试马坡属于历城县管辖。

② （明）西周生辑著，李国庆校注：《醒世姻缘传》，中华书局 2005 年版，第 298 页。

日，见有无数的羽衣道流在上面周旋；待了许久，方见有骑虎骑鹿与骑鸾鹤的望空而起。李言忠复命时节奏知其事，所以改为会仙山。”[①]又据第二十九回，会仙山上建有道教宫观白鹤观。从《醒世姻缘传》的描写来看，会仙山是一处道教名山，山上泉水汇流，风景优美，颇有仙气。其中写道：“这会仙山上有无数的流泉，或汇为瀑布，或汇为水帘，灌泻成一片白云湖。遇着天旱的时节，这湖里的水不见有甚消涸；遇着天潦的时节，这湖里的水不见有甚么泛滥。”[②]会仙山以其山、水养育了明水镇的一方百姓。

二、明清小说中的大明湖和白云湖

明清小说写济南的湖泊，提到最多的是大明湖，其次是《醒世姻缘传》中的绣江县白云湖。《女仙外史》第三十五回还写到济南府城北有鹊山湖，因只是简要提及，兹不赘述。

大明湖在《醒世姻缘传》和《女仙外史》中又被称为“西湖”，恐怕与其在济南城西这一地理位置有关。[③] 写大明湖文笔最美的要数《老残游记》。第二回写老残来到济南，畅游大明湖。乘船在湖中荷叶间穿行，别具一番江北水乡的韵致：“两边荷叶荷花将船夹住，那荷叶初枯，擦的船嗤嗤价响；那水鸟被人惊起，格格价飞；那已老的莲蓬，不断的绷到船窗里面来。老残随手摘了几个莲蓬，一面吃着，一面船已到了鹊华桥了。”[④]湖内景色充满天然与野趣，引人神往。小说重点写了老残在铁公祠看到的佛山倒影美景：

---

① （明）西周生辑著，李国庆校注：《醒世姻缘传》，中华书局2005年版，第299页。

② （明）西周生辑著，李国庆校注：《醒世姻缘传》，中华书局2005年版，第299页。

③ 《醒世姻缘传》第三十七回：“到在北极庙台上顽了半日，从新又下了船……要撑到西湖里去。”《女仙外史》第八十二回写济南阙下开科取士，“越三日，赐宴于西湖之历下亭”。

④ （清）刘鹗：《老残游记》，中华书局2013年版，第8页。

> 到了铁公祠前，朝南一望，只见对面千佛山上，梵宇僧楼，与那苍松翠柏，高下相间，红的火红，白的雪白，青的靛青，绿的碧绿，更有那一株半株的丹枫夹在里面，仿佛宋人赵千里的一幅大画，做了一架数十里长的屏风。正在叹赏不绝，忽听一声渔唱，低头看去，谁知那明湖业已澄净的同镜子一般。那千佛山的倒影映在湖里，显得明明白白。那楼台树木，格外光彩，觉得比上头的一个千佛山还要好看，还要清楚。这湖的南岸，上去便是街市，却有一层芦苇，密密遮住。现在正是着花的时候，一片白花映着带水气的斜阳，好似一条粉红绒毯，做了上下两个山的垫子，实在奇绝。①

午后阳光之下的佛山倒影，配上明湖芦花，实在奇绝美绝！这段景色描写文笔简雅，极富表现力，充满意境之美，在明清小说乃至中国古代文学作品中，都属于描写大明湖、千佛山的绝妙好辞。

在《老残游记》中，大明湖更因白妞王小玉说书而增色。第二回写道："这说鼓书本是山东乡下的土调，用一面鼓，两片梨花简，名叫'梨花大鼓'，演说些前人的故事，本也没甚稀奇。"②天资聪颖、禀赋过人的白妞，学习不同演员和剧种的唱腔曲调，融入普通的说鼓书技艺之中，创出无人可及的独门绝调。白妞在明湖居说书，济南街头的小生意人愿意为之歇担，山东抚院和学道的官员们竟需提前预订座位。这是因为白妞之技艺达至出神入化的境界，"无论南北高下的人，听了他唱书，无不神魂颠倒"③。《老残游记》明湖居白妞说书的文字，令大明湖之美更增几分灵动气韵。

《醒世姻缘传》第二十三回写到明水镇的白云湖。白云湖是

---

① (清)刘鹗:《老残游记》，中华书局2013年版，第7—8页。

② (清)刘鹗:《老残游记》，中华书局2013年版，第9页。

③ (清)刘鹗:《老残游记》，中华书局2013年版，第9页。

道教名胜的会仙山诸泉之水汇成的一片阔大的湖面："这会仙山上有无数的流泉，或汇为瀑布，或汇为水帘，灌泻成一片白云湖。遇着天旱的时节，这湖里的水不见有甚消涸；遇着天潦的时节，这湖里的水不见有甚么泛滥。"[①]白云湖充满灵气与祥和，呈现出天人和谐的美妙图景。明水镇就在白云湖边上，百姓得灵山秀水哺育，安居乐业。小说作者在第二十四回夸赞道："济南的华不注、函山、鹊山、鲍山、簧山、夹谷、长白、孝堂、紫榆、徂徕、梁父、大石、平原、大明、跑突、文卫、濯缨，这都说是名胜，写在那志书上面，这都有甚么强如这会仙山、白云湖的好处？"[②]白云湖为明水镇百姓的农业生产、日常生活提供了保障，家家种稻养鹅鸭，人人食湖鱼。得丰富的湖产之利，狄希陈的母亲狄婆子只吃得惯白云湖产出的鲜鱼（第五十八回），对海产的活络鱼竟无食欲，真可谓一方水土养一方人了。

三、明清小说中的济南名泉图景

相较于千佛山和大明湖，济南更富盛名的是泉水。济南泉水甲天下，七十二泉多见诸史籍、方志等文献记载与历代诗词歌咏。在当今泉水旅游开发、文化宣传以及泉水申遗工作中，人们关注的重心一般也在于这类文献和诗词。相比之下，对于明清小说中有关济南名泉的内容，人们的关注程度就有所欠缺。实际上，在明清小说中，有关济南名泉的内容所在多有，颇不乏见，以下主要就此略作探讨。

在明清小说中，最早写到济南名泉的是《醒世姻缘传》。第三十七、三十八回写主人公狄希陈到济南参加府学的童生考试，考前放松身心，尽情游览济南的山水名胜。来到趵突泉畔，在西边一花园中，狄希陈邂逅烟花女子孙兰姬。两人由狎戏而生情，

---

① （明）西周生辑著，李国庆校注：《醒世姻缘传》，中华书局 2005 年版，第 299 页。

② （明）西周生辑著，李国庆校注：《醒世姻缘传》，中华书局 2005 年版，第 318 页。

发生了一段据说是姻缘前定的恋情；却又因为两人命中注定有缘无分，所以恋情以孙兰姬嫁为商人妇而告终。此时的狄希陈只是一介顽劣童生，他与孙兰姬的恋情自然称不上才子佳人之恋，只是他后来备受妻子薛素姐虐待的恶姻缘之前奏。不过，在这段恋情中，趵突泉既是使狄、孙得以邂逅与欢会的桥梁，又成为两人短暂情缘的见证。

小说还写狄希陈等人到江家池游玩、逗留。江家池即今俗之所称江家池子，又名天镜泉，济南七十二泉之一，属于五龙潭泉群中的一个重要泉池。另外，第三十七回写狄希陈等人从鹊华桥附近的住处出发，到各处景点游玩，第一站便是黑虎庙。明清时期，此庙和黑虎泉是上下关联的景点。《（乾隆）历城县志》卷九及其所据《旧志》记载："黑虎泉，在东南城壕崖下……券上有黑虎庙。"[①]由此可知，黑虎泉也是狄希陈等人的游玩之处。《醒世姻缘传》第二十三回写到明水镇有一处甘泉，发源于该镇的龙王庙基下，注入白云湖。小说写道："离这绣江县四十里一个明水镇，有座龙王庙。这庙基底下发源出来滔滔滚滚极清极美的甘泉，也灌在白云湖内。"[②]

珍珠泉是济南的四大名泉之一。吕熊《女仙外史》写到了济南的珍珠泉、大明湖（书中称"西湖"）以及鹊山湖等名胜，其中特别写了珍珠泉的由来，极富奇幻色彩。第四十五回写济南久旱无雨，禾苗枯槁，眼看秋粮绝收，饥馑之灾不可避免。建都济南不久的义军首领唐赛儿忧心如焚，辅佐她的曼陀尼尊者（曼师）发出榜文，在济南城外筑坛祈雨。小说写道：

> 曼师放出魔家的本事来，张口向震位上一呼，吐出一道黑气，摇飏空中，化为云雾，遮得半天都是黑黑的，就端坐在台上，整整一日不动。第二日，曼师向巽地上大喝一声，凉

① 张华松等校点：《历城县志正续合编》，济南出版社 2007 年版，第 183 页。

② （明）西周生辑著，李国庆校注：《醒世姻缘传》，中华书局 2005 年版，第 299 页。

风顿起，刮喇喇直吹到夜方止。第三日，曼师向离位上挥手大叱，只听得雷声殷殷而起，渐至轰轰烈烈。又运动神光，向空一转，都化作电影，如金蛇一般，四围乱掣。差不多到了午刻，竟无一点雨星。曼师霍地下台，左手托着个小玻璃瓶，内盛着半瓶清水，令女金刚横着狼牙棍开导，向西北而行。百姓都跟随在后。到一处空阔地方，令女金刚传呼几个晓事的近前来，问："济南城中，有水吃没有？"众人随声应道："井泉皆已干涸，只有些浑泥水浆，吃不的。"曼师道："如此，要渴死了。我且给你们清水吃罢。"就把小瓶埋在地下，运口气，向瓶内一喷，只见汩都都涌出雪一般的清水来，竟成了个泉穴。因宣示道："此泉千年不干，百万人汲取不竭，可以救济你们了。"看官要知道，今济南院使署后，有珍珠泉，从地下涌将上来，如珠玑喷出，就是曼师留的圣迹。[①]

据小说此前所写，济南久旱系上天专意降灾，惩罚地方百姓浪费粮食、道德堕落的恶行。天意不可违，如鲍仙姑所说："上天降灾，是个劫数，活神仙挽回不得的。"[②]因此，曼陀尼纵然神通广大，也只落得祈雨失败的难堪结局。但为了抚慰焦灼骚动的济南民心，同时为了给自己祈雨失败挽回一点儿颜面，曼陀尼尽其所能，作法弥补，变化、造就了救济百姓的珍珠泉。这一段关于珍珠泉来历的故事富于意趣，显然有作家游戏笔墨的意味。虽然如此，故事的主旨却是严肃的，赞美了曼陀尼怜惜生民、拯救百姓于灾难的仁慈情怀，以及知其不可而为之的勇气和担当。

在明清小说中，对济南名泉描写最为投入的作品，应是《老残游记》。作者刘鹗是江苏丹徒(今镇江)人，长期生活在江南水乡，后来在河南巡抚吴大澂与山东巡抚张曜处做幕宾，帮办治黄工程。幕游山东的经历是刘鹗创作《老残游记》的素材来源。刘

---

① (清)吕熊著，杨钟贤校点：《女仙外史》，百花文艺出版社1984年版，第514—515页。

② (清)吕熊著，杨钟贤校点：《女仙外史》，百花文艺出版社1984年版，第512页。

鹗对济南的泉水情有独钟，这从小说的文字描写和故事情节中可以体味到。例如，第二回写小说主人公老残来到济南："进得城来，家家泉水，户户垂杨，比那江南风景，觉得更为有趣。"① 这是老残所见之景，但我们由此却能体会到刘鹗本人惊异于泉城美景的欣喜之情。长期生活于江南水乡的刘鹗，以"江南风景"为参照，并以"家家泉水，户户垂杨"简练传神的八字，摹尽泉城神韵，推出一幅几如江南水乡而又独具个性、灵动优美的济南泉城映像。

《老残游记》对济南名泉的描写不惜笔墨，且带有很强的写实性。在第三回中，兴致勃勃的老残访游四大名泉，首站便是趵突泉。小说写道：

> 这趵突泉乃济南府七十二泉中的第一个泉，在大池之中，有四五亩地宽阔，两头均通谿河。池中流水，汩汩有声。池子正中间有三股大泉，从池底冒出，翻上水面有二三尺高。据土人云：当年冒起有五六尺高，后来修池，不知怎样就矮下去了。这三股泉水，均比吊桶还粗。②

这段文字写出了趵突泉湍流喷涌的奇观，是明清长篇小说首次对趵突泉所作的详细描写。这段文字也具有一定的史料价值，借此可以考察晚清时期趵突泉的水量变化，作为泉水流量变迁研究的参考。

吸引老残驻足探究的是金线泉，即今所称老金线泉。小说写到，金线泉为"四大名泉之二"，在趵突泉后门外的金泉书院中，"芭蕉丛里，有个方池，不过二丈见方"。观赏此泉有一定窍门，需要"踅到池子西面，弯了身体，侧着头，向水面上看"，如此才能看到"那水面上有一条线，仿佛游丝一样，在水面上摇动"。③ 这一条摇动的水线，据老残的推断，乃是地下两股泉水外涌时挤

① （清）刘鹗：《老残游记》，中华书局2013年版，第7页。
② （清）刘鹗：《老残游记》，中华书局2013年版，第13页。
③ （清）刘鹗：《老残游记》，中华书局2013年版，第13页。

出来的。这个看法确有一定道理，也从一个侧面反映出刘鹗本人的科学素养。

老残随后的去处是黑虎泉。老残眼中的黑虎泉是这样的：一个大池之中，“有一个石头雕的老虎头，约有二尺余长，倒有尺五六的宽径。从那老虎口中喷出一股泉来，力量很大，从池子这边直冲到池子那面，然后转到两边，流入城河去了”①。值得注意的是，老残所赏的黑虎泉只有一个虎头喷涌泉水，与我们今天所见三个兽头同时喷水的景观殊为不同，这无疑也为我们了解黑虎泉的变迁提供了一份可资参考的资料。

根据《老残游记》所写，游览趵突泉、金线泉和黑虎泉用了半天时间。至于“抚台衙门里的珍珠泉”的景致，小说没有具体来写。虽然如此，小说写老残受抚台张宫保的召见和优待，又写他跟人说“抚台衙门里有个珍珠泉，可能引我们去见识见识”②云云，所以他与张宫保会面时，在抚台署中欣赏珍珠泉美景，自然是不在话下的。在艺术上，这也是一种不写之写吧。

《老残游记》不仅写了老残赏泉的游踪和所见，亦即趵突、金线和黑虎三泉的景致，还写了济南七十二泉之水的归宿：诸泉之水流入护城河，再汇流于济南城外西北方向的雒口，由此入大清河：“当初黄河未并大清河的时候，凡城里的七十二泉泉水，皆从此地入河。”(第四回)③济南的护城河汇集的是涌动不息的清冽泉水，故南门城外“河里泉水湛清，看得河底明明白白。河里的水草都有一丈多长，被那河水流得摇摇摆摆，煞是好看”(第三回)④。由此我们可以想见济南城市曾经具有的生态之美。

《老残游记》对济南名泉的描写以写实为明显特色，按诸实地可考；而另一部晚清小说——吴趼人《近十年之怪现状》，对趵突泉的描写则在真假、虚实之间。《近十年之怪现状》第十九回

① (清)刘鹗:《老残游记》，中华书局2013年版，第14页。
② (清)刘鹗:《老残游记》，中华书局2013年版，第19页。
③ (清)刘鹗:《老残游记》，中华书局2013年版，第21页。
④ (清)刘鹗:《老残游记》，中华书局2013年版，第14页。

叙写了山东巡抚家的龙骊珠小姐游览大明湖、趵突泉，其中写道："这趵突泉就在大明湖当中，说大明湖的湖水就是趵突泉水也可以，说趵突泉水就是湖水也可以。不过那趵突泉是在湖心涌起，终年终日涌个不住，犹如锅里烧的开水一般。"[①]这段描写趵突泉水喷涌的文字可谓生动形象。不过，让人奇怪的是，吴趼人把趵突泉和大明湖作了一个大融合，将两者合而为一了。按诸地理实际，这是不对的；但考虑到这是文学创作，出于作家的艺术虚构，就大可不必较真了。

以上是明清小说所写济南湖山、名泉的大致情形。自古以来，泉和泉水就是济南的名片，明清小说除了一般性地提及七十二泉之外，所写较多的便是趵突泉、金线泉、黑虎泉和珍珠泉这四大名泉，其中趵突泉最受小说家们关注。值得注意的是，泉池周边往往建有道教庙宇。如趵突泉北面有吕祖殿，黑虎泉上面有黑虎庙，《醒世姻缘传》第二十三回所写明水镇甘泉便发源于龙王庙基底下。从内容上看，明清小说或写泉边池畔的故事，或写泉水涌溢的奇观；在艺术上，或以写实见长，或富于浪漫色彩，展现出一幅幅流光溢彩、绮丽多姿的泉水美图，营构出优美灵动的济南泉城映像。这些都是珍贵的历史文化遗产，属于具有地域特色的传统文化资源。对此，我们应当给予充分重视、发掘和整理，在传承优秀传统文化的基础上，使其更好地为济南的经济、社会和文化发展服务。

第三节　明清小说中的济南官场、文化与教育

一、明清小说中的济南官场

王国维《殷周制度论》云："都邑，政治与文化之标征也。"[②]中

① (清)吴趼人：《近十年之怪现状》，天津古籍出版社1986年版，第142页。

② 姚淦铭、王燕编：《王国维文集》第四卷，中国文史出版社1997年版，第42页。

国古代的城市首先是政治和文化的中心，官场人物云集之地。明清小说对济南城市生活的描写，或多或少总会涉及官场。大略言之，明代和清代前期小说尽管对官员腐败、官场黑暗有所批判，但总体以正面刻画济南官场人物为主，多有被小说作者涂抹上浓厚理想色彩的忠臣、清官角色，与晚清小说以暴露、批判为主导的思想和艺术取向不同。此以《女仙外史》和《海公大红袍全传》及有关晚清小说作品为例予以分析。

《女仙外史》中，在月君唐赛儿来济建都立阙之前，小说主要写了两个济南官场人物。一是第九回中的济南府知府罗景，他贪婪酷暴，济南府三十六州县被他诈去三十多万金银，还要谋娶月君唐赛儿。因作恶多端，终被月君严惩。二是第十五、十七和二十二回所写的山东参政铁铉。铁铉驻守济南府城，坚决抵抗南下谋夺建文帝位的燕王朱棣；且乘胜追击，大败朱棣。铁铉以军功除授兵部尚书，专守济南，扼住朱棣南下中路。朱棣绕道南下夺取帝位，铁铉挺身赴阙，大骂朱棣，被寸磔于南京，投尸粪窖，即使如此，其英魂仍不屈服。铁铉离济赴阙时，文武官员无一追从，唯有旧参军高巍送别他后，自刎于邮亭。铁铉慨叹："偌大济南，仅有此君忠义！"[①]几乎骂尽建文朝济南官场的一众文武官员。青州义军占领济南后，济南成为反对燕王朱棣、拥戴建文皇帝的义军朝廷所在，立为济南阙下。月君唐赛儿为帝师，一面派人访求建文帝，准备迎接至济；一面订立内外官制，议定朝廷典礼，开科取士，接受外国来朝。济南阙下上下一心，同谋建文复位。在《女仙外史》中，建文朝时济南原任官员作恶者被惩处，忠义者受褒扬；济南都建立之后，众官同心讨伐朱棣，济南官场充满忠义和正气。

清代无名氏《海公大红袍全传》演述海瑞一生的事迹。小说第三十三至第三十八回写海瑞在济南府历城知县任上，与受奸

① (清)吕熊著，杨钟贤校点：《女仙外史》，百花文艺出版社 1985 年版，第 245 页。

相严嵩势力保护的历城土豪刘东雄斗智斗勇，乃至以身犯险，起获被刘东雄淹毙在水牢的简佩兰等五人的尸首，使其沉冤昭雪，最终将刘东雄寸磔于市，为民除害。小说以六个章回塑造了海瑞耿直廉介、嫉恶如仇、勇于同地方黑恶和朝廷权奸斗争的清官形象，堪为官员楷模。当然，历史上的海瑞并未出任山东的县令或其他官职，作为小说人物的历城知县海瑞形象，传达的是当时社会百姓对忠臣、清官的期待和渴望。

晚清时期，国势衰微，外侮不断，国家主权岌岌可危，官员升黜和司法审判等权利遭到外国侵略势力的粗暴干涉。《文明小史》第三十八回中，朝廷居然赏给来华传教的黎巫来二品顶戴。这个黎教士对历城县审理的刺客案子横加干涉，以刺客是有疯病的教民这一虚假理由，逼迫历城县令把刺客无罪释放，带到教堂里去。被刺的陆制台无奈地说："中国失了主权，办个小小犯人，都要听外国人做主。"[①]在这种情况下，地方官场畏惧洋人的软骨病所在多有。姬抚台作为山东第一大员，深怕得罪外国人，说："如今外国人在山东横行的还了得，动不动排齐队伍就要开仗。兄弟办交涉久了，看得多了，总是平心静气敷衍他们的。实在因为我们国家的势力弱到这步田地，还能够同人家挑衅吗？"[②]畏惧洋人竟然还有如此冠冕堂皇的理由！山东有这样的媚外抚台，其下各级官员也就可想而知了。像《文明小史》第三十八回中的历城县钱县令，以谄媚外国人为能事，对传教士黎巫来毕恭毕敬、谨小慎微。第三十七回写济南青年学生彭仲翔身在日本，愤怒而又绝望地骂道："那中国的官，情愿做外国人的奴隶，不顾什么国体，我们还有什么法子可想呢？"[③]

晚清小说中的官场既以媚外为尚，对内则是尸位素餐，买官卖官，收受贿赂，侵吞或耗费公帑，师生与裙带关系互携，营私舞弊之举层出不穷。《文明小史》第三十八回，传教士黎巫来讥讽

---

① (清)李伯元：《文明小史》，百花洲文艺出版社 2010 年版，第 226 页。
② (清)李伯元：《文明小史》，百花洲文艺出版社 2010 年版，第 226 页。
③ (清)李伯元：《文明小史》，百花洲文艺出版社 2010 年版，第 221 页。

历城县令钱大勋："我晓得你们中国官场，你推我推，办不成一桩事，只想敷衍过去，不干自己就完了。"[1]话虽刻薄，却一针见血地道出了当时济南乃至整个中国官场不担当、不作为、不求有功但求无过的积弊。《官场现形记》第七、八回中，因自己的姐夫是山东洋务局老总，陶子尧便夤缘谋得洋务局的文案委员差事，一步步发迹。山东巡抚委派他去上海购买办洋务的机器，拨给官银两万两，但他到了上海，却用这笔银子吃喝嫖赌，又被地方掮客伙同洋人做手脚诈骗，最终机器未见毫毛，倒把两万两银子弄了一个精光。第五十九回，朝廷沈中堂是山东窦巡抚的亲家，写信推荐门生甄守球甄阁学的大儿子甄学忠到山东做官。窦抚台有意照应甄学忠，假公济私，把他荐到河工上去，委了买料的肥差。甄学忠靠了沈中堂和父亲甄阁学的面子，在山东河工上得了个异常劳绩的评语，顺利升迁知府、道台，几年后署理山东首道济东泰武临道。甄学忠原是个不学无术的人，通过父亲与沈中堂的师生关系、沈中堂与窦巡抚的裙带关系，竟然官运亨通，在济南官场一路升迁，成为山东首道的道台。《近十年之怪现状》所写的济南官场则更为不堪。陈蕙裳署理山东巡抚，僚属田仰方摆席宴请。陈抚台颇为开心，要大家开怀畅饮，说："总要和十年前，我们在鹊华桥玩笑一般才好。"[2]鹊华桥是济南的烟花冶游之地，抚台大人把以前与众人在此地的胡闹用作酒席开场辞，竟然一下子活跃了气氛。酒至半酣，抚台偷偷溜走，到光通书局与青楼女子巧玲幽会苟合。来此寻找抚台的田仰方无意间撞破两人苟合之事，心中甚为忐忑。为弥缝此事，田仰方自代陈抚台给巧玲出付二百吊京钱的嫖资。事后，陈抚台委给田仰方筹防局总办的肥差，职务相当道台级别。小说作者通过这一故事，差不多骂尽了晚清的济南官场。

晚清小说中的济南官场，从上到下，极为不堪。比较而言，

① （清）李伯元：《文明小史》，百花洲文艺出版社 2010 年版，第 225 页。

② （清）吴趼人：《近十年之怪现状》，天津古籍出版社 1986 年版，第 103—104 页。

明代和清代前期的小说着重塑造正面的官员形象，树立楷模，表现济南官场的凛然正气，甚至通过《女仙外史》中的济南阙下，描绘出一个拥戴正统、君臣谐和的理想朝廷。晚清小说重在揭露济南官场之恶，省、道、府、县等各级官员几乎没有一个正面形象，这充分反映出晚清的时代之变对中国政治与社会的深刻影响。

二、明清小说中的济南文化与教育

自古以来，城市就是文化和教育的中心，是古代士人"朝为田舍郎，暮登天子堂"的发迹变泰之地。明代和清代前期的小说，对济南城市的书写往往涉及文化与教育等内容，其中所写较详者当属《醒世姻缘传》。

《醒世姻缘传》第三十七、三十八和三十九回比较集中地描写了济南府及其属县的童生入学考试、岁考和私塾教育的情形。先是学道行文岁考，各州县出考试童生告示。根据告示，狄希陈、相于廷、薛如卞、薛如兼四人参加绣江县童生考试；绣江县县官从《论语》和《孟子》中各命一题，童生据题写完草稿，誊真后交卷，接受县官面试；十数日后，绣江县发出录取文案，狄希陈等四人均被取中，这是县学考试童生情形。随后，童生再到济南府学考试。由于济南府所属各州县童生都要来此考试，所以童生们需要根据考次安排等待考试。府学考试安排在贡院之中，也是从《论语》和《孟子》中各出一题。狄希陈等四人均被取中后，再进府城，参加学道主持的考试。题目出自《四书》和《诗经》，各一题。这次考试，狄希陈等四人又均被取中，皆成为秀才，狄希陈自愿在济南府学读书，其他三人在绣江县学读书。由此可见，通过县学一考、府学两考，童生方可进学，成为秀才。不过，县学考和府学初考的考场管理松弛，狄希陈师徒钻了这个空子，让狄希陈靠同学临场提携，通过两次考试。府学的二考由学道主持，考场管理严格，无人可帮狄希陈，但他运气奇佳，两个题目竟然都是平日作过的，因而侥幸进学。与童生的进学考试差不多同时进行的岁考，由学道主持。济南府生员都到省城学道衙门考试。另外，根据《醒世姻缘传》所写，童生进学之前，需在私塾学习。狄希陈的塾师先后有汪为露、程乐宇。汪为露人品低劣，学问空疏，狄希陈差点毁在他的手里，狄家只得改聘品行端正的程乐宇为塾师。塾师们都是秀才，需要参加岁考。

《好逑传》第三回写铁中玉铁公子出门游学，不知所之，因想道："山东乃人物之地、礼仪之邦，多生异人，莫若往彼一游，或有所遇。"[①]主意定了，径往山东而来。这从一个角度表明，清代前期山东的文化教育处于国内较高的水平。但是，到了晚清时期，山东落后了，《文明小史》对此有较为形象生动的反映。第三十四回写道："山东一隅，虽近海岸，开化较迟，那些读书人还不甚知道编教科书的法子。"[②]开办新式学堂所需的教科书，全要从江浙一带高价购买。在维新高扬的风气中，山东巡抚姬筱山倡办新式学堂。山东通省已开了四十八个学堂，姬抚台立志要开满一百个。在山东济南，旧式学院如泺源书院、尚志堂等，都被改掉了，从中出来的一些高等生们认为新式学堂的教科书内容浅俗，而又卖得价高，为谋生路计，便买来新出的学堂教科书，用作八股文的法子，改头换面，编成几种所谓教科书，卖给各书铺发印。各书铺的总校们看不懂文字高深的八股文式教科书，不敢印售这种书稿。这导致旧式学院出来的人物虽容不得主张维新的新式学堂人物，却也别无他法。由此可知，书院、学堂之争成为晚清时期济南文教界的一大矛盾。

由于山东省巡抚大人倡办新式学堂，且参加科举考试的人少了，山东乡试式微，因而学堂人物终究占了上风。这反映在书店生意上，就是西学书籍卖得好。在维新风气影响下，有一部分学识浅薄、贪财好利的江南文人，借着懂洋文和办新式学堂的名头，从上海来到济南，招摇撞骗，李悔生、郑研新和郑究新等就是

---

① （清）名教中人编次，钟夫标点：《好逑传》，上海古籍出版社1994年版，第17页。

② （清）李伯元：《文明小史》，百花洲文艺出版社2010年版，第201页。

这类货色。至于济南及其周边地方的文人，或者借了维新招牌经商营利，但仍把乡试放在心上，如开通书店的老板王毓生；或者嘴里说着"时务"之类新名词，却不解其义，读书仍要八股文集，偶见西学之书即强把西方哲人解作中国名人，如齐河县那位乡试中举的老秀才黄安澜。更有甚者如山东乡试的考官，乡试第二场的策题出自西学书籍《波兰衰亡战史》，但老秀才黄安澜不知波兰为欧洲一国，便按照八股套式，把"波""兰"分别破题，作两段文字去写，如此文章，竟然高中山东乡试第十五名。这个故事把山东乡试考官打着维新的幌子装点门面，实则顽固守旧、一窍不通的面目揭露无遗，其讽刺、批判的力度堪比《聊斋志异》卷八《司文郎》。

晚清时期，中国传统的以科举为中心的教育受到西方文化以及新式学堂的严重冲击。除了国内部分省份开设新式学堂实行西式教育和官方公派留学外，还有一部分家境富裕的人家让孩子前往欧化程度较高的上海等地游学，乃至自费留洋。同时，在国内有些地方，来华传教士也利用外交的特权，吸收当地人做教民，进行文化渗透。《文明小史》第三十五至三十八回就写了这样的故事：聂慕政原是济南武备学堂的学生，家道殷富，便去上海游学，与同是来自济南的彭仲翔、施效全等同龄人，颇受了些欧美思想的熏陶。为体验传入日本的西方文明，他们闻风盲动，去日本游学，却因无官方咨文，被遣送回国。后来，聂慕政返回济南，行刺路经此地的云南总督陆夏夫，事败被捉，由历城县收监待审。彭仲翔找到传教士黎巫来，以入教为条件，求他出面交涉，保释聂慕政。传教士本来是"朝廷见了都怕"[①]的人物（第八回），黎教士便仗着自己的洋人身份，谎称聂慕政是有疯病的教民，硬是将他从历城县捞走，他从此入教。聂慕政从一个武备学堂的学生，到上海游学，再到留洋被遣返，终至成了洋教的教民，通过他的这种人生轨迹，我们可以看到，晚清时期少数富有

① （清）李伯元：《文明小史》，百花洲文艺出版社2010年版，第48页。

朝气的青年人是如何追寻和接受西方文明，却出于心浮气躁、对维新认识肤浅等原因，人生路子走偏，以至于挟洋自重。《文明小史》以文学手法反映了晚清历史中的这一情形，富有认识意义。

与晚清济南文化和教育相关的，还有书院和学堂。书院是存在于唐、宋、元、明、清时期的一种教育机构，由官府或私人设立，聚徒讲授、研究学问，历史上形成了应天书院、岳麓书院、白鹿洞书院和嵩阳书院等四大书院。济南也有一所著名的书院——泺源书院，清中叶曾衍东《小豆棚》卷十四《李峄南》就是一篇以泺源书院为背景的短篇小说。主人公李峄南肄业于泺源书院，在此与鬼女凤娟、狐女月润发生了一段奇异的恋情。光绪二十七年(1901)，清廷诏令各省在省城旧书院基础上设大学堂，书院自此式微，逐步退出历史舞台。对此，朝廷中的保守派人物相当不满，李宝嘉《中国现在记》第二回中有一段文字就反映了这一历史状况。书中人物施中堂云："至于开学堂，京里京外，府厅州县，那一处没有书院？皇上家亦总算竭力栽培他们的了。他们果然肯用功，不好在家里用功？一定要到学堂里叫总办教习管着再用功，也就不是真正用功人了。所以这开学堂的钱，都是白丢的。"[①]在这位中堂大人看来，新式学堂根本不如传统书院。

不过，在西学东渐、维新呼声日高的时代背景下，作为一种时代大势，学堂代替书院无可避免，晚清小说中有关济南的描写就反映出书院与学堂的这一嬗替之势。《官场现形记》第六回写在济南泺源书院肄业的丁自建，不但精通八股文，而且善诗词歌赋，亦精书画，就是泺源书院按照传统科举模式培养出来的才子型人才。学堂与此不同，实行的是西式教学。《文明小史》第二十四回，上谕要行新政，山东抚台姬筱山看到"现在时势是不能

① (清)李伯元:《中国现在记》，江西人民出版社1989年版，第22页。

再守旧的了”，想在省城济南“办个学堂，开开风气”[①]，便聘请翰林出身的王文藻创办学堂，并任总教习。学堂开设化学、格致、算学、西文等课程，所需仪器要从外洋购运。姬抚台锐意整顿学务，把济南的大书院泺源书院、尚志堂等都给改成学堂。经过一番努力，山东通省开了四十八个学堂（第三十四回）。学堂需要新式教科书，十几个从南方到济南来当教习的人，“懂得编书的法子，就有些蒙小学的课本编出，每编成一种，至少也卖他几十两银子。刻板出来，总是销售个罄尽”[②]。第四十回中的钮逢之就是学堂培养出来的人才，从山东大学堂卒业，学的是德语。值得一说的是，《文明小史》所写泺源书院、尚志堂，史上实有，是清代济南最有名的书院。光绪二十七年（1901），山东巡抚袁世凯将泺源书院改办成山东高等大学堂，如此，则《文明小史》中姬抚台的形象当有袁世凯的影子。

《老残游记》第三回写及金泉书院，在趵突泉后门外东面不远之处，是一处单独的院落，多植芭蕉，泉水叮咚，清静优雅。园中二门有投辖井，相传为汉代陈遵盛情留客之处。园西建有一座蝴蝶厅，厅前厅后均有泉水围绕，园西北角即济南四大名泉之一的金线泉。根据小说的描写，这个金泉书院即济南史上实有的尚志堂，又称尚志书院。清《光绪山东通志》卷八八《学校志·书院》记载，同治八年（1869），山东巡抚丁宝桢在金线泉侧“建为书院，手书堂额曰‘尚志’，榜其门曰‘金泉精舍’，招士子肄业其中，讲明正学”[③]。另外，在晚清小说的描写中，各县还有自办的书院。《二十年目睹之怪现状》第七十三回写到历城书院，符弥轩曾任书院山长，因联手富家学生作弊，事发被告去职。根据小说的描写，历城书院由历城县官办，肄业者是生员以及童生。

---

① （清）李伯元：《文明小史》，百花洲文艺出版社 2010 年版，第 143 页。
② （清）李伯元：《文明小史》，百花洲文艺出版社 2010 年版，第 201 页。
③ 《光绪山东通志》，商务印书馆 1934 年版，第 2672 页。

第四节　明清小说中的济南民俗与饮食

一、明清小说中的济南民俗

在传统中国社会，安家落户、家中添丁、进学中举、婚丧嫁娶等，是家庭生活中的重大事项，无论当事主人还是亲朋好友都非常重视，如果安排、处理不当，就会招致“失礼”的非议。因此，在处理这些事项方面，就形成了一些较为明确的礼仪规范或者约定俗成的规矩。明清小说中就有较多相关描写展示出明清时期中国社会的民情风俗，以下主要就涉及济南府城及其所属城镇的内容进行梳理。

（一）送锅、温居

《醒世姻缘传》第二十五回写了明水镇的送锅温居民俗。薛教授致仕，从青州衡王府归乡途中，因担心老家的恶弟算计自己，便住在了明水镇。薛家赁定房子，拣了吉日，搬过去居住，小说写道：“狄员外敛了些街坊与他去送锅，狄员外的娘子也过日办了礼去与薛教授的夫人温居。”[①]由此可知清初明水镇的乔迁之俗：乔迁新居之后，男性亲朋好友前去祝贺男主人，叫作“送锅”；女性亲朋在“送锅”的次日前去祝贺女主人，是为“温居”。这种民俗蕴含了男主外、女主内和男女有别的传统思想。

（二）三朝、满月

《醒世姻缘传》第二十五回写明水镇生子、生女做满月的习俗。狄员外中年得子，儿子满月的这一天，家中特别热闹，“亲朋都来举贺，治酒款待，甚是的匆忙”[②]。狄员外得知薛教授在青州喜得娇女，派人送去孩子的满月贺礼，礼物是“一个五钱重的一

---

① (明)西周生辑著，李国庆校注：《醒世姻缘传》，中华书局 2005 年版，第 330 页。

② (明)西周生辑著，李国庆校注：《醒世姻缘传》，中华书局 2005 年版，第 324 页。

个银钱，一副一两重的手镯，外又几样吃食之物”[1]。

晚清时期的济南，虽然在文化、教育方面受到西方近代文明的冲击，但民间仍保留着一些传统民俗。吴趼人《瞎骗奇闻》第一回写历城县生子三朝的庆贺习俗：生子的人家，提前染好红鸡蛋，在第三天分送前来庆贺的亲友；亲友们则在第三天送礼道喜，热热闹闹地吃喜酒。小说主人公赵泽长中年得子，异常兴奋，家道殷富的他安排人去定染一万个红鸡蛋，预备在三朝时分送贺喜的亲友。这种生子三朝亲友庆贺的民俗，在《醒世姻缘传》第二十一回中叫作“洗三”。

（三）进学、中举

在明清时期，进学与中举在家庭和社会生活中几乎是同于婚嫁的大喜事，相应地形成了一定的庆贺习俗。《醒世姻缘传》第三十八回，狄希陈经过县学考、府学考以后，在同学的提携下，侥幸进学，成了府学秀才，亲友都来庆贺，在文昌祠等候狄希陈从府城归来。狄希陈到后，在文昌祠前戴上儒巾，穿上蓝衫，他未来的岳父薛教授和其他亲友分别给他簪红花、披红罗，把酒庆贺。迎贺的仪仗人员抬着装有轴帐果酒的彩楼，摆着十二对五色彩旗，乐人鼓手吹吹打打，引导前行。众亲朋骑着雕鞍骡马，陪同狄希陈回到家中。狄希陈到家后先拜天地和祖先，次与父母行礼，再与先生程乐宇行礼，最后与众亲友行礼。一切礼仪程序完毕，众亲朋饮酒欢宴，共享“升学宴”。

又第七十六回，狄希陈的表弟相于廷中了乡试，河道军门的差官给相家挂匾竖旗，这是一个仅次于中进士的隆重庆贺仪式，不过小说没有展开描写。

（四）婚聘嫁娶

《醒世姻缘传》第二十八回，明水镇的严列宿做小买卖、打短工，辛辛苦苦积攒了几两银子，说定一个庄户人家周基的女儿周

---

① （明）西周生辑著，李国庆校注：《醒世姻缘传》，中华书局 2005 年版，第 325 页。

氏，娶亲过门。小说写道："那明水的风俗，女婿是要亲迎的。严列宿巴拽做了一领明青布道袍，盔了顶罗帽，买了双暑袜、镶鞋，穿了去迎娶媳妇。到了丈人家，与他把了盏，披了一匹红布，簪了一对绒花。也借了人家一匹瘦马骑了，顶了媳妇的轿子起身。"[①]这是家境贫寒的普通农民的婚娶大事，小说对此虽然写得较简，但表现出穷人家在婚嫁中捉襟见肘、勉力支撑的贫寒之态。第九十八回还写及山东的过聘礼节："山东风俗，夫家过聘的时节，必定办了祭礼，在女家祖宗上致祭告知。"[②]这应是包括济南府在内的普遍风俗了。

第四十四、四十五回主要写狄家的婚聘嫁娶。狄家家道殷实，狄希陈又是秀才，因而狄员外在儿子的婚事上格外用心，先是过聘，精心准备，"唤了银匠在家中打造首饰，即托薛教授买货的家人往临清顺买尺头等物，自己喂蚕织的绢，发与染坊染着，自己麦子磨的白面、蜂窝里割的蜜、芝麻打的香油，叫厨子炕爍喜果，到府城里买的桂圆，羊群里拣了两只牝牡大羊，鹅、鸭、鸡、鸽都是乡中自有，唤了乐人鼓手，于十一月初十日备了一个齐整大聘"[③]。聘礼送到薛家，薛家回礼"两只银镶碗、两双银镶箸、一面银打的庚牌、四副绣枕、四双男鞋、四双女鞋；狄希陈的一顶儒巾、一匹青线绢、一匹蓝线绢、一根儒绦、一双皂鞋、一双绒袜、一部《五经旁训》、一部《四书大全》、两封湖笔、两匣徽墨、一对龙尾砚、几样果品"[④]，同时给女儿准备嫁妆。

其次是上头、送妆奁和铺床。当时，女子初婚，需将头发在脑后绾成发髻，以与未婚者相区别，是为"上头"。狄婆子去薛家

① （明）西周生辑著，李国庆校注：《醒世姻缘传》，中华书局2005年版，第356页。

② （明）西周生辑著，李国庆校注：《醒世姻缘传》，中华书局2005年版，第1265页。

③ （明）西周生辑著，李国庆校注：《醒世姻缘传》，中华书局2005年版，第565页。

④ （明）西周生辑著，李国庆校注：《醒世姻缘传》，中华书局2005年版，第556—566页。

给素姐上头，等到吉时，薛素姐出去给狄婆子行礼，"面向东南，朝了喜神的方位，坐在一只水桶上面。狄婆子把他脸上十字缴了两线，上了鬏髻，戴了排环首饰，又与婆婆四双八拜行礼"①。上头之后，薛婆子与狄婆子商量送妆奁的事情。送妆奁当天，狄、薛两家门上结彩，狄家摆下酒席招待薛家来客。薛家"叫了许多人，抬了桌子，前边鼓乐引导，家人薛三省、薛三槐压礼，老田(按：媒婆)夹着一匹红布，吃得憨憨的跟着，送到狄宅。狄家也照依款待，照礼单点查了一应奁具，收到房中，赏赐了来人"②。薛教授夫妇和亲友来狄家给女儿铺床。

再次是催妆和亲迎。狄家向薛家送催妆礼："食盒一盘、粉一盘、面一盘、猪肉一盘、簪髻盖袱，一套过门的礼衣，先送到薛宅，看就十六日卯时过门。"③狄家请相栋宇的婆子做"娶女客"，备好临时听用的四对灯笼、两个披红童子、十二名鼓手、十二名乐人，喜轿结彩挂红。由于狄希陈是秀才，家中给他备下迎亲穿的青线绢圆领和蓝线绢衬摆，以及银花、红纻和鞍马。薛家这边也忙个不停，当天夜里，众人给薛素姐梳头插戴、穿衣裳，备好女婿上门迎亲的酒席和伺候娶女客的茶饭，请连春元的夫人做"送女客"。狄希陈上门亲迎，薛教授原为衡王府纪善，便穿戴公服，到大门外迎接女婿到家。薛素姐择吉时上轿，狄希陈簪花挂红，乘马前导，娶女客和送女客的轿子随后，薛素姐两个弟弟都是秀才，穿了公服，乘马跟送。

最后是成亲仪式。狄家迎接新人薛素姐到香案前，狄婆子用箸挑去新人的盖头。宾相赞礼，狄希陈、薛素姐拜天地，进洞房。当天午后，狄希陈携带礼物，再到薛家谢亲。

---

① (明)西周生辑著，李国庆校注：《醒世姻缘传》，中华书局 2005 年版，第 566 页。

② (明)西周生辑著，李国庆校注：《醒世姻缘传》，中华书局 2005 年版，第 568 页。

③ (明)西周生辑著，李国庆校注：《醒世姻缘传》，中华书局 2005 年版，第 568 页。

狄家家业富厚，狄员外为人厚道；薛教授是衡王府官员致仕，家业虽不及狄家富厚，但有所开布店等商业利润支持，家境亦属上等人家。因此，狄、薛两家在儿女婚事上属于真正的礼尚往来，翁婿之间的馈赠且有文人雅致，这同严列宿贫寒简陋的婚娶比较，真如天渊了。

新婚头两天，薛家给素姐送饭、送洗脸水，第三天接素姐回娘家(第七十六回称为“三日回门”)，这些成亲后的程序也是当时婚礼的组成部分。总之，《醒世姻缘传》以较为详尽的笔墨，写出了明水镇富户人家的婚聘嫁娶过程，留下了一幅生动的民俗画卷。其中某些婚俗，如新婚三日闺女回娘家，在今天山东的不少地方仍然保留着。

(五)丧葬习俗

明清小说写到了济南一带的丧葬习俗。在中国传统社会中，多有老人在世时就打算个人后事，其中棺木是考虑的首要问题。这一习俗在明清小说中多有反映，《醒世姻缘传》就有涉及。第四十一回写小献宝胡嚷乱骂，嫌外公魏才给汪为露赊来的枣木棺不好，魏才怒道：“你嫌不好，几百几千，你另买好板就是！把这枣木材，我与他银子，留着我用。”[①]说罢就要带人抬去庙里寄放。富裕的人家还会修造生圹(亦称“寿圹”)。第七十二回，狄员外因自己年事已高，拣择吉日吉时，纠集匠人，在祖坟内修筑生坟。他每天到坟上监管匠人作工，亲戚朋友也携带盒酒前去陪他监工。生坟完工后，众亲友又凑份子与他庆贺，狄员外便在坟上搭棚摆酒，款待客人，酒席摆了三十余桌。显然，修造生坟在当时是一件相当隆重的事情。

《醒世姻缘传》对明水镇送丧出殡的民俗也有多次较为详细的描写，涉及汪为露、狄婆子、薛教授、狄员外等人。第四十一回，汪为露死后，汪家举了五日的幡，一七闭丧，十二月二十五日

---

① (明)西周生辑著，李国庆校注：《醒世姻缘传》，中华书局 2005 年版，第 529 页。

是汪为露五七的日子，定于当天出殡，汪家于十二月十九日开丧受吊，亲朋、弟子前来上香献祭，付助丧银子，二十五日，汪家和街坊给汪为露送殡，抬到坟上下葬。第六十一回，狄婆子死后，过了一七，做了一个道场，便落幡闭丧，停厝在家，后来与狄员外一起出殡埋葬。第七十六回中，狄员外去世，根据他的遗嘱，不闭丧，与停厝在家的狄婆子一同出殡，建斋超度，开圹出丧。出过丧后，还有复三、谢纸的礼仪。第六十一回，薛教授出丧第三日，狄希陈同薛如卞、薛如兼兄弟一早往坟上烧纸祭拜，这叫作"复三"。随后是谢纸，即孝子登门叩谢亲人丧葬期间前来的吊唁者。在回家路上，薛如卞拒绝狄希陈让术士算命的建议，理由便是："我还早到家去打点拜帖，好早出去谢纸。"[①]第七十六回，狄员外、狄婆子出丧埋葬后，狄希陈谢纸。

狄、薛两家家道富厚，汪家虽贫但有亲友等人赙银相助，故诸家丧礼颇成模样。《瞎骗奇闻》所写晚清济南的败落、赤贫之家，殡葬只能草草了事。如第五回中，一文不名的洪士仁，老婆死了，靠着街坊邻居施舍，凑了两吊多钱，买了两条芦席，把尸首卷了，驮出城去，在义地上埋了完事。曾经拥有万贯家财的赵家奶奶钱氏，家业被儿子在几年间糟蹋得精光，一下子败落下来，丧事完全依靠本家族人来办，草草收敛，抬到丈夫的坟上埋了。这些败落、赤贫之家，在丧事上就讲不起什么礼仪和规矩了。

(六)信仰民俗

《醒世姻缘传》写及明水镇的佛教、道教信仰。第六十八回写明水镇庆祝白衣奶奶圣诞的民俗。白衣奶奶是明水镇居民对镇上白衣庵奉祀的主神白衣菩萨的敬称，农历二月二十九日是白衣奶奶的圣诞，通常每年会有大户人家的女主人为首，组织三昼夜祝圣的道场，镇上其他居民也会出分资布施。这一信仰在明水及其周边一带影响很大，乃至吸引济南府城仕宦人家的女

---

① (明)西周生辑著，李国庆校注：《醒世姻缘传》，中华书局2005年版，第781页。

眷纷纷前来拜瞻白衣奶奶。据侯、张两个道婆所说，白衣奶奶圣诞时节，明水镇上“真是人山人海，只济南府城里的乡宦奶奶，举人秀才娘子，那轿马挨挤的有点缝儿么”[①]。第七十三回写及三月三日明水镇的玉皇庙会，也是人山人海、拥挤不堪，这表明作为道教尊神的玉皇也为当地人们所膜拜。

二、明清小说中的济南饮食

民以食为天。在明清小说中，饮食是难以绕开的一项重要内容，《醒世姻缘传》《老残游记》以及《近十年之怪现状》等清代小说，就较多地描写了明水镇和济南府城的饮食情况。

（一）明水镇的百姓饮食

《醒世姻缘传》第二十四回写明水镇的冬天是“农家受用为仙”的时节，饮食丰足：

> 大囤家收运的粮食，大瓮家做下的酒，大栏养的猪，大群的羊。成几十几百养的鹅鸭……家家都有腊肉、腌鸡、咸鱼、腌鸭蛋、螃蟹、虾米；那栗子、核桃、枣儿、柿饼、桃干、软枣之类，这都是个人山峪里生的。茄子、南瓜、葫芦、冬瓜、豆角、椿牙、蕨菜、黄花，大囤子晒了干，放着过冬。拣那不成才料的树木，伐来烧成木炭，大堆的放在个空屋里面。清早睡到日头露红的时候，起来梳洗了，吃得早酒的，吃杯暖酒在肚。那溪中甜水做的绿豆小米粘粥，黄暖暖的拿到面前，一阵喷鼻的香，雪白的连浆小豆腐，饱饱的吃了。[②]

这是距“国初”未远时节的明水镇百姓生活，可谓富足和乐。后来，尽管明水镇古风不再，人情日益浇薄，但这和百姓的物质生活状况变化关系不大。如前所述，狄家向薛家下聘定之礼，其中

① （明）西周生辑著，李国庆校注：《醒世姻缘传》，中华书局 2005 年版，第 875 页。

② （明）西周生辑著，李国庆校注：《醒世姻缘传》，中华书局 2005 年版，第 314 页。

食材几乎都是自产(除了到府城买桂圆),这是富厚之家的情况。第五十二回所写张养冲一家,是明水镇衣食无忧的普通人家。在两个儿子和一对儿媳的精心照料下,张养冲老两口的日常饮食有大米、面食、鱼肉、猪肉、鸡鸭和蛋类,都是自家种植、养殖的产出。总之,明水镇得会仙山、白云湖等山水之利,物产充足,在正常收成的年景,百姓衣食无忧,进而待客也有讲究,比如大米待客,小米不待客。第二十九回写薛教授打算招待许真君,"忽然想道:'没有大米,小米又不好待客,早些家去叫人去籴几升大米来。'"[①]这一待客礼仪于此可见。

(二)济南城内的饮食

《醒世姻缘传》所写明水镇的百姓饮食,几乎都来自自家的种植或者养殖产出,极少去济南府城或者绣江县城购买,具有明显的自给自足特点。济南作为府城和省城,是山东一省政治和文化的中心,商业和手工业繁荣,粮食、蔬菜、肉类等主要依靠外部输入和商品交易获得。同时,比之日出而作、日入而息的农民,市民阶层拥有更多的闲暇,在饮食上也就有了更多的精细化追求,这也是美食往往出自城市的一个原因。

在明清小说的描写中,济南城内的饮食具有花式多样、加工精细、美味可口等特征。《醒世姻缘传》第三十七回,江家池的凉粉和烧饼,是颇有名声的地方特色美食;狄希陈等人游大明湖,从五荤铺买了一个十五格的攒盒,在湖内划船饮酒。第五十回,狄希陈找当铺老板秦敬宇换钱,已为商人之妇的孙兰姬摆出一个丰盛的十五格攒盒招待他,有高邮鸭蛋、金华火腿、湖广糟鱼、宁波淡菜、天津螃蟹、福建龙虱、杭州醉虾、陕西琐琐葡萄、青州蜜饯棠球、天目山笋鲞、登州淡虾米、大同酥花、杭州咸木樨、云南马金囊、北京琥珀糖,还有荔枝、风干栗黄、炒熟白果、羊尾笋

---

① (明)西周生辑著,李国庆校注:《醒世姻缘传》,中华书局 2005 年版,第377 页。

嵌桃仁等四碟剥果和醋浸姜芽、十香豆豉、莴笋、椿芽等四碟小菜。[1] 这些食品来自五湖四海，种类丰富，具有相当经济实力的阶层才消费得起，可见商人阶层在饮食上的高端追求。

除了《醒世姻缘传》所写的攒盒，《老残游记》还写到一种送席面用的高档抬盒。第四回写山东巡抚张宫保派人给老残送了一个席面，是一个三屉的长方抬盒，抬盒上层屉上有一个盖子，各层屉中菜品摆放有序：头屉是碟子小碗，第二层是燕窝鱼翅等类大碗，第三层是一只烧小猪、一只鸭子、两碟点心。这样高档丰盛的席面，一般市民是见不到的，即使见闻颇广的高升客店掌柜也看得呆了。当时还有一种两层的、供外出游览用的小巧食盒。《近十年之怪现状》第十九回，鲁薇园家的老妈子到龙骊珠小姐的游船上送点心和水果，提了一个食盒，上层装了四盘点心：牛奶酪酥白湖糕、松子枣泥茯苓糕、两样西式饼；下层装了四盘水果：切薄的大明湖鲜莲藕、剥净的大明湖鲜莲子、上海带来的金山苹果、牛奶白葡萄。这是晚清时期达官贵人家的游湖饮食。

济南是泉水之城，鱼类丰富，因而在饮食上形成了颇具地方特色的鱼类菜品和吃法。《近十年之怪现状》第十四回，田仰方在芙蓉巷公馆请客，抚院陈蕙裳点了一道炒鱼片。小说写道：

> 上过几道热炒之后，厨子捧了活鲤鱼上来，请示做法（济南风气如此）。护院道："别人总欢喜一半醋溜，不是就红烧，一半总是清炖。我今天变个样儿，一半拿来炒片，一半做口汤喝吧。"厨子领命下去。[2]

这位抚院大人是很讲究饮食之道的。他吃鲤鱼的方法与众不同：一半炒片，一半做汤。济南当时对于鲤鱼的吃法，流行的是一鱼两吃：一半醋溜或红烧，一半清炖。由这段描写亦可知，在

① （明）西周生辑著，李国庆校注：《醒世姻缘传》，中华书局 2005 年版，第 649—650 页。

② （清）吴趼人：《近十年之怪现状》，天津古籍出版社 1986 年版，第 104 页。

晚清时期济南的正规宴席上，鲤鱼是一道重要的压轴菜品，吃鲤鱼是有专门规矩的：店家先上各种热炒，客人吃过之后，厨师手捧活鲤鱼，向客人当面请示做法，主宾发话如何烹制，厨师照办。至于芙蓉巷，实有其地，因街上的芙蓉泉而得名，今天仍然是济南知名的老街与小吃街。

晚清时期，济南城内居民的饮食中出现了番菜（即西餐）的名目。《文明小史》第三十七回写到的济南江南春饭店就是一家番菜店；历城知县钱大勋为了巴结传教士黎巫来，请他吃过几次“土做番菜”，也就是济南本地厨师做的西餐。番菜的价格应该比较适合普通的商务消费。第三十四回写书店老板王毓生招待上海来的李悔生等三人，带了十两银票请他们去北渚楼吃饭。李悔生提议吃番菜，于是到江南春饭店，四人消费了三两多银子。由此来看，当时吃番菜应该比中餐名店实惠一些。

（三）明清小说中济南名泉之畔的饮食

围绕济南名泉，明清小说还描写了一些相关饮食习俗。

一是泉水清纯甘洌，品饮泉水深受游人、过客的喜爱。如《近十年之怪现状》第十九回，喷涌的趵突泉水引得龙骊珠小姐雅兴大发，不顾病体，提议与众人“品泉”，派人乘着瓜皮小艇，到泉涌之处打水品尝：“喝小小的一口，慢慢的尝了滋味，才轻轻的咽下去。”清洌的泉水沁人心脾，骊珠小姐对其赞美有加，道：“我喝下去觉得清沁心脾，耳目都清爽了，只怕比吃药还好呢！”[①]又如李宝嘉《官场现形记》第四十六回，京城的童钦差路过济南，要专门吃从趵突泉打来的水。这位钦差大人的所为并非雅兴使然，不过借此摆架子、耍官威罢了。但对读者而言，可由这两个故事一窥趵突泉水在游人、过客心目中的特殊地位。

在明清小说的描写中，更为普遍的情形是游客亲到泉畔品饮茶水。沈复（1763—1822?）《浮生六记》卷四《浪游记快》云：

---

① （清）吴趼人：《近十年之怪现状》，天津古籍出版社1986年版，第143页。

"趵突泉……池上有楼，供吕祖像，游者多于此品茶焉。"[①]《老残游记》第三回所写趵突泉畔品茶场景与此类似："池子北面是个吕祖殿，殿前搭着凉棚，摆设着四五张桌子、十几条板凳卖茶，以便游人歇息。"[②]小说还写黑虎泉上有几间草房门面的茶馆，老残进去点了茶，临窗俯观黑虎泉池。晚清旅生《痴人说梦记》第二十三回中，陈企辛到济南府干事暂留，不但"把那济南名胜，什么千佛山、龙洞、鹊华、大明湖、黑虎泉等处，逛到个腻烦极处"，而且经常去趵突泉喝茶；如果赶上趵突泉集场的话，泉池周边会有"许多买卖人，东一团，西一簇，非常热闹"。[③] 从《浮生六记》《老残游记》和《痴人说梦记》所写，我们可以想见当年济南诸泉尤其趵突泉畔游人品饮茶水的热闹情景。

二是泉畔不乏地方特色小吃，例如《醒世姻缘传》第三十七回所写江家池凉粉。塾师程乐宇闻听狄希陈等人到江家池吃凉粉和烧饼，竟然勾起了自己的馋虫——"有个咽咽的咽唾沫之情"。随从的狄周见状，便跟店家主人"借了一个盒子、一个《赤壁赋》大磁碗，自己跑到江家池上，下了两碗凉粉，拾了十个烧饼，悄悄的端到下处，定了四碟小菜，与程乐宇做了晌饭"[④]。第三十八回府学童生考试完毕后，程乐宇一身轻松，在朋友招呼下，专门去江家池吃凉粉。可知江家池凉粉远近闻名，以至他州外府的人都慕名而来以饱口福，是一道美味的泉畔小吃。再如《痴人说梦记》第二十三回所写趵突泉集场，不但售卖缸、盆、瓦罐等零星物件，而且"馍馍、锅饼摊，到处摆满"[⑤]，此处写到的锅饼，至今仍是具有济南地方特色的面食。

另外，根据明清小说的描写，在大明湖中乘船饮酒是济南一

---

① （清）沈复著，徐思源注评：《浮生六记》，凤凰出版社 2016 年版，第 57 页。

② （清）刘鹗：《老残游记》，中华书局 2013 年版，第 13 页。

③ （清）旅生：《痴人说梦记》，江西人民出版社 1989 年版，第 158 页。

④ （明）西周生辑著，李国庆校注：《醒世姻缘传》，中华书局 2005 年版，第 480 页。

⑤ （清）旅生：《痴人说梦记》，江西人民出版社 1989 年版，第 158 页。

项长盛不衰的消遣娱乐性饮食风俗。《醒世姻缘传》第三十七回，狄希陈和同窗游大明湖，自己带酒，买了一个十五格攒盒，从学道门口上船，划到湖里游玩，这反映的是清初的情形。晚清也多有小说写到人们在大明湖游湖吃酒的习俗。《老残游记》第四回，张宫保送给老残一个丰盛的席面，客店掌柜建议他"请几位体面客，明儿带到大明湖上去吃"①。《二十年目睹之怪现状》第五十四回、《近十年之怪现状》第十九回，也有类似情节内容，可知晚清时期的济南在大明湖游湖吃酒的习俗仍盛。

第五节　明清小说中的济南故事

在明清小说中，"济南"除了作为一个单纯的地名被提到、不具情节意义的情况之外，关于"济南"的内容大都与小说的人物、情节有关：或为济南人的故事，或是故事发生地在济南。本节所指称的"明清小说中的济南故事"，乃就此而言，包括这两种情况。我们将明清小说分为明代小说、清代前期小说和晚清小说等三个部分，以此展开相关论述。

一、明代小说中的济南故事

明代小说涉及济南故事的作品，在短篇小说集中见诸《剪灯馀话》《型世言》以及《石点头》等，长篇小说有《金瓶梅》《大宋中兴通俗演义》和《隋史遗文》等。

李昌祺(1376—1452)《剪灯馀话》是明代早期的一部文言短篇小说集，卷二《鸾鸾传》属于明代爱情婚姻题材的短篇佳作。小说写东平柳颖与赵鸾鸾夫妻情深，在元末战乱中，鸾鸾被济南军阀周万户掳掠而去。柳颖历尽艰难曲折，从东平寻到东昌，又寻到济南，终于找到鸾鸾，重金将她从周家赎出。夫妻相携，从济南去往徂徕山麓隐居，相敬如宾，耕种自给。一日，柳颖进城

---

① (清)刘鹗:《老残游记》，中华书局2013年版，第20页。

买米,在归途中被贼兵杀害,鸾鸾强忍悲痛,料理丈夫丧事后殉情。邻里感佩于柳颖、鸾鸾两人生死不渝的深情,为之立碑,题为"双节之墓"。在这个凄美的爱情悲剧中,济南见证了柳颖和鸾鸾重得团圆,曾经给予他们在兵荒马乱中活下去的信心和动力。

陆人龙《型世言》是明代后期一部重要的拟话本小说集。第一回《烈士不背君　贞女不辱父》的主旨在于褒扬忠臣、烈女、义士,写明初靖难兵起,山东参政铁铉坚守济南城池,不但数次挫败围困城池的朱棣兵马,而且乘胜出击,收复德州,敌人节节败退。因此军功,铁铉擢升山东左布政使,再转兵部尚书,参赞军务。朱棣登基后,铁铉全家被押往南京受审。早年曾得铁铉资助的济阳县学秀才高贤宁挺身而出,救护铁铉幼子,使忠臣有后;又冒着杀头之祸,收敛了铁铉的尸骨。这个短篇以忠义为全篇之旨,塑造了忠臣铁铉和济阳义士高贤宁的形象。

《石点头》是明末天然痴叟所著的一部拟话本小说集。第三回《王本立天涯求父》写孝子王原寻亲故事。① 王原(字本立)之父王珣避役出走,十五年间与家中不通音信,王原婚后,辞别母亲与新婚妻子,踏上了漫漫寻父之路。小说写王原寻到山东省城济南府:

> 先踏遍了城内,后至城外。行至城东,见有一所庙宇,抬头看时,牌额上标着"闵子骞祠"四个大字。暗道:"闵子乃圣门四科之首,大贤孝子。我今日寻父,正该拜求他一番。"②

王原步入祠中,叩头默祷。联想到闵子骞为父御车的故事,王原感慨万千:"当年闵子为父御车,乃有'母在一子寒,母去三子单'

① 这一故事在明末清初广为人知,成为小说家的一个热门题材,除见于《石点头》之外,还见于陆人龙《型世言》第九回《避恶豪懦夫远窜　感梦兆孝子逢亲》和周清元《西湖二集》第三十一卷《忠孝萃一门》头回。《石点头》所写与其他两书的情节差异较大,王原进闵子骞祠拜祷的情节就不见于《型世言》和《西湖二集》。

② (明)天然痴叟:《石点头》,黑龙江美术出版社 2015 年版,第 42 页。

之语，著孝名于千载。我王原求为父御车而不可得，真好恨也。”[①]行至长清驿时，王原看到李太监派人接母进京安享荣华，触动了自己的心事，不免痛哭流涕。王原最终在河南卫辉府辉县寻到父亲，父子同归家乡。在这个孝子寻亲故事中，济南城内、城外以及郊区的长清驿，都留下了王原的足迹。

在明代四大奇书中，兰陵笑笑生的《金瓶梅》是唯一多次写到济南的一部长篇之作，书中叙及“宋御史往济南去”（第四十九回）、“济南府张叔夜”（第六十五回）等。其中有关济南故事情节较详的，是小说结尾的第九十八、九十九和一百回。第九十八、九十九回写济南府知府张叔夜与守备周秀剿除梁山泊宋江等三十六人，地方平复，朝廷加封张叔夜为都御史、山东安抚大使，周秀升任济南兵马制置，管理分巡河道，提察盗贼。周秀“在济南做了一年官，也赚得巨万金银”[②]。靖康元年（1126），周秀升为山东都统制，奉命驻扎东昌府，阻挡金兵南下，在高阳关战事中阵亡。第一百回写金兵南侵，吴月娘带着儿子孝哥投奔亲家、任济南府参将的云理守。月娘此行不仅为了躲避金兵，而且打算让孝哥与云理守的女儿成亲。途中，月娘暂歇于永福寺，梦到自己前往济南，却遭云理守非礼，企图强纳她为夫人，于是在大怒中惊醒过来。此梦使月娘认识到人情浇薄，遂打消了前往济南投亲避难等念头，兵乱过后复回家乡度日。

情节内容与《金瓶梅》最后三回写金兵入侵中原背景相似的，还有明代熊大木《大宋中兴通俗演义》。其中卷之二末回写金兵统帅金挞懒兵围济南府，济南府镇守刘豫派骁将关胜率兵五千出城迎敌，大败金兵四万人马。金挞懒暗中以金帛贿赂刘豫，刘豫见利叛国，杀了关胜，献城投降。小说写道：“关胜昔乃梁山泊之徒，最骁勇，曾随童贯征方腊，多有战功。”[③]关胜被害时遗言：“关某自幼从戎，身经数百余战，岂惜死耶？第恨未能恢复

① （明）天然痴叟：《石点头》，黑龙江美术出版社2015年版，第42页。

② 秦修容整理：《金瓶梅》（会评会校本），中华书局1998年版，第1442页。

③ （明）熊大木：《大宋中兴通俗演义》，中国文史出版社2003年版，第79页。

中原，削平胡虏，少伸吾志也。”[①]英雄竟死于叛国者之手，不能一申报国壮志，遗恨济南。

明末袁于令《隋史遗文》属于明清时期历史演义中的优秀之作。全书以杨坚立隋、杨广篡位、李世民登基等重要历史事件为纵线，以齐州历城人秦琼的活动为横线，组成纵横交错的结构，秦琼为全书的中心人物。秦琼史有其人，本传见于《新唐书》卷八九，但所载事迹相当简略。《隋史遗文》据史演义，敷衍生发，叙秦琼故事特详，内容生动富赡，确如袁于令在该书《序》中所说：“什之七皆史所未备者。”[②]《隋史遗文》中的秦琼善使一百三十斤的双锏，所向披靡；为人有勇有谋，笃义重情，济弱扶危。秦琼不是那种大碗喝酒、大块吃肉、快意恩仇的草莽豪杰，作为名闻天下的英雄，他怀有穷则独善其身、达则兼济天下的理想。第三回写他曾对好友樊建威说：

> 兄弟，一身不属官为贵。我累代将家，若得志，为国家提一枝兵马，斩将搴旗，开疆展土，博一个荣封父母，荫子封妻；若不得志，有这几亩薄田，几树梨枣，尽可以供养老母，抚育妻儿。这几间破屋中间，村酒雏鸡，尽可与知己谈笑。一段雄心没按捺处，不会吟诗作赋、鼓瑟弹琴，拈一回枪棒，也足以消耗他，怎低头向这些赃官府下，听他指挥？拿得贼，是他的功；起来赃，是他的钱。还又咱们费尽心力，拿着几个强盗，他得了钱放了去，还道咱们诬盗。若要咱和同水密，扳害良民，满他饭碗，咱心上也过不去。做他什么？咱不去。[③]

秦琼有英雄抱负，对现实的认识也是清醒的，这是他真实心声的

---

① (明)熊大木：《大宋中兴通俗演义》，中国文史出版社 2003 年版，第 80 页。

② (明)袁于令，宋祥瑞校点：《隋史遗文序》，《隋史遗文》，北京大学出版社 1988 年版。

③ (明)袁于令评改，宋祥瑞校点：《隋史遗文》，北京大学出版社 1988 年版，第 22 页。

吐露。但因家贫亲老，秦琼不得已走了一段依附隋王朝安身立命的道路，后又因权奸宇文述陷害，不得已先后投靠瓦岗义军和王世充，最终投唐，在李世民麾下屡立战功，实现了荣封父母、封妻荫子的夙愿。书中的秦琼是一个富有生气、令人钦佩的豪杰人物。小说还塑造了其他一些济南豪杰人物，如樊建威、贾闰甫、程咬金、罗士信、唐万仞等，他们都是虎虎生风、极具个性的"有意气汉子"（第四十四回）[①]。《隋史遗文》亦可谓一部隋唐时期济南英雄豪杰的文学传记。

二、清代前期小说中的济南故事

在清代前期小说中，写济南故事的重要作品有《醒世姻缘传》《好逑传》《女仙外史》《儒林外史》《隋唐演义》《绿野仙踪》等中、长篇之作，《聊斋志异》和《阅微草堂笔记》中也有若干短篇作品涉及济南。比较而言，写济南故事较为出色的是《醒世姻缘传》《好逑传》和《绿野仙踪》等中、长篇作品。

《醒世姻缘传》男主人公狄希陈，家在距离济南府城七十里地左右的绣江县明水镇；女主人公薛素姐，其父薛教授是河南卫辉府胙城人，原任兖州府学教授，升任青州衡王府纪善，致仕后寄籍明水。《醒世姻缘传》的主体内容叙写狄希陈、薛素姐的婚姻生活。其中，第三十七回《连春元论文择婿　孙兰姬爱俊招郎》、第三十八回《连举人拟题入彀　狄学生唾手游庠》和第四十回《义方母督临爱子　募铜尼备说前因》，主要写了狄希陈在济南城内外的活动。他与相于廷、薛如卞、薛如兼等同学来到济南参加府学童生考试，由塾师程乐宇带队，住在东门里鹊华桥东。考试之前，为了放松身心，狄希陈等人逛布政司大街，游趵突泉、千佛山、大明湖，玩得不亦乐乎。让狄希陈终身难忘的是在趵突泉畔与烟花女子孙兰姬的一段奇妙恋情，但因命中注定无缘，两

① （明）袁于令评改，宋祥瑞校点：《隋史遗文》，北京大学出版社 1988 年版，第 374 页。

人虽然彼此情深，却不能成其眷属。此后不久，狄希陈与薛素姐成婚。薛素姐本为美丽温和的淑女，孰知婚后性格巨变，为人悍妒，驭夫有术，狄希陈则畏之如鼠，完全是懦夫之态。《醒世姻缘传》所写狄、薛二人的婚姻故事，并《聊斋志异》卷六《马介甫》，后为嘉祥曾衍东借鉴，写成《小豆棚》中的《郑让》。

名教中人《好逑传》是创作于清代初年的中篇小说，属于才子佳人小说的代表作。小说写大名府秀才铁中玉和济南府历城县水冰心小姐不惧小人作梗，在患难中倾力互助，其间两人虽然互生情愫，但恪守礼义、冰清玉洁，终蒙圣谕赐婚，成其眷属。全书十八回，其中有十一回，即第三回至第十三回的故事发生地在济南，可见济南一地在此书中的特殊分量。女主人公水冰心虽是弱女子，却"有才有胆，赛过须眉男子"（第三回），三戏小人过其祖，维护自己的尊严，真正是一位知书达理、高洁智勇、"慧心俏胆"（第十八回）的济南奇女子。《好逑传》早在18世纪就传入欧洲，相继出版了英、法、德文译本。德国大文学家歌德在1827年1月31日的谈话中，对它有很高的评价："中国人在思想、行为和情感方面几乎与我们一模一样；我们很快就会发现，我们和他们完全是同类人，只不过他们的所作所为比我们更清楚，更纯洁，更正派。"[①]《好逑传》作为最早驰名欧洲的明清小说，通过水冰心这一奇女子形象将济南推介到了欧洲。

吕熊（约1640—1722）《女仙外史》一百回，是清初问世的神魔题材小说，主要写朱棣篡位、唐赛儿起兵勤王故事。故事被纳入神魔框架中：朱棣系天狼星转世，唐赛儿前身为月中嫦娥，二人之所以在世间对立为敌，是因两人的前世夙怨。在此框架下，小说写唐赛儿降生于济南府蒲台县，生而灵异，长而擅长法术，并有仙、佛、魔大师辅佐；朱棣篡位后，唐赛儿起义勤王，尊建文为正统；她以济南为国都，立建文行宫，定刑律、赋役制度，开科

---

① 〔德〕爱克曼辑录：《歌德谈话录》，吴象婴、潘岳、肖芸译，上海社会科学院出版社2001年版，第233页。

取士，议君臣典礼，颁行男女仪制，筹划迎接遁隐的建文帝至济南复位；济南兵旁略诸州，占领中原，与朱棣朝廷相持；最后，朱棣、唐赛儿完其夙怨，各归上天。《女仙外史》将济南虚构为建文失位之后的帝都，号为月君、位至帝师的唐赛儿摄行君权，忠君爱民，抚远柔夷。济南俨然是一个代表着正统、正义的政治乌托邦了。另外，铁铉坚守济南、抵抗朱棣的故事也写入了《女仙外史》第十六、十七回。

褚人获《隋唐演义》一百回，属长篇历史演义小说，主要写了隋代宫廷、唐代宫廷和隋唐英雄豪杰等三个方面的故事。和济南有关的，是以齐州历城秦琼为主要人物的隋唐英雄豪杰故事。该书秦琼故事略如袁于令《隋史遗文》，但增衍了秦琼因母丧哀毁过度而死、秦琼玄孙国桢与国模兄弟扈从玄宗入蜀等故事，写出了秦琼的完整生平及其后代的情况。

吴敬梓(1701—1754)《儒林外史》是明清小说的经典名著之一。第一回写王冕为躲避乡绅危素和知县时仁的骚扰，从家乡诸暨来到济南，租了一间门面，卖卜测字，售卖花卉图，很受人们欢迎。在此居住半年后，黄河大发水灾，灾民流离失所。王冕目睹惨状，深为感慨，于是回乡侍奉母亲。第二、三回写年老的周进失去了汶上县薛家集的塾师之职，无事可做，跟随金有余等一干商人到省城经商，负责给他们记账。闲来无事的周进参观贡院，岂料贡院的环境刺激了仍然是童生身份的周进，导致他伤心痛哭，头撞号板，昏迷不醒。金有余等人把他抢救过来，出于怜悯之心，合伙出资，为他捐了一个监生，周进从而有了参加乡试的资格。不久，周进中举，到京会试又中进士，从此飞黄腾达。《儒林外史》中的济南既曾留下狷介高洁的一代画家王冕的踪影，也见证了老童生周进从落魄潦倒到一朝发迹变泰的人间喜剧。

李百川《绿野仙踪》是清代乾隆中叶一部融神魔、讲史、世情题材为一体的长篇白话小说。第四十三、四十四回和第四十七至第六十回所写济南试马坡温如玉与金钟儿的爱情故事，属于书中世情内容，也是全书的精华部分。在济南南部五十多里处，有一小镇试马坡，没落的旧家子弟温如玉在朋友苗秃子的陪同下到济南打秋风，返回泰安，路经此地，遇上萧麻子。萧麻子将二人引到乐户郑三家，温如玉对郑三的女儿——妓女金钟儿一见倾心。金钟儿原是"最有性气、可恶至极的婊子，第一爱人才，第二爱银钱"(第四十四回)[①]，见机行事，款住温如玉，使之陷入温柔乡不能自拔。后来，金钟儿与慕名前来的太原知府公子何士鹤打得火热，要跟他从良，因而对温如玉极尽冷落。岂料何公子满腹机诈，转眼无情，玩腻之后甩手走人，连嫖资都拒绝如数支付。在帮嫖的萧麻子、苗秃子撮合下，温如玉与金钟儿重修旧好。领过何公子的教训，金钟儿认识到温如玉才是"情真的人"[②]，遂心许于他，教他节财之计，鼓励他上省乡试，以便将来携带自己脱离娼门。萧麻子和苗秃子为了继续从温如玉身上弄钱，从中作梗。不知深浅的苗秃子将金钟儿输财资助温如玉的事告诉了郑三夫妻，金钟儿遭到郑三夫妻毒打，气愤不过，吞官粉自杀。萧麻子将金钟儿的死因告知温如玉，温如玉几乎崩溃，康复之后，到试马坡祭奠金钟儿。萧麻子企图继续从温如玉身上捞好处，怂恿郑三老婆到温家闹事，温如玉不得已报官。泰安州详审郑婆子、苗秃子、萧麻子等人，各施刑罚，温如玉亦被训诫。此即温如玉与金钟儿的爱情悲剧。这个故事完全按照生活的逻辑，塑造了金钟儿、温如玉、萧麻子和苗秃子的形象，写出了人物性格的多面性和复杂性，人物形象真实、鲜活，宛如生活中实有之人，可见小说作者李百川深得人情物理之妙。郑振铎《文学大纲》第二十九章"18 世纪的中国文学"曾评价道："全书中叙温如玉嫖妓受欺；作者在那里把妓院的情景写得极真切，一切假

① (清)李百川著，冯伟民校点：《绿野仙踪》，人民文学出版社 2002 年版，第 402 页。

② (清)李百川著，冯伟民校点：《绿野仙踪》，人民文学出版社 2002 年版，第 481 页。

情的妓女、爱钱的鸨儿、帮闲的食客，个个都写得生动异常。"[①]鲁迅《中国小说的历史的变迁》谈到《红楼梦》的艺术价值时，说："其要点在敢于如实描写，并无讳饰，和从前的小说叙好人完全是好，坏人完全是坏的，大不相同，所以其中所叙的人物，都是真的人物。"[②]比较而言，《绿野仙踪》的整体艺术水准固然不如《红楼梦》，但就所写温如玉、金钟儿的爱情故事来看，其艺术水准绝不逊色于《红楼梦》。

三、晚清小说中的济南故事

在晚清小说中，写及济南故事的作品有《老残游记》《官场现形记》《文明小史》《中国现在记》和《二十年目睹之怪现状》以及《近十年之怪现状》等。

《老残游记》第二、三、四、十九和二十回写了老残在济南的活动，展示了近代济南的官场、社会和山水景致。第二回《历山山下古帝遗踪　明湖湖边美人绝调》是明清小说中写济南人文风情最为有名的章回，以光绪十七年（1891）刘鹗在济南两次听王小玉演唱梨花大鼓的经历为据。[③] 所写明湖居听书，尤以王小玉说书的情节最为生动精彩，历来为人传颂，成为描写表演艺术的经典篇章。刘鹗本人对第二回也颇为自负，说："王小玉说书，为声色绝调；百炼生著书，为文章绝调。"[④]

《官场现形记》《文明小史》和《中国现在记》是李宝嘉（1867—1906）的长篇，《二十年目睹之怪现状》和《近十年之怪现状》是吴趼人（1866—1910）的前后赓续之作。这五部小说都写了济南故事，其中所涉内容较多的则是《文明小史》《中国现在

---

① 郑振铎：《文学大纲》，吉林出版集团股份有限公司2017年版，第565页。

② 鲁迅：《中国小说史略》，人民文学出版社2006年版，第346页。

③ 刘德隆、刘瑀编著：《刘鹗年谱长编》，上海交通大学出版社2019年版，第257页。

④ 刘德隆、朱禧、刘德平编：《刘鹗及老残游记资料》，四川人民出版社1985年版，第75页。

记》和《近十年之怪现状》。《文明小史》第二十四回写河南藩台万岐向山东抚台姬筱山推荐妻弟王文藻，王文藻是翰林出身的政治投机者，被姬抚台重用为总教习，创办新式学堂，但他徇私舞弊，中饱私囊，干没学堂购买图书、仪器的银子五千两。第三十五至三十八回写济南学生聂慕政先在上海游学，后到日本留学不成而被遣返，回到济南后，又轻信传言而盲动，刺杀路经此地的云南总督，结果被历城县收监。传教士黎巫来与历城知县交涉后，聂慕政不但无罪释放，而且挟洋人以自重。而黎教士之所以敢跟历城官府强硬交涉，乃因他曾被清廷赏过二品顶戴，加之山东抚台姬筱山本来就怕洋人；至于历城知县钱大勋，更是尊称黎教士为“大人”，恭敬得不得了。

《中国现在记》是李宝嘉晚年作品，十二回，发表于光绪三十年(1904)。书中有关济南的内容在第八、九、十回，主要揭露培修黄河的河工黑幕。河工黑幕是李宝嘉小说创作的一个关注点，前此在《官场现形记》第二十三回中，即对河工黑幕有所揭露：“黄河决口，百姓遭殃，却是他(按：河南臬台贾筱芝之子)升官发财的第一捷径。”[①]所写是河南之事，但仅有一段文字。在《中国现在记》中，河工黑幕成为一个重点内容。小说写山东抚台的红人钮树德钮知府在河工局主事，政以贿成。候补佐杂郑善昌、黄元吉、朱有星、陆奎等人贿赂钮知府本人或其太太、姨太太，分别谋得料厂、绳厂、收支、买土等河工上的肥差。第八回写道：“山东的河工，是皇上家的一个大漏卮。”[②]郑善昌等候补佐杂在河工上很容易赚钱发财、贿赂升官。还有一种做夫头的百姓，唯恐河工平安没处弄钱混饭，便在河堤各处偷偷挖洞，静等河水上涨时冲刷决口，一旦决口，官府出资培修河堤，这些夫头就可以赚一点小钱养家糊口了，如夫头史培史酒鬼就是深谙此道的老手。这就导致“山东连年决口，皇上家的帑银，用的真像水淌

① (清)李宝嘉著，张友鹤校注：《官场现形记》，人民文学出版社1957年版，第334页。

② (清)李伯元：《中国现在记》，江西人民出版社1989年版，第109页。

的一样，仍旧是毫无实济”[①]（第十回）。御史联名上本，参奏山东河工积弊，朝廷委派刑部的文大人赴山东察勘，随从四个司员。文大人到济，完全一副铁面无私、彻底根究的样子。已升任河工总局道台的钮树德，在山东抚台的授意下，从河工公款抽出七万银子，不动声色地汇往文大人的京中钱庄，对随从司员亦各有打点。收到京中汇款电报，文大人喜笑颜开，拜访山东抚台。两人心照不宣，就公忠体国、河工无弊的话瞎扯半天。御史参奏的山东河工大案，结果被文大人风平浪静地敷衍过去，不了了之，钮道台最终还被赏了个二品顶戴。事后，文大人的随从司员白尽忠良心尚未全泯，发怒道：“我们赚两个钱，也要上不负国，下不疚心。想这样的钱，实在问心有愧。……”[②]得罪了文大人与其他三个司员，文大人上折，将其革职回乡。《中国现在记》以占全书四分之一的章回，揭露河工黑幕，暴露官场无可救药的腐败生态，让读者触目惊心，这是其他晚清小说远不能及的。

《近十年之怪现状》二十回，是《二十年目睹之怪现状》的续作，又名《最近社会龌龊史》，作于1907—1909年。小说主要写江苏世家子弟乔子迁到济南继承了伯父乔木的一笔丰厚遗产，在此胡闹了两年，产业殆尽，遂与好友李老三偷了几桶金矿石，从济南偷运到上海，公然挂起“奏办山东金矿局”和“山东金矿招商处”的招牌，招股行骗。此事被人发觉，山东抚台委派鲁薇园由济至沪查办此事，然而事机不密，抚台手下的机要官员给乔子迁拍发电报，通风报信。乔子迁闻风而动，带着股银溜之大吉，逍遥法外。负责查办此案的鲁薇园无法向山东抚台交差，便顺手拐走朋友李闲士的两万五千两银子，化名张佑君，北上天津做起了军火商买办。岂料军火商也是个骗子，从天津制军手中骗了一笔巨款后不知所踪。鲁薇园为摆脱自身干系，立即逃亡北京，剃去胡须，复其本名，用所拐的银子在京城捐了道班，办了引

① （清）李伯元：《中国现在记》，江西人民出版社1989年版，第126页。

② （清）李伯元：《中国现在记》，江西人民出版社1989年版，第131页。

见，再回济南复职。因他与新任山东抚台龙中丞是同乡世好，故被委以铜元局总办、营务处总办等肥差，从此安富尊荣。

以上晚清小说意在暴露与谴责。刘鹗《老残游记》之旨便是揭清官之恶，但因揭露的重点对象都在他州外府，故他笔下的济南仍颇为可爱。相比刘鹗，李宝嘉、吴趼人二人激愤尤深，刻意暴露近代中国的病弱之态，故所写济南具有极端病态的特征：官场上下贪墨，污浊不堪；官员屈膝媚外，政治投机者如鱼得水；文人士子要么口称时务却是八股头脑，要么标榜仁义却丧尽天良；受过欧风美雨熏陶的西式人物，或不学无术，或瞎闹一气，甚至挟洋自重；如此等等。李、吴二人笔下的济南折射了近代中国积贫积弱、暗无天日的现实。

第二章　明清小说中的海岱古城青州

《尚书·禹贡》云："海岱惟青州。"[①]青州是《禹贡》所划分古九州之一，历史悠久。明清时期，青州设府，府治青州城，时人将青州府与莱州府、登州府合称山东的"东三府"。在明清小说中，青州一地主要见于明代和清代前期小说，而较少见于晚清小说。

第一节　明清小说中的青州山水

早在《元刊全相平话五种·三国志平话》和《三国志通俗演义》中，"青州"一地即被频繁提及。不过，两书重在依史敷衍人事，青州一般作为一个行政辖境的地域之称而依附于人事的叙写。如《三国志平话》提及青州时，多称"青州袁谭"；《三国志通俗演义》有十余回提及青州，或称青州兵，或称青州某人。再者，两书所写青州乃一州之名，而非城市之名。两汉时期，青州州治临淄，《三国志通俗演义》第二回《刘玄德斩寇立功》中写的"青州城"其实是临淄[②]。总体来看，在这两部叙写三国历史的小说中，青州主要是作为一个单纯的地理与行政概念出现的，因此，本节谈明清小说中有关青州山水的内容时，对其不予涉及，而关注对"青州"地方有较多具体描写的小说。

---

① 曾运乾撰，黄曙辉点校：《尚书正读》，华东师范大学出版社 2011 年版，第 59 页。

② 参见（明）罗贯中著，沈伯俊校注：《三国志通俗演义》，文汇出版社 2008 年版，第 8 页。

一、《水浒传》中的青州山险

在百回本《水浒传》中，青州一地多被称为"青州府"。按诸历史实际，青州府建置始于明初。朱元璋称帝后，将元朝的益都路改为青州府，治青州城；清沿明制，仍设青州府，唯其所辖地域范围较明代有所变化。《水浒传》共有九回涉及青州的地方与人事，且多数都是情节精彩的故事，其中出现了一些作为故事地理背景、江湖好汉落草占据的山险，所写主要有"三座恶山"："第一便是清风山，第二便是二龙山，第三便是桃花山。"（第三十三回）[①]此外还有白虎山。

清风山见于《水浒传》第三十二、三十三和三十四回。小说写"这清风山离青州不远，只隔得百里来路"，距离清风镇"只有一站多路"（第三十三回）。[②] 而这个清风镇"在青州东南上，从正南取清风山较近"（第三十四回）[③]，可知清风山在青州南部地方。此山山势"生得古怪，树木稠密"[④]，第三十二回有一段韵文状其险恶之势，云：

> 八面嵯峨，四围险峻。古怪乔松盘翠盖，杈枒老树挂藤萝。瀑布飞流，寒气逼人毛发冷；巅崖直下，清光射目梦魂惊。涧水时听，樵人斧响；峰峦倒卓，山鸟声哀。麋鹿成群，狐狸结党，穿荆棘往来跳跃，寻野食前后呼号。伫立草坡，一望并无商旅店；行来山坳，周回尽是死尸坑。若非佛祖修

---

① （明）施耐庵、罗贯中著，李永祜点校：《水浒传》，中华书局 1998 年版，第427 页。

② （明）施耐庵、罗贯中著，李永祜点校：《水浒传》，中华书局 1998 年版，第419 页。

③ （明）施耐庵、罗贯中著，李永祜点校：《水浒传》，中华书局 1998 年版，第436 页。

④ （明）施耐庵、罗贯中著，李永祜点校：《水浒传》，中华书局 1998 年版，第411 页。

行处，定是强人打劫场。[①]

山之险恶情形令人毛骨悚然。江湖好汉燕顺、王英和郑天寿投奔梁山水泊之前，在此落草，建立山寨，打家劫舍。

二龙山见于《水浒传》第十七回和第五十七回所写。其山势高险，只有一条路可上得山去，山顶有一座寺庙宝珠寺。落草的江湖好汉用心经营此山，在上山路上设了三处关闸。第十七回写道：在山上“看那三座关时，端的险峻。两下里山环绕将来，包住这座寺。山峰生得雄壮，中间只一条路。上关来，三重关上，摆着擂木炮石，硬弩强弓，苦竹枪密密地攒着。过得三处关闸，来到宝珠寺前看时，三座殿门，一段镜面也似平地，周遭都是木栅为城”[②]。山势的险峻加人工的经营，使二龙山成为一座很难攻打的山头。鲁智深、杨志要从“金眼虎”邓龙手中夺取此山，曹正深知其难，说：“若是端的闭了关时，休说道你二位，便有一万军马也上去不得。似此只可智取，不可力求。”（第十七回）[③]曹正用诈降计，帮助鲁智深、杨志夺了二龙山。后来，武松、施恩、曹正、张青和孙二娘等好汉也先后来此山落草，二龙山遂发展成为青州地面上实力最强的一处山寨，“打家劫舍，累次抵敌官军，杀了三五个捕盗官”（第五十七回）[④]。

桃花山是李忠、周通占据的一座山头，见于《水浒传》第五回和第五十七回所写。此山周边“重重叠叠都是乱山”[⑤]，山势“生得凶怪，四围险峻，单单只一条路上去，四下里漫漫都是乱草”

---

① （明）施耐庵、罗贯中著，李永祜点校：《水浒传》，中华书局1998年版，第411页。

② （明）施耐庵、罗贯中著，李永祜点校：《水浒传》，中华书局1998年版，第206页。

③ （明）施耐庵、罗贯中著，李永祜点校：《水浒传》，中华书局1998年版，第204页。

④ （明）施耐庵、罗贯中著，李永祜点校：《水浒传》，中华书局1998年版，第766页。

⑤ （明）施耐庵、罗贯中著，李永祜点校：《水浒传》，中华书局1998年版，第64页。

(第五回)[1]。这条上山之路在桃花山前山,后山“都是险峻之处,又没深草存躲”(第五回)[2]。鲁智深应李忠之邀,来山寨作客,遍观此山后赞道:“果然好险隘去处。”(第五回)[3]山上喽啰有五七百人,打家劫舍,青州官军捕盗,对他们也奈何不得。虽然如此,无论山头险峻程度还是山寨人马实力,桃花山较清风山、二龙山都逊色得多。因此,在青州“三座恶山”之中,桃花山只能居于“第三”了。

白虎山是《水浒传》所写青州“三座恶山”之外的第四座山险,相关描写见于第三十二回和第五十七回。白虎山是一座“生得十分险峻”(第三十二回)[4]的高山,山后十数里处有一条土冈,土冈和白虎山之间有孔明孔亮兄弟居住的孔太公庄。孔氏兄弟杀了本乡一家财主的满门良贱,因为官司追捉,逃到山上落草。孔氏兄弟本来武艺不精,加以山寨经营时间较短,故而山寨实力远逊于二龙山、清风山和桃花山等山寨。

综观《水浒传》所写清风山、二龙山、桃花山和白虎山等诸山,大致可以看出青州一带多山的地理特征。按诸地理实际,情况的确也是如此,今之青州西部、南部即为多山地貌,山峰连绵。有意思的是,在青州当地还可以发现与《水浒传》所写诸山同名的山峰:在青州市区西部十多公里处的王府街道办辖区内,有一峭壁险峻之山,当地人称为二龙山;在青州市区西部的邵庄镇,有山名为白虎山;在青州西南部山区的王坟镇,有据传为清风寨的遗迹,残存的寨墙以石头砌成。在当地传说中,这些山峰以及遗迹都跟以上所说《水浒传》各山险有关,应该是《水浒传》问世

---

① (明)施耐庵、罗贯中著,李永祜点校:《水浒传》,中华书局1998年版,第72页。

② (明)施耐庵、罗贯中著,李永祜点校:《水浒传》,中华书局1998年版,第73页。

③ (明)施耐庵、罗贯中著,李永祜点校:《水浒传》,中华书局1998年版,第72页。

④ (明)施耐庵、罗贯中著,李永祜点校:《水浒传》,中华书局1998年版,第402页。

之后所起的附会之说，显示出文学经典深入民心的巨大魅力，青州古城亦因之增色。

二、《醒世恒言》中的云门山

《醒世恒言》第三十八卷《李道人独步云门》乃冯梦龙依据唐人薛用弱《集异记·李清》改写而成。《李清》故事云："青州南十里有高山，俯压郡城，峰顶中裂，豁为关崖。州人家家坐对岚岫，归云过鸟，历历尽见。按《图经》云云门山，俗亦谓之劈山。"此山为"神仙之窟宅"。[①] 冯梦龙据以敷衍生发，云："离着青州城南十里，有一座山叫做云门山，山顶上分做两个，俨如斧劈开的。青州城里人家，但是向南的，无不看见这山飞云度鸟，窳儿内经过，皆历历可数。俗人又称为劈山。那山顶中间，却有个大穴，澒澒洞洞的，不知多少深。也有好事的，把大石块投下，从不曾听见些声响，以此人都道是没底的。"[②]小说主人公李清所读《图经》云："云门山是神仙第七个洞府。"在云门山山顶四望周边，是群山连绵的一片美景："众峰朝拱，列嶂环围。响泠泠流泉幽咽，密茸茸乱草迷离。崖边怪树参天，岩上奇花映日。山径烟深，野色过桥青霭近；冈形势远，松声隔水白云连。淅淅但闻林坠露，萧萧只听叶吟风。"[③]李清一心求道成仙，在云门山顶大穴上架起辘轳，坐在一个大竹篮内，缒到洞底，经过一番辛苦，终于到达神仙洞府。

无论《李清》还是《李道人独步云门》，写云门山在青州城南十里处，是符合青州地理实际的。《李道人独步云门》还添加了一段韵文，专门描写在云门山顶所见周边群山连绵的美景，也基本符合地理实际。不过，两篇小说写云门山俗又称为"劈山"，因

---

① 李时人编校：《全唐五代小说》，中华书局 2014 年版，第 985 页。

② （明）冯梦龙编著，（明）可一居士点评，张明高校：《三言·醒世恒言》，中华书局 2015 年版，第 423 页。

③ （明）冯梦龙编著，（明）可一居士点评，张明高校：《三言·醒世恒言》，中华书局 2015 年版，第 424 页。

山顶俨如斧头劈成两半而得名，应是文学创作中移花接木手法的运用。按诸实际，在青州云门山之南，另有一山名为劈山。该山主峰矗立如墙，中间一处巨大的劈缝将其一分为二，由此得名劈山，也称劈头山，属于青州南部的一大胜景，明清文人多有诗词吟咏。不过，劈山的名气逊色于云门山。《李清》和《李道人独步云门》中的云门山显然是云门山和劈山这两座山的合体形象。

三、《女仙外史》中的卸石寨和劈裂峰

《女仙外史》写月君唐赛儿往来于青、齐之间，发现青州卸石寨是“好个形胜地方”（第十九回），便将此地作为起义勤王的根据地。第十四回描写卸石寨的险要形势：“青州乱山之内，有个大谷形如葫芦，四周围皆层峦削壁，只一径可入，口外双峰对峙，其势倒压若欲倾卸者，人都叫做卸石寨。内藏九仙台、水帘洞诸胜，宽圆约数十里。”[①]第二十五回又通过青州都指挥高凤所见，写卸石寨形势：“山口险隘，不能攻打……登山瞰望虚实，只见寨口内一段，依稀有条窄路，其外万山包裹，林木葱郁。”[②]此地是一处易守难攻之地。卸石寨内有一座宝华寺，月君唐赛儿就在寺庙旁边空地上辟为演武厅，用以集会将士商议军情，操演兵马。九仙台是卸石寨中一座特起的峰峦，其高百仞，月君在其上创起一座层台，会晤各方仙灵（第二十七回）。月君晓谕寨内义军首领，云：“青郡是我根本之处。”（第二十九回）[③]卸石寨则是根本之根本，月君创建济南都之前的一切勤王战事都是在此运筹指挥的。

第二十七回还写到一处山险，叫劈裂峰。本回写月君与刹

---

① （清）吕熊著，杨钟贤校点：《女仙外史》，百花文艺出版社1985年版，第138页。

② （清）吕熊著，杨钟贤校点：《女仙外史》，百花文艺出版社1985年版，第277页。

③ （清）吕熊著，杨钟贤校点：《女仙外史》，百花文艺出版社1985年版，第326页。

魔公主、鬼母天尊、曼陀尼、鲍姑、聂隐娘等仙灵共聚卸石寨内的九仙台：

> 鲍师说："九仙台只见得西南境界。"手指东北一峰说："此峰高出天界，可望蓬莱，何不一登，留个胜迹？"曼师笑道："此峰尖尖矗矗，棱棱层层的，是要人坐立不得。"鬼尊道："不妨。"就把三尖两刃刀向着那山峰掷去，端端正正在峰顶劈下，裂开两半。[①]

此即九仙台东北方向的劈裂峰，乃鬼母天尊手段使然。

对于《女仙外史》所写九仙台和劈裂峰，评点者澹岩云："吾乡曹能始先生有秘舆图，载青州云门山，有劈裂峰，高插云表，南有九仙台，其阴崖又有水帘洞。考诸书，皆无之。兹复见于《外史》，作者学问可谓冥搜。"[②]由此来看，吕熊所写九仙台、劈裂峰以及水帘洞等，至少是有青州舆图作为参考的。历史上，唐赛儿确曾在青州起义。在如今青州西南部山区的泰和山，仍有唐赛儿起义的卸石寨遗迹，当地人称之为"唐赛儿寨""唐三寨""髻髻寨""卸石棚寨""卸石寨"或"石棚寨"等。《女仙外史》所写劈裂峰的山体形状，其原型当为云门山之南的劈山。就实地情况来看，卸石寨遗迹和劈山的确呈现为西南—东北的方位形势。因此，《女仙外史》尽管以神魔故事为主，对青州地理却大致是写实的。

四、《醒世姻缘传》中的范公泉

范公泉见于《醒世姻缘传》第二十四回所写："范公泉在府城西。范仲淹做太守时有善政，忽涌醴泉，遂以范公为名。今医家汲泉丸药，号'青州白丸子'。此药在本地不灵，出了省，治那痰

---

① （清）吕熊著，杨钟贤校点：《女仙外史》，百花文艺出版社 1985 年版，第 305 页。

② （清）吕熊著，杨钟贤校点：《女仙外史》，百花文艺出版社 1985 年版，第 307 页。

症甚效。”①

关于范公泉的来历，民间有一个感人的传说。宋人王辟之（1032—?）《渑水燕谈录》卷八《事志》记载：“皇祐中，范文正公镇青，龙兴僧舍西南洋溪中有醴泉涌出，公构一亭泉上，刻石记之。其后青人思公之德，目之曰范公泉。”②根据这个传说，范仲淹在青州为官，德政惠民，感动上天，醴泉涌出，因而有“范公泉”之名。另一传说是范仲淹知青州时，爆发了传染性疾病“红眼病”，范仲淹爱民如子，在青州城西的南阳河畔打井取水，调制药丸，给百姓治眼疗疾，遏止了疾病扩散。为此，范仲淹亲自筹措和督工，在井上建造了一座亭子。百姓感念范仲淹的功德，把这口井叫作“范公井”，将亭子名为“范公亭”。范公井、范公亭多见于明清文人诗词吟咏。

《醒世姻缘传》称“范公泉”而非“范公井”，所取为前一个传说。那么，一个有意思的问题是，西周生为何取“范公泉”而非“范公井”入书呢？这恐怕和西周生的创作思想有关。且看写及范公泉的第二十四回，章回标题为“善气世回芳淑景　好人天报太平时”，透露出天人合一、天佑善人的思想；本回写“国初”时的明水居民“淳庞质朴，赤心不离”，故为上天看顾保佑，家家富足，生活于“极乐世界”，这一切也强调天佑善人。因此，本回写及青州名胜时，取天降祥瑞性质的“范公泉”，而不取人力开凿的“范公井”，应是西周生紧紧围绕本回题旨的用心创作。

---

① （明）西周生辑著，李国庆校注：《醒世姻缘传》，中华书局2005年版，第319页。

② （宋）王辟之撰，韩谷校点：《渑水燕谈录》，上海古籍出版社2012年版，第61页。

第二节　明清小说中的青州城镇、衙府与庙宇

一、明清小说中的青州府城及周边城镇

青州府城在《水浒传》和《女仙外史》中有较多描写，以下分别叙述之。

(一)《水浒传》中的青州府城

根据《水浒传》所写，青州府城"城池坚固，人马强壮"（第五十七回）[①]，城内有青州知府衙门和青州指挥司。知府总管一州军民，指挥司总管本州兵马。这里有一个值得注意之处，是青州指挥司。《明史》卷四一《地理二・山东》记载："洪武……三年十二月置青州都卫，治青州府。八年十月改都卫为山东都指挥使司。"[②]《嘉靖青州府志》卷十一《兵防》亦有类似说法："国朝洪武初立益都卫，三年改青州都指挥使司，十九年迁于济南，遂为山东都指挥使司。"[③]因此，《水浒传》所写青州指挥司与青州府一样，反映的都是明初行政建置。青州府城还是汇聚一府财富之地，府库颇有钱粮。第五十八回写宋江与二龙山、桃花山、白虎山等青州三山人马打破青州城池后，不但给散粮米救济当地百姓，而且"把府库金帛，仓廒米粮，装载五六百车。又得了二百余匹好马"[④]，由此可以想见青州府库钱粮之丰。

根据小说描写可知，青州知府作为地方最高长官，节制兵马统制、兵马督监、文知寨、武知寨等地方文武官员。青州知府慕容彦达，系宋徽宗慕容贵妃之兄，是一名"在青州横行，残害良

---

① (明)施耐庵、罗贯中著，李永祐点校：《水浒传》，中华书局1998年版，第768页。

② (清)张廷玉等撰：《明史》，中华书局1974年版，第937页。

③ 孙忠礼主编：《青州文献・志乘汇编》，青州市政府史志办公室编印，2010年，第303页。

④ (明)施耐庵、罗贯中著，李永祐点校：《水浒传》，中华书局1998年版，第776页。

民，欺罔僚友，无所不为”（第三十三回）[1]的官员。青州指挥司兵马总管是霹雳火秦明，兵马督监是镇三山黄信。青州府在清风镇设立知寨衙门，文知寨刘高、武知寨花荣，都是朝廷命官。

（二）《女仙外史》中的青州府城

《女仙外史》写青州府所属州县有莒州、临淄、益都等，共十三州县（第二十五回）[2]。府城青州，驻有青州太守、同知、通判、益都令和青州都指挥、青州卫指挥等不同级别的行政与军事官员，设有府学教授等教职。小说明确写到的青州太守有王良、茹刚和周缙。太守王良是建文朝的官员，为官清廉，深受士民爱戴，后升任杭州臬司，殉节于建文帝（第十一回）。太守茹刚由燕王朱棣任命，为兵部尚书茹瑺之子，是一个粗暴少年，后为月君唐赛儿的义军俘虏，处决于青州教场。周缙是义军官员，占领青州城后，唐赛儿任命其为青州太守。青州都指挥高凤、节制青州卫指挥李浚和陈恭，统辖青州兵五千，三人均为官军将领，死于围剿卸石寨义军的战事。益都令臧知县，百姓送其绰号“臧昏瘟”，为官贪虐，义军占领青州城后，将其与太守茹刚一并处决。青州府学教授王锡命，原为秀才，因策应义军攻打青州城池，由义军方面任命教职。青州是月君唐赛儿选中的创业兴王之地，占领青州城池后，她下令在青州府城选公署一所，建立建文帝临时行宫。图画建文帝像，悬挂于行宫殿中，义军文武官员以君臣之礼朝拜。青州府城由此成为唐赛儿义军对抗燕王、以候建文复位的政治和军事中心，一直到义军在济南创立建文宫阙为止。

（三）《水浒传》中的瑞龙镇和清风镇

除了府城，《水浒传》还写了青州地面的两处城镇：瑞龙镇和清风镇。第三十二回写宋江、武松从白虎山下孔太公庄出发，行经瑞龙镇：

---

① （明）施耐庵、罗贯中著，李永祜点校：《水浒传》，中华书局 1998 年版，第 427 页。

② 参见（清）吕熊著，杨钟贤校点：《女仙外史》，百花文艺出版社 1985 年版，第 283 页。

> 两个在路上行着，于路说些闲话，走到晚，歇了一宵。次日早起……又走了四五十里，却来到一市镇上，地名唤作瑞龙镇，却是个三岔路口。宋江借问那里人道："小人们欲投二龙山、清风寨上，不知从那条路去？"那镇上人答道："这两处不是一条路去了。这里要投二龙山去，只是投西落路；若要投清风镇去，须用投东落路，过了清风山便是。"……酒店上饮了数杯，还了酒钱，二人出得店来，行到市镇梢头三岔路口……武行者自投西去了。……宋江自别了武松，转身投东，望清风山路上来。①

根据这段文字，瑞龙镇应位于去往二龙山、清风山和白虎山的交通要道上，一镇通三山。宋江和武松在此惜别，各奔前程，直到梁山人马援打青州时，才再次相会。

清风镇"在青州东南上"（第三十四回）②。宋江在瑞龙镇别过武松，前往此地。第三十三回写道："这清风寨却在青州三岔路口，地名清风镇。……那里也有三五千人家，却离这清风山只有一站多路。"③镇上有诸行百艺，市面红火，建有土地大王庙，元宵时节，这里是百姓赏花灯的中心。清风镇有三岔路通往青州府有名的"三座恶山"清风山、二龙山和桃花山，三山被江湖好汉占据落草，打家劫舍，清风镇因而成为青州府治安和关防重地，特设清风寨，派文知寨刘高、武知寨花荣驻守于此，知寨衙门就在市镇中间。刘高腐败无能，残害百姓，与花荣不和，清风镇乃至青州府的治安受到极大影响，以至"远近强人"几乎"把青州搅得粉碎"。④ 花荣、秦明落草清风山后，退守此寨的黄信被秦明说

① （明）施耐庵、罗贯中著，李永祜点校：《水浒传》，中华书局1998年版，第410页。

② （明）施耐庵、罗贯中著，李永祜点校：《水浒传》，中华书局1998年版，第436页。

③ （明）施耐庵、罗贯中著，李永祜点校：《水浒传》，中华书局1998年版，第419页。

④ （明）施耐庵、罗贯中著，李永祜点校：《水浒传》，中华书局1998年版，第421页。

服入伙，寨中财物都被装载上山。

二、明清小说中的衡王府

衡王是明代分封于青州的藩王，历传六世七王。始封于明成化二十三年(1487)，衡恭王朱祐楎为第一代衡王；终于崇祯十六年(1644)，末代衡王是朱由棷。衡王府位于青州城南门里西侧，其建筑规模、属员设置等都模仿京城皇宫，可谓具体而微。衡王府在清初被夷为平地，今存遗迹有石坊两座。在明清小说中，与衡王或衡王府相关的故事见于《醒世姻缘传》《女仙外史》和《红楼梦》等长篇小说，以及《聊斋志异》《小豆棚》等文言短篇小说集。根据这些作品的有关描写，我们可以了解衡王、衡王府的某些细节性情况。

首先，衡王府虽一度奢华，但终于衰败。府内多蓄宫人，其中林四娘流芳后世，成为民间的一个美丽传说。《红楼梦》第七十八回写及青州恒王，此之恒王即衡王。恒王喜武好色，将王府内美姬组成队伍，日习武事；封林四娘为姽婳将军，统辖诸姬。后来，恒王死于镇压农民起义的战事。林四娘深感恒王生前恩宠，于是带领府内女兵出征，为恒王报仇，最后战败身死。因此一段风流，林四娘遂流芳于世。《聊斋志异》卷二《林四娘》则以林四娘为主角，写她与青州观察陈宝钥的人鬼恋故事。林四娘留别陈宝钥诗有云："静锁深宫十七年，谁将故国问青天？闲看殿宇封乔木，泣望君王化杜鹃。"[①]诗中充满对易朝换代、衡府衰败、物是人非的悲凉之情，实际反映的应是蒲松龄等清初文人面对衡府故址而生的深沉感慨。《小豆棚》卷一《李将军全城纪略》则写及末代衡王的情况。崇祯癸未年(1643)三月，清兵威胁青州，明怀宗朱由检派重兵护卫衡王府。次年三月，青州守将李士元劝谏衡王自立，抗击清兵，复兴明室，遭到拒绝。因为衡王"素

---

① (清)蒲松龄著，张友鹤辑校：《聊斋志异》(会校会注会评本)，上海古籍出版社1986年版，第288页。

懦，又吝财自封”[①]，即衡王为人素无胆气，加以重财自厚，所以拒绝了李士元的建议。

其次，衡王府内部设有长史、纪善[②]等从属官员，拥有自己相对独立的官僚系统。《醒世姻缘传》第二十五回写河南卫辉府胙城县人薛振薛起之，原任兖州府学教授，升任青州衡府纪善。薛教授携家带口赴任青州。由于“那王府官的营生，且那衡府又是天下有名的淡薄去处，只好农口而已”[③]，薛教授在衡王府供职八年，没有什么额外收入。衡王府的长史与薛教授合不来，给他开了一个年老多病的考察评语，准了致仕。可见衡王府长史节制纪善等属官，具有更大的权力。《女仙外史》第二十一回也写到衡王府纪善。燕王朱棣夺了建文帝位登基，衡王府纪善周是修前去南京抗议，先入国学拜孔子，然后自经身亡，后被济南阙下赠谥文节公。按衡王之封始于明熹宗成化二十三年（1487），上距明成祖朱棣登基的建文四年（1402）已有八十五年。因此，《女仙外史》所写衡王府纪善一职是作家把后出的藩国官职捏合进小说情节的文学创作之举。

另外，《聊斋志异》卷一《王成》写王成的祖父王柬之是衡王府仪宾，也就是衡王府贵族女子的夫婿。衡王府亦有内监等服务人员，卷四《蹇偿债》就提及衡王府内监。

三、明清小说中的青州庙宇

（一）《水浒传》中的青州庙宇

《水浒传》写了青州地面上的三座寺庙，分别是瓦罐寺、宝珠寺以及土地大王庙。

瓦罐寺见于《水浒传》第六回所写。第五回末写鲁智深离开桃花山，走了五六十里地，第六回接着写他看到瓦罐寺，于是到

---

① （清）曾衍东著，盛伟校点：《小豆棚》，齐鲁书社2004年版，第8页。

② 纪善，衡王府的一种属官，负责讲授之事。

③ （明）西周生辑著，李国庆校注：《醒世姻缘传》，中华书局2005年版，第324页。

寺投斋。鲁智深细看这座寺庙，是一片破败景象：

> 看那山门时，上有一面旧朱红牌额，内有四个金字，都昏了，写着“瓦罐之寺”。又行不得四五十步，过座石桥，再看时，一座古寺，已有年代。入得山门里，仔细看来，虽是大刹，好生崩损。但见：钟楼倒塌，殿宇崩摧。山门尽长苍苔，经阁都生碧藓。释迦佛芦芽穿膝，浑如在雪岭之时；观世音荆棘缠身，却似守香山之日。诸天坏损，怀中鸟雀营巢；帝释欹斜，口内蜘蛛结网。方丈凄凉，廊房寂寞。没头罗汉，这法身也受灾殃；折臂金刚，有神通如何施展。香积厨中藏兔穴，龙华台上印狐踪。[1]

寺庙里面，知客寮没了大门，方丈前满地燕子粪，锁上结满蛛网，香积厨下只有塌损的灶头。眼前虽然如此，瓦罐寺原来却是十方常住，僧众极多，香火颇盛。绰号“生铁佛”的云游和尚崔道成和道人丘小乙来此住持，打着出家人的幌子，吃喝滥淫，无所不为，彻底败坏了瓦罐寺。鲁智深和史进联手斗杀了崔道成、丘小乙，放火烧了瓦罐寺。

宝珠寺见于《水浒传》第十七回。寺庙建于二龙山顶，二龙山“生来却好裹着这座寺，只有一条路上的去”[2]。“金眼虎”邓龙本来是这座寺庙的住持，后来还俗养了头发，庙中和尚都随顺了他。邓龙把宝珠寺作为山寨大本营，聚集起四五百人，打家劫舍。落草江湖的鲁智深与杨志、曹正智取宝珠寺，杀死邓龙，占据了寺庙和二龙山。鲁智深等好汉从二龙山投奔梁山时，放火烧掉了宝珠寺。

土地大王庙见于《水浒传》第三十三回。此庙建在清风镇上，是赏花灯时最热闹的去处。元宵时节，镇上居民在庙前扎缚

---

① （明）施耐庵、罗贯中著，李永祜点校：《水浒传》，中华书局 1998 年版，第 76 页。

② （明）施耐庵、罗贯中著，李永祜点校：《水浒传》，中华书局 1998 年版，第 202 页。

一座小鳌山，上面结彩悬花，张挂六七百碗花灯，庙内则逞应诸般社火。

（二）《女仙外史》中的宝华寺

宝华寺见于《女仙外史》第十九、二十回所写。这座寺庙建在青州卸石寨内一处山冈上，是一座规模很大的古寺。原为少林僧居住，教习枪棒，后来僧去寺空，败落下来。寺中大殿“有九丈余高，内进七层，宽亦七架，共七七四十九间；殿后东西，各有方丈，周回屋宇又多”（第二十回）[①]。月君唐赛儿接受部下将领董彦杲的建议，就宝华寺房屋之便，创建营寨，立起勤王的大旗，天下义士闻讯来归。

（三）《聊斋志异》中的醴泉寺、岳王殿及澹台子羽祠

《聊斋志异》卷五《绿衣女》写益都书生于璟读书于深山之中的醴泉寺，与绿蜂所化女子发生了一段奇异的恋情。卷十二《秦桧》写到青州的岳王殿以及澹台子羽祠。所写青州城北岳王殿的历史：

> 闻益都人说：中堂之祖，前身在宋朝为（秦）桧所害，故生平最敬岳武穆。于青州城北通衢傍建岳王殿，秦桧、万俟卨伏跪地下。往来行人瞻礼岳王，则投石桧、卨，香火不绝。后大兵征于七之年，冯氏子孙毁岳王像。数里外，有俗祠“子孙娘娘”，因舁桧、卨其中，使朝跪焉。[②]

故事中的“中堂”指顺治丁亥（1647）进士、临朐人冯溥冯孔博。这段文字大意是，益都人传说冯孔博祖父的前身是宋朝官员，被秦桧所害，因此，冯孔博祖父一生最敬重岳飞，并在青州城北通衢大道边上出资修建岳王殿，另立秦桧、万俟卨两个奸臣跪地的塑像。岳王庙香火兴旺，往来行人到庙中瞻拜岳王像，向秦桧、

---

① （清）吕熊著，杨钟贤校点：《女仙外史》，百花文艺出版社 1985 年版，第 223 页。

② （清）蒲松龄著，张友鹤辑校：《聊斋志异》（会校会注会评本），上海古籍出版社 1986 年版，第 1699—1700 页。

万俟卨像投掷石块。清兵征剿于七起义的那年，冯氏子孙毁掉了岳王塑像，把秦桧、万俟卨塑像抬到了数里之外的子孙娘娘祠中，使之跪向子孙娘娘的塑像。冯孔博的祖父当生活于明末，而于七起义发生于清初顺治时期，可知青州城北的岳王殿建于明末，毁于顺治时。

《秦桧》篇又云："青州城内，旧有澹台子羽祠。当魏珰烜赫时，世家中有媚之者，就子羽毁冠去须，改作魏监。此亦骇人听闻者也。"[①]故事所称魏珰是明熹宗时太监魏忠贤。据此可知，明代的青州城内，建有孔子七十二贤弟子之一的澹台子羽祠，祠中的子羽塑像头着冠，面有须。当年魏忠贤声势显赫、权倾一时，青州有一世代显贵之家，为取媚于他，竟冒天下之大不韪，将子羽塑像毁冠去须，改塑成魏忠贤面目，把澹台子羽祠改成了魏忠贤生祠。

第三节 明清小说中的青州故事

一、《三国志通俗演义》中的青州兵故事

《三国志通俗演义》依史演义，对青州的地理背景虽然几无所写，但对与青州有关的人、事却多有敷衍生发，其中值得注意的是曹操麾下的青州兵。

第二十回写青、兖两地发生黄巾起义，黄巾聚众百万，声势浩大。暂领东郡事务的曹操奉旨与济北相鲍信一同剿抚黄巾兵。曹操率兵追击，在济北收降数万黄巾人马，收编为官军，作为前驱攻击它处黄巾兵，所向披靡。百余日内，曹操招降黄巾兵三十余万、男女百余万口，平定了青、兖两地黄巾起义，被朝廷加封为镇东将军，屯扎兖州。在此，曹操整编黄巾降兵中的精锐人

① (清)蒲松龄著，张友鹤辑校：《聊斋志异》(会校会注会评本)，上海古籍出版社1986年版，第1700页。

马，有三十万之众，号称“青州兵”。

另一处有关青州兵的故事见于第三十二回。曹操被张绣分兵追赶，仓皇逃窜。曹操部将夏侯惇所领青州兵，乘势下乡，劫掠百姓。平虏校尉于禁抵敌张绣追兵的同时，为严肃军纪，斩杀抢掠百姓的青州兵，安抚乡民。青州兵迎住曹操，拜泣于地，声称于禁造反，赶杀本部军马，曹操信以为真。于禁击退张绣追兵后，入拜曹操，备言青州兵劫掠百姓，大失民望，以故杀之。曹操闻言，从厚封赏于禁，责夏侯惇治兵不严之过。

青州兵精锐善战，使曹操拥有了争雄天下的军事资本和实力。赤壁之战前夕，诸葛亮在东吴舌战群儒，智激孙权，论曹操兵力。小说写道：

> 权曰：“曹兵共有多少？”孔明曰：“曹操破了吕布，灭了袁绍，平了袁术，收了乌丸，定了辽东，新又降了刘琮，马步水军一百余万。”权曰：“莫非诈乎？”孔明曰：“明公差矣。曹操就兖州，已有青州军四五十万；平了袁绍，又得兵四五十万；中原新召之兵，何止二三十万；今得荆州之兵，亦有二三十万。以此论之，不下一百五十万。亮以一百万言之，恐惊江东之士也。”①

诸葛亮所言说明了曹操的杰出功绩及其起家的班底——青州兵。曹操消灭袁绍，平定北方，挥师南向，所率雄师骨干就是精锐的青州兵。

二、《水浒传》中的青州山寨故事

《水浒传》中有关青州故事的内容多达九回，分别是第五、十七、三十二、三十三、三十四、三十五、五十七、五十八和第六十八回，在百回本《水浒传》中几乎占了十分之一的分量。有趣的是，细审《水浒传》中的青州故事，则可见叙事之纲为两个“三

① （明）罗贯中著，沈伯俊校注：《三国志通俗演义》，文汇出版社2008年版，第341页。

山”——青州地面的“三座恶山”和“三山聚义打青州”；在故事情节的展开中，则呈现为“三山”加“一山”的“四山”故事模式。就青州一地山寨来看，小说写了桃花山、二龙山和清风山等“三山”山寨，再加白虎山山寨，共“四山”山寨故事；就攻打青州府城来看，小说演叙白虎山、二龙山和桃花山等“三山聚义打青州”，再加前来支援的梁山人马，成为“四山”打青州的故事。这种“3＋1”的叙事模式应该是《水浒传》作者有意为之，精心结构。

《水浒传》首先写的是桃花山。第五回写鲁智深行经桃花山下的刘太公庄，醉打强娶民女的山大王周通，引得在山上坐第一把交椅的李忠下山为周通报仇。由此机缘，鲁智深与早在渭州即已结识的李忠再次相会，并受他的邀请上山作客。鲁智深看李忠、周通为人不够慷慨，趁二人下山劫掠客商的空当，卷了山寨的一些金银酒器，从后山滚下山去，寻路去往东京。行经瓦罐寺，鲁智深与在赤松林剪径的史进联合，斗杀霸占寺庙的崔道成和丘小乙，火烧寺庙，各奔东京和少华山。第五十七、五十八回中，呼延灼领青州官军攻打桃花山，李忠、周通不能抵敌，请求二龙山人马支援。恰好白虎山孔氏兄弟来攻打青州府城，于是桃花山、二龙山和白虎山，加上前来支援的梁山队伍，“四山”人马同打青州，攻破城池。宋江说服呼延灼入伙，一众好汉、人马同归梁山水泊。

清风山故事集中于《水浒传》第三十二到三十五回中。宋江在瑞龙镇与武松分别后，投奔清风寨，路经清风山下，被伏路喽罗捉上山去，准备做燕顺、王英和郑天寿三个山大王的醒酒汤。宋江哀叹：“可惜宋江死在这里！”[①]此话惊醒了醉酒的燕顺，赶紧刀下留人，礼待宋江，留为山寨嘉宾。在此，宋江救了王英掳掠来的清风寨文知寨刘高的妻子。数日后，宋江下山投奔清风寨武知寨花荣。孰料刘高的妻子恩将仇报，诬陷宋江为清风山贼

① (明)施耐庵、罗贯中著，李永祐点校：《水浒传》，中华书局1998年版，第413页。

头，刘高拿住宋江，严刑拷打。为营救宋江，花荣和刘高彻底反目。青州知府慕容彦达派黄信将宋江、花荣押赴府城，燕顺等人闻讯，劫了囚车，将二人救往山寨。青州知府闻之震惊，派秦明攻打清风山，秦明性急无谋，吃了败仗，成为山寨俘虏。宋江用计，迫使秦明落草山寨，秦明又说服退守清风寨的黄信入伙。为避官府大军征剿，宋江带领山寨人马投奔梁山。途中，宋江说服对影山的吕方、郭盛入伙，同奔梁山。

二龙山故事见于《水浒传》第十七、五十七、五十八回。二龙山原为还俗和尚邓龙结寨占据。落魄江湖的鲁智深和杨志在曹正的帮助下，夺取二龙山落草，坐了山寨第一、二把交椅；武松投奔此山，做了第三个大头领；后来，施恩、曹正、张青、孙二娘陆续投奔，做了山寨小头领。二龙山由此成为青州各处山寨中实力最强的一家。呼延灼率青州官军攻打桃花山，李忠、周通不敌。鲁智深、杨志和武松出于江湖义气，带领二龙山人马支援李忠、周通，并与白虎山、梁山人马合兵，一起打破青州府城，最后跟随宋江投往梁山水泊。

白虎山故事见于《水浒传》第三十二、五十七、五十八回。白虎山下有孔太公庄，孔明、孔亮兄弟祖居于此。应孔太公之邀，宋江来庄上居住，躲避在郓城杀死阎婆惜的人命官司。武松从孟州投奔二龙山，途经白虎山附近，因为酒食琐事，在店中醉打孔亮，被捉到孔太公庄上，在此巧遇宋江。后来，孔氏兄弟同本乡一个财主发生矛盾，杀尽财主一家，占住白虎山落草。孔氏兄弟的叔叔孔宾受此命案牵连，被投入青州牢中。为此，孔氏兄弟攻打青州，要救孔宾。攻打桃花山回兵的呼延灼顺手将孔氏兄弟打得落花流水，活捉了孔明。支援桃花山抵敌呼延灼的二龙山鲁智深、杨志和武松，联合本山与桃花山、白虎山等三山人马，在孔亮请来的梁山人马的援助下，攻破青州，救出孔宾、孔明，同归梁山水泊。

梁山援打青州故事见于《水浒传》第五十八回。二龙山、桃花山和白虎山人马合兵一处，攻打青州府城，营救孔宾、孔明。

青州城池坚固，人马强壮，守护城池的呼延灼武艺高强，三山人马一时难以得手。根据杨志的建议，孔亮去往梁山寻找师父宋江，搬取援兵。宋江率二十个梁山头领和三千人马，来到青州，用计捉了呼延灼。宋江说服呼延灼入伙梁山，让他赚开青州城门，攻破城池，救出孔宾、孔明，收拾府库仓廒的战利品。宋江在青州府里大摆庆喜宴席，邀请二龙山、桃花山和白虎山等三山人马同归梁山水泊。

除上述诸山寨故事之外，第六十八回还写到以青州好汉郁保四为头的一处无名山寨。郁保四“身长一丈，腰阔数围，绰号险道神”（第六十八回）[①]，带领一伙强人，横行青州。段景住、杨林和石勇前往北地为梁山买得骏马二百余匹，返程行经青州地面，被郁保四尽数劫夺，送给梁山的死对头曾头市，由此引发宋江夜打曾头市、为晁盖复仇之事。

三、明清小说中的唐赛儿青州起义故事

《初刻拍案惊奇》和《女仙外史》均有以唐赛儿青州起义为题材的故事。

《初刻拍案惊奇》卷三十一《何道士因术成奸　周经历因奸破贼》，取材于明代祝允明《九朝野记》卷二所述唐赛儿起义事[②]，写青州府莱阳县年轻守寡的唐赛儿从古墓中得到一口宝剑和一部天书，与何道士一起演习法术符咒，在本县发动起义，占领县城，又用计攻占了青州府城。于是，何道士守莱阳县，唐赛儿占住府城。青州府经历周雄迫于时势，假意投降唐赛儿，利用唐、何二人好色的毛病，用计取事，先杀何道士，再杀唐赛儿，协助官府平定了起义。《何道士因术成奸　周经历因奸破贼》的主旨是“妖术杀身”，为起兵谋反者戒，因而所写唐赛儿形象极为不堪。

《女仙外史》主旨为“褒忠殛叛”，唐赛儿被塑造成为月中嫦

---

① （明）施耐庵、罗贯中著，李永祜点校：《水浒传》，中华书局1998年版，第905页。

② 参见徐永斌：《凌濛初考证》，江苏人民出版社2010年版，第240页。

娥转世临凡、起义勤王、拥护建文正统的一位女英雄,与《初刻拍案惊奇》卷三十一中的同名人物形象截然不同。《女仙外史》基于青州唐赛儿起义的历史史实,将讲史、神魔题材融为一体。书中有关青州的故事断续见于第十回到第三十四回以及第一百回。小说写嫦娥与天狼星在天庭结怨,嫦娥转世生身为月君唐赛儿,天狼星转世生为燕王朱棣,来人间互为敌国,以了夙怨。月君得鲍仙姑、曼陀尼等仙灵辅佐,巡游青、齐之间,寻找创业兴基之地。在青州东郊董家庄,月君收董彦杲兄弟、父子等"董家五虎"、宾鸿以及猴精马灵为其部下。当时青州久旱,月君祈雨,普降甘霖,深得民心。燕王朱棣篡建文帝位,月君集会董彦杲等,在卸石寨举起忠义大旗,起义勤王;鲍仙姑、曼陀尼则去往金陵,施展法力,营救蒙难忠臣义士的夫人、子女,再将他们护送到卸石寨。吕师贞、高咸宁等人间豪杰和剑仙聂隐娘、公孙大娘等,纷纷投奔月君,卸石寨人、神云集,一时兴盛,所向无敌。义军夺取青州城池,月君下令设建文帝行宫,供奉圣容,义军首领依君臣之礼朝拜。月君为帝师,权摄建文帝位。青州成为燕王心腹之患,派大兵征剿。义军大败燕兵,乘胜占领济南。月君遂将建文行阙迁移至济,建都济南,并派人四下访求建文,准备迎之复位。迨燕王卒,月君与其夙怨了结,白日飞升瑶台。建文帝终亦无意复位,济南都义军人马遂星散各处,将领瞿雕儿、董翥、宾铁儿回到卸石寨居住,人称"三忠杰"。

《女仙外史》演叙唐赛儿青州起义勤王故事,对《水浒传》和《西游记》等明代长篇小说多有情节的借鉴和吸收。其中,《女仙外史》对《水浒传》的借鉴、吸收主要有三个方面。一是凝聚人心的忠义宗旨。在《水浒传》中,梁山山寨竖立"替天行道"的杏黄旗,好汉的宗旨是"替天行道""忠义双全",反贪官不反皇帝,尽忠于朝廷。《女仙外史》所写青州义军宗旨与此类似。第十九、二十回中,月君唐赛儿起兵勤王,说道:"但举大事,全以'忠义'

两字为主。”[①]以此为号召，举起勤王大旗，在卸石寨立起两杆黄旗，分别书写“延揽英杰”“招纳忠义”[②]。二是山寨职事分派依循因材器使的原则。《水浒传》第七十一回“单道梁山泊的好处”，写一百零八位好汉在山寨中各司其职，各用其长，“真是随才器使”[③]。《女仙外史》第二十四回写月君唐赛儿分派山寨职事，对二十五员大将“因材器使，设官分授，悉合机宜”[④]，众人莫不心服。三是情节的模仿。《女仙外史》第二十四回写瞿雕儿在卸石寨赤手空拳打死白额猛虎的情节，模仿《水浒传》中武松景阳冈打虎故事，清人刘廷玑对此有评点，指出了这一点[⑤]。第二十九回写月君率文武诸臣到青州南郊设坛祭祀，天降蓝田玉玺一枚，书有“大哉坤元，承天时行”[⑥]八字，这一情节明显模仿《水浒传》第七十一回天降石碣的故事。《女仙外史》对《西游记》的模仿主要见于第十回，所写太白山盘槐洞猴精为山中群猴之王，能驾筋斗云，以及被月君唐赛儿鸾带缠缚、摩顶授记等情节，显然借鉴、吸收了《西游记》前半部分中孙悟空的故事。

四、清代小说中的林四娘故事

衡王府林四娘故事见于王士禛《池北偶谈》[⑦]等清初文人笔记与《聊斋志异》和《红楼梦》等清代小说。传说林四娘原是明末

① (清)吕熊著，杨钟贤校点：《女仙外史》，百花文艺出版社1985年版，第209页。

② (清)吕熊著，杨钟贤校点：《女仙外史》，百花文艺出版社1985年版，第224页。

③ (明)施耐庵著，(清)金人瑞评，刘一舟校点：《水浒传》，齐鲁书社1991年版，第1304页。

④ (清)吕熊著，杨钟贤校点：《女仙外史》，百花文艺出版社1985年版，第272页。

⑤ 《女仙外史》第二十四回末刘廷玑(号在园)评云：“结局打虎一段，较之景阳冈情理尤确，精彩更殊，亦青出于蓝之笔。”刘氏所论未免溢美。

⑥ (清)吕熊著，杨钟贤校点：《女仙外史》，百花文艺出版社1985年版，第323页。

⑦ 林四娘故事见《池北偶谈》卷二十一《谈异二》之《林四娘》。

秦淮歌妓，容貌出众，后为衡王朱常庶的宠妃。清初文人笔记和清代小说中的林四娘故事即据此敷衍生发，其中小说所写影响尤大，几乎家喻户晓。

《聊斋志异》卷二《林四娘》写林四娘原为衡府宫人，十七年前遭难而死，芳魂不散，欣慕青州道陈宝钥为人高雅正义，与他夜相往来，缱绻唱和。林四娘对佛经夜不停诵，于三年之后某夕告诉陈宝钥，冥王因她生前无罪，死后不忘诵念佛经，让她转世投生王侯之家，自此永别。林四娘留别诗云："静锁深宫十七年，谁将故国问青天？闲看殿宇封乔木，泣望君王化杜鹃。海国波涛斜夕照，汉家箫鼓静烽烟。红颜力薄难为厉，惠质心悲只问禅。日诵菩提千百句，闲看贝叶两三篇。高唱梨园歌代哭，请君独听亦潸然。"[①]诗中充满故国之思和身世感慨，缠绵哀婉。

《红楼梦》第七十八回《老学士闲征姽婳词　痴公子杜撰芙蓉诔》所写林四娘故事，应取材于当时的民间传说。贾政向幕宾讲青州恒王喜武好色，将府内众美姬组成队伍，每日演习武事；林四娘不但艳冠群芳，而且武艺高强，恒王对之宠爱有加，封其为姽婳将军，统辖诸姬。山东发生农民起义，恒王大意轻敌，只率轻骑征剿，死于战事。青州城内文武官员惊慌失措，打算献城投降。林四娘既深感恒王生前恩宠，又为恒王殒身国事大义所激，遂集合府内女兵，连夜出城杀敌。林四娘和女兵虽寡不敌众，但不畏强敌，全部战死。贾政命宝玉、贾环、贾兰以此故事为题作诗，宝玉拟白居易《长恨歌》，作出一首三百余言的《姽婳词》。诗云：

> 恒王好武兼好色，遂教美女习骑射。秾歌艳舞不成欢，列阵挽弓为自得。眼前不见尘沙起，将军俏影红灯里。叱咤时闻口舌香，霜矛雪剑娇难举。丁香结子芙蓉绦，不系明珠系宝刀。战罢夜阑心力怯，脂痕粉渍污鲛绡。明年流寇

① （清）蒲松龄著，张友鹤辑校：《聊斋志异》（会校会注会评本），上海古籍出版社1986年版，第288—289页。

> 走山东，强吞虎豹势如蜂。王率天兵思剿灭，一战再战不成功。腥风吹折陇头麦，日照旌旗虎帐空。青山寂寂水澌澌，正是恒王战死时。雨淋白骨血染草，月冷黄沙鬼守尸。纷纷将士只保身，青州眼见皆灰尘，不期忠义明闺阁，愤起恒王得意人。恒王得意谁数行，婳嫿将军林四娘。号令秦姬驱赵女，艳李秾桃临战场。绣鞍有泪春愁重，铁甲无声夜气凉。胜负自然难预定，誓盟生死报前王。贼势猖獗不可敌，柳折花残实可伤，魂依城郭家乡近，马践胭脂骨髓香。星驰时入报京师，谁家儿女不伤悲！天子惊慌恨失守，此时文武皆垂首。何事文武立朝纲，不及闺中林四娘。我为四娘长太息，歌成馀意尚彷徨！①

诗歌赞美林四娘风流忠勇，讥刺朝中文武须眉，纵意长歌，情感激切，读罢令人荡气回肠。这是明清小说中刻画林四娘形象最为精彩的文字。

五、李清求仙云门山的故事

《醒世恒言》第三十八卷《李道人独步云门》，系冯梦龙以唐人薛用弱《集异记·李清》故事为底本改写而成。故事主人公青州富商李清为隋文帝开皇初年人，自幼慕仙好道。七十岁时，他婉拒族中子孙庆生之礼，只跟每家要百尺麻绳。由于家族庞大，其子孙辈有五六千人，故各家所送麻绳积有五六万丈。云门山顶有无底洞穴，传为神仙第七洞府。李清请人在洞口架起辘轳，置备大竹篮等物件，于生日当天，登至山顶，坐入麻绳拴好的大竹篮，让人用辘轳放到洞底。李清初无所见，依靠洞底青泥充饥，数日后，循一旁边小穴，找到神仙洞府，拜一位仙长为师。李清不听师诲，私开房中北窗，遥望青州城内。仙长发现后，怒责李清尘心不断，将其遣返世间；但怜其确有求仙修道之心，便于

① （清）曹雪芹著，无名氏续，程伟元、高鹗整理：《红楼梦》，人民文学出版社2008年第3版，第1103—1106页。

临别时赠其医书一册。李清回到青州，方知世间已过七十二年，经过隋唐易代，子孙凋零殆尽。恰值城内流行小儿瘟，无药可医，李清根据仙长所赠医书，行医施药，一帖即验，救活小儿无数，人送美名“李一帖”。至唐玄宗开元九年(721)，李清在青州行医已有七十年，深受百姓爱戴。朝廷诏求天下真仙，李清在列。此时，李清已经道行圆满，神性灵通，预知朝廷访求之事，遂尸解飞升，归云门神仙洞府。次年，天下疫疠大作，李清神力犹然翼护青州，使父老乡亲免遭瘟疫。青州官民为李清在云门山立祠，春秋祭祀，代代不绝。

比较《集异记·李清》和《李道人独步云门》，两者前半部分写李清慕仙好道、拼死求仙的情节基本相同，而李清被遣回尘世之后的情节差别较大。在《集异记》中，李清从洞府回到青州，仍以财富为念，凭借仙人所赠医书，施药治病，不旬月而财产复振；五年后以观泰山封禅为由出走，不知所终。这里存在一个明显问题，即李清本是尘心未断、甚重财富的俗人，为何突然抛撇富厚家业决绝出走呢？无论从故事情节还是人物性格发展的逻辑来说，都是难以讲得通的。冯梦龙意识到了这一问题，在《李道人独步云门》中写李清被仙长遣回尘世后，凭借仙界医术，赚钱无数，但是他已“大不似当初性子，有积无散。……其余只勾了日逐用度，尽数将来赈济贫乏，略不留难”[①]，唯以断尘心、修道行为念。冯梦龙着力在这一部分敷衍生发，篇幅远超李清拼死求仙的部分，塑造出李清悬壶济世、留大爱于人间、终得道行圆满而飞升的形象。从故事情节和人物性格发展来看，这才是合乎逻辑的。

① (明)冯梦龙编著，(明)可一居士点评，张明高校：《三言·醒世恒言》，中华书局2015年版，第432页。

六、青州马二混的人仙婚恋故事

《聊斋志异》写及青州(益都)故事的篇目有二十余篇。[①] 除上已述及的卷二《林四娘》之外,卷六《蕙芳》虽是只有一千一百余字的短篇之作,但情节新奇,思想倾向异于书中以书生为男主人公的人仙、人鬼或人狐婚恋故事,因而值得注意。小说写青州东门内马二混,一无所长,唯为人诚实朴讷。他以卖面食为生,日赚蝇头微利,与母亲相依为命。某日,忽有一位衣着朴素但光彩照人的十六七岁女子来到马家,向马母自媒,表示愿意嫁给马二混。因为家中贫穷,担心难蓄如此美妇,马母再三婉拒女子美意。几日后,西巷吕媪前来做媒,介绍女子是邻家孤女,姓董名蕙芳。当天傍晚,女子飘然而至,携两婢女,所备饮食精洁,布置居室,华美如宫殿,而外观马宅,茅庐依旧。马二混当天回家,所见如此,惊愕不已,感觉如在梦中,良久方从蕙芳营造的温柔之乡与家中的骤然之富中回过神来。马母亦深感惊奇,跟吕媪打听蕙芳的根底。然吕媪实未曾做媒,故亦大为惊奇。及至见到蕙芳,吕媪也惊愕于她的美丽和聪慧,竟无话可说,唯唯而退。蕙芳与二混成亲后,马家门户一新,衣食丰足。四五年后,蕙芳告诉二混,自己是天上谪仙,与他有夙缘,故结为婚姻,如今缘分已满,让二混别择良偶,言毕即消失不见。三年后的七夕,蕙芳再到马家,看望二混夫妻。临别时,蕙芳告诉二混:自己是王母娘娘侍女董双成的妹妹,二混会活到八十岁,到时自己会来为他安排后事,亦即飞升仙界。

《蕙芳》写的是一个美丽浪漫的人仙婚恋故事,我们由此很容易联想到著名的董永和织女故事。董永、织女故事最早见于西汉刘向《孝子传》,后为东晋干宝《搜神记》采录。《搜神记》所载故事如下:

---

① 这个统计仅指所写明确为与青州城或益都县有关的篇目,不包括青州府下辖的其他州县。

汉董永，千乘人。少偏孤，与父居。肆力田亩，鹿车载自随。父亡，无以葬，乃自卖为奴，以供丧事。主人知其贤，与钱一万，遣之。永行三年丧毕，欲还主人，供其奴职。道逢一妇人曰："愿为子妻。"遂与之俱。主人谓永曰："以钱与君矣。"永曰："蒙君之惠，父丧收藏。永虽小人，必欲服勤致力，以报厚德。"主曰："妇人何能？"永曰："能织。"主曰："必尔者，但令君妇为我织缣百匹。"于是永妻为主人家织，十日而毕。女出门，谓永曰："我，天之织女也。缘君至孝，天帝令我助君偿债耳。"语毕，凌空而去，不知所在。[①]

这个故事脍炙人口，广为流传，在宋元小说家话本中有《董永遇仙传》(存目)。故事主人公董永的家乡千乘(今山东省博兴县)，离蒲松龄的家乡淄川较近，"雅爱搜神"的蒲氏对这个故事应当是非常熟悉的。将董永故事与《蕙芳》比较，我们可以发现二者情节构思大体相似：(1)男主人公都是卑微的社会底层人物，偏孤而且贫穷，但人品如浑金璞玉，发自内心，出于天性。(2)女主人公都是天上仙女，深感于男主人公浑朴诚挚的人品，主动与其结为夫妇，助其改善生活，改变命运。(3)夫妻共同生活一段时间，女主人公表露真实身份后回归仙界。由此来看，《蕙芳》的创作灵感或即来源于董永、织女故事。

在董永、织女故事中，董永因事父至孝而感动上天，得以与织女结为夫妇，完其债务。在《蕙芳》中，马二混是青州城内一个贫穷的小商贩，"其人但朴讷，无所长"[②]，蕙芳之所以自媒，自愿嫁给他，原因即如她对马母所说："我以贤郎诚笃，愿委身母家。"[③]也就是说，马二混以其为人"朴讷"和"诚笃"而被上天眷顾，改变了贫穷的命运，拥有了温馨幸福的家庭生活，还有八十

① (晋)干宝撰，汪绍楹校注：《搜神记》，中华书局1979年版，第14—15页。

② (清)蒲松龄著，张友鹤辑校：《聊斋志异》(会校会注会评本)，上海古籍出版社1986年版，第802页。

③ (清)蒲松龄著，张友鹤辑校：《聊斋志异》(会校会注会评本)，上海古籍出版社1986年版，第800页。

岁的长寿和成仙的美好结局。这和董永因“至孝”而感动上天、织女相助的情形是一样的，在故事构思上出于同一机杼。

《蕙芳》篇末异史氏曰：“马生其名混，其业亵，蕙芳奚取哉？于此见仙人之贵朴讷诚笃也。”[①]这是全篇的点睛之笔。由此可知《蕙芳》的主旨不在赞美蕙芳与马二混的浪漫婚恋，而是借此颂扬马二混的浑朴人品。这种品质根植于不受红尘名利污染的赤子之心，表现为朴讷诚笃的个人性格，对一个贫穷的小商贩来说尤为可贵。正如但明伦评马二混云：“璞玉浑金，莫名其宝。”[②]不过，在追名逐利的世界里，这种可贵的品质往往被世人视为“混”，因而常常成为被打趣或嘲讽的对象，今人所谓有钱不赚是傻子，即与此类似。蒲松龄写马二混有如此之好的命运和人生结局，显然是针对世情作文章，劝人向善，让人们相信好人有好报。

七、《梦中缘》中的青州才子佳人梦

《梦中缘》四卷十五回，作者为清代康乾时期的山东阳信人李修行。修行字子乾，康熙五十四年(1715)乙未科进士，留京三年，任教习，后归乡里，晚年著成《梦中缘》。小说主要叙写明朝正德年间青州府益都县才子吴瑞生与江南五美的遇合和婚姻故事，题材内容和故事情节乏善可陈。即便如此，小说提出，在个人爱情和婚姻问题上，青年男女要“知权达变”“随时通变”[③]，亦即固应不废父母之命、媒妁之言，但亦需因地因时而权变，追求个人爱情与婚姻幸福。这是一个相当开明的主张。当然，这一主张也有儒家经典作为依据。《孟子·离娄上》曰：“嫂溺不援，

① (清)蒲松龄著，张友鹤辑校：《聊斋志异》(会校会注会评本)，上海古籍出版社1986年版，第802页。

② (清)蒲松龄著，张友鹤辑校：《聊斋志异》(会校会注会评本)，上海古籍出版社1986年版，第802页。

③ 董文成等校点：《中国古代珍稀本小说》(7)，春风文艺出版社1994年版，第199、200页。

是豺狼也。男女授受不亲，礼也；嫂溺，援之以手者，权也。”[①]《孟子·离娄下》曰：“君子以仁存心，以礼存心。”[②]《韩诗外传》卷二《高子问于孟子》载孟子曰：“怀其常道而挟其变权，乃得为贤。”[③]总之，孟子认为，人要以礼存心，遵礼而行，是为常道，不可违背；但也不可完全拘泥于礼而不知变通，遇事也要权变，在不违背常道的前提下把事情办好。综观《梦中缘》，孟子的权变之说成为小说作者书写吴瑞生与五美爱情婚姻的指导思想，小说竭力刻画他们守常权变，自主求偶择婚而又不越礼教范围的种种努力和美满结局。

在《梦中缘》中，折中于守常权变的儒家圣教，中表姊妹的佳人金翠娟、水兰英各自同才子吴瑞生私订终身。对此，小说重点写了她们各自事出有因的行权之举。金翠娟自幼家教严格，虽然也能循情行权，但其具体所为颇显矜持，甚至不无矫揉造作之态。第四回写她对吴瑞生说道：

> 今日妾与郎君相期，要效梁鸿孟光，如崔娘待月、卓氏琴心，又何足效法？盖妾之钟情于君者，只为才子佳人旷代难逢，故冒羞忍耻约君一订。即今之事，亦是从权。但愿权而不失其正。且家父甚重郎君，君若借冰一提，此事万无一失。倘舍此不图，而必欲效野合鸳鸯，妾宁刎颈君前以谢。郎君必不忍使妾为淫奔之女，陷君子于狂且之徒也。[④]

水兰英则因父亲早逝，婚姻之事没有着落，担忧朱淑真、冯小青那样“不得才色之报”的悲剧在自己身上重演。乳母王老妪却颇有见地，认为淑真、小青“当日之坠落苦趣，亦由二人之知经而不知权，守常而不达变”，“如崔莺之荐枕于张生，文君之私奔于司

① 杨伯峻译注：《孟子译注》，中华书局 1960 年版，第 177 页。

② 杨伯峻译注：《孟子译注》，中华书局 1960 年版，第 197 页。

③ （汉）韩婴撰，许维遹校释：《韩诗外传集释》，中华书局 1980 年版，第 34 页。

④ 董文成等校点：《中国古代珍稀本小说》(7)，春风文艺出版社 1994 年版，第161—162 页。

马，正所谓知权达变也”，劝水兰英“随时通变”，勇敢追求自己的爱情(第八回)。[①] 犹豫再三的水兰英最终与吴瑞生面订盟约，并以身相许。金翠娟所反对的崔娘待月之举，正是水兰英践行之事。不过，作者对金、水二人为追求爱情幸福、婚姻美满而行权的态度并无轩轾。他一方面充分肯定金翠娟“权而不失其正”，另一方面也赞美水兰英敢于以身相许，因而赋予两位佳人以美满的婚姻。

作者李子乾还将阴阳五行相生说设为小说的叙事线索，推进故事情节，刻画人物形象。小说以一个梦境被逐步实现和验证的过程作为全书框架结构。开篇即写吴瑞生之父吴珏梦中得老者赐诗云：“仙子生南国，梅花女是亲。三明共两暗，俱属五行人。”[②]吴珏悟得儿子的姻缘当在南方，认为“‘俱属五行人’，盖言人生婚姻皆是五行注定，不可强求，也不可推却”[③]，决定让吴瑞生外出游学，去寻找这段姻缘。吴瑞生游学江浙，得遇五位佳人，频结连理。进士及第的吴瑞生迎娶金翠娟、水兰英、木舜华三妻以及烛堆琼、坦素烟两妾，历经波折磨难的五位佳人毕集吴府。第十五回写吴珏对当年梦境憬然而悟：

> 又云“三明共两暗”。金姓、水姓、木姓，明明显露，非三明而何？烛姓是火字边旁，坦姓是土字边旁，是将二氏之姓暗暗藏在烛、坦二字之内，非两暗而何？结句云“俱属五行人”，金木水火土，俱属五行，这又是显明易见的了。……又且五行运转相生。孩儿，你所遇五人，俱合五行相生次第，以五行而萃于孩儿一身，便又是妻旺主夫之兆。[④]

---

① 董文成等校点：《中国古代珍稀本小说》(7)，春风文艺出版社1994年版，第199—200页。

② 董文成等校点：《中国古代珍稀本小说》(7)，春风文艺出版社1994年版，第125页。

③ 董文成等校点：《中国古代珍稀本小说》(7)，春风文艺出版社1994年版，第125页。

④ 董文成等校点：《中国古代珍稀本小说》(7)，春风文艺出版社1994年版，第283页。

洞房之内，吴瑞生与妻妾饮酒联诗。吴瑞生倡结全诗，诗歌中间部分由五位妻妾迭为宾主，按着五行错综联去。不久，吴瑞生致仕回乡，于家中筑亭，亭上书写“烟锁池塘柳”五字，尽享象征金、木、水、火、土的五位佳人营造的温柔风雅之乡。

根据阴阳五行学说，五行相生，生生不已。在才子佳人大团圆的结局之外，小说作者意犹未足，又加上吴氏家族支庶繁盛、冠绝一时的结尾。第十五回结尾写道：

> 所以后来子孙繁衍绳绳振振，科甲不绝，这便是五行调和，全无刑克，生生不绝之意了。其后子孙命名俱按定世及之序，亦用金木水火土偏旁的字周而复始，回环不穷，以取五行生生不已之意。又且步步顾母，五世之内，即占了三百六十个字，正合着周天之数。支庶之盛，冠绝一时。所以天下后世艳称山左吴氏于不朽云。[①]

小说结束于此。综观全书，《梦中缘》几乎就是五行相生说的文学图解，这在明清小说中是一个独特的现象。

第四节　宋江、唐赛儿与青州

从历史记载来看，宋江和唐赛儿确实都在青州一带领导或发动过武装起义。在明清小说中，宋江、唐赛儿分别是《水浒传》和《女仙外史》的核心人物，都是九天玄女的弟子，都在青州有过一番大作为，由此成长为领导一个武装集团、成就一番忠义事业的主要人物。

一、宋江与青州

宋人方勺《泊宅编》卷五记载：“京东贼宋江等出入青、齐、

① 董文成等校点：《中国古代珍稀本小说》(7)，春风文艺出版社 1994 年版，第 289 页。

单、濮间。”[①]《宋史·侯蒙传》载:“宋江寇京东,蒙上书言:‘江以三十六人横行齐、魏,官军数万无敢抗者,其才必过人。今青溪盗起,不若赦江,使讨方腊以自赎。’”[②]《泊宅编》和《宋史·侯蒙传》所说京东指北宋京东东路,治所青州(今青州市)。两书记载表明,宋江义军战斗力颇强,曾经转战于青州。在高文秀《黑旋风双献功》、无名氏《鲁智深喜赏黄花峪》等元杂剧水浒戏中,宋江道白称水泊梁山“北靠青、济、兖、郓”[③],也透露出纵横水泊的宋江义军和青州有着某种关系。《水浒传》所写梁山好汉与青州的各种故事,即基于宋代史实和元杂剧的文学积累。《水浒传》作者点染生发,敷衍出宋江在青州的风风雨雨,亦即小说第三十二、三十三、三十四、三十五和五十八回等所写宋江的两次青州之行。

宋江首次来青州大约在宋徽宗政和六年(1116)[④],躲避郓城的人命官司,驻留一年左右[⑤]。在大败征剿梁山水泊的呼延灼官军之后,宋江应孔亮请求,率领梁山人马支援二龙山、桃花山和白虎山等三山人马攻打青州。这是宋江的第二次青州之行,停留十日左右。

宋江的首次青州之行,起因于杀死阎婆惜,身负命案,逃亡江湖,是一次不折不扣的亡命之旅。在青州,宋江先后驻留于孔太公庄和清风寨,既曾惊魂清风山,亦曾遭受官府严刑拷打的皮肉之苦,最终落草清风山,如此等等,让他结交、聚拢了一批江湖

---

① 朱一玄、刘毓忱编:《水浒传资料汇编》,南开大学出版社2002年版,第6页。

② (元)脱脱等撰:《宋史》,中华书局1977年版,第11114页。

③ 朱一玄、刘毓忱编:《水浒传资料汇编》,南开大学出版社2002年版,第50页。

④ 参见陆澹安:《说部卮言》,上海锦绣文章出版社2009年版,第286—288页。

⑤ 《水浒传》第三十二回写宋江与武松相遇于孔太公庄,宋江道:“我自从和你在柴大官人庄上分别之后,我却在那里住得半年。……却有这里孔太公……特地使人直来柴大官人庄上取我在这里。……我在此间住半年了。”第三十五回写宋江“奔到本乡村口张社长酒店里暂歇一歇……张社长动问道:‘押司有年半来不到家中……’”从上下文来看,所谓“年半”当指一年半,如去掉宋江在柴进庄上“住得半年”时间,则宋江在青州驻留的时间为一年左右。

好汉，进一步扩大了江湖声望。后来，虽然因为中途归乡没能亲带清风山、对影山等山寨人马到达梁山水泊，但他为梁山推荐了花荣、秦明、黄信、燕顺、王英、郑天寿、吕方、郭盛和石勇等九筹好汉，充实、加强了梁山的武装力量。这是对处于成长期的梁山山寨作出的极为重要的贡献。就人物形象而言，宋江的首次青州之行有四个方面值得注意。

首先，宋江有着誉满江湖的影响力。作为全书的核心人物，宋江甫一出场，小说即写他在家乡郓城飞马救晁盖、仗义疏财、结纳豪杰等义举，是一个充满江湖义气的人物。但此时的宋江虽然已经名扬天下，也只是口碑而已，究竟还是一个未曾离开家乡、独闯江湖的县衙小吏。他真实的江湖地位到底如何？这还没有得到江湖风浪考验和评判。杀惜逃亡，于宋江而言固然是出于保全性命的迫不得已之举，但也为检验他的江湖地位提供了不二机会。在逃亡过程中，最危险的莫过于清风山的遭遇，宋江差一点儿就被做成山寨大王的醒酒汤。但他幸运地与死神擦肩而过，死里逃生，最终成为山寨的座上嘉宾，这得益于他以往在郓城仗义疏财、结纳豪杰的义举。清人王仕云《出象评点水浒传》第三十一回评云："清风寨中，燕顺、王英、郑天寿，负嵎行凶，牛羊视人，杀之惟恐不快者。闻及时雨呼保义之名，则慨然释之，而且兄弟之，而且俯首听命之，固古今交游中不再见之事。"①视人如牛羊、动辄拿人心肝做醒酒汤的燕顺等人，一旦听闻宋江之名，确认宋江其人，立即俯首下拜，唯命是听，这使宋江首次切身感受到自己的江湖地位。燕顺等人对宋江"兄弟之""俯首听命之"的热情、敬佩与谦卑，后来的事实证明也是绝大多数江湖好汉对宋江的态度，这便是宋江日后做得梁山群龙之首的根基所在。燕顺对宋江说："仁兄礼贤下士，结纳豪强，名闻寰海，谁不钦敬！梁山泊近来如此兴旺，四海皆闻，曾有人说道，尽出仁

① 马蹄疾：《水浒资料汇编》，中华书局1980年版，第240页。

兄之赐。”（第三十二回）[1]由燕顺所言可知，江湖传说晁盖一班人马在梁山之所以做得红火，根本在宋江的功劳。这也表明，宋江在江湖上的声望、地位远在晁盖之上。总之，宋江虽然还没有落草梁山，成为这个武装集团的正式一员，但实际上已经拥有了引领绿林的江湖地位和巨大影响力。因此，宋江历经曲折、磨难，最终走上梁山，是江湖好汉众望所归的结果。

其次，宋江首次表现了作为一名军事首领的基本素质。宋江率清风山人马抗击秦明剿捕，是他生平第一次用兵，完成了从县衙小吏到军事首领的转变。在敌强我弱、敌方进攻凶猛的危急情况下，宋江沉着冷静，根据秦明性急如火的个性，实施诱敌深入之计，并充分利用地利，截取山溪之水，水淹官军，最终以逸待劳，战胜了来势汹汹的秦明与官军。战后，宋江审时度势，带领清风山人马转移梁山，这“走为上”之举也是军事上的一大良策。宋江本是一个武功平平的人，但从清风山之战来看，他表现出善知敌我、能施计谋、长于指挥的军事首领的素质。这既与作为官军将领的秦明急躁冒进、有勇无谋的性格截然不同，也与燕顺、王英等动辄“论秤分金银，整套穿衣服”（第三十四回）、只求快活的绿林作风绝不相同。因此，宋江后来能够成为统领梁山好汉的首领，指挥山寨人马抵敌官军，扬威朝野；接受招安后，能够率领众好汉征战杀伐，尽忠朝廷，报效国家。

再次，宋江首次表达了对日后梁山山寨具有行动纲领性质的暂时落草、等待招安的思想。第三十二回瑞龙镇分别时，宋江叮嘱武松道：

> 兄弟，你只顾自己前程万里，早早的到了彼处。入伙之后，少戒酒性。如得朝廷招安，你便可撺掇鲁智深、杨志投降了，日后但是去边上，一枪一刀，博得个封妻荫子，久后青

① （明）施耐庵、罗贯中著，李永祜点校：《水浒传》，中华书局1998年版，第414页。

史上留得一个好名，也不枉了为人一世。[①]

此时，宋江尽管还没有到被逼落草江湖的地步，但能设身处地，长远打算，对二龙山鲁智深、杨志和即将前去入伙的武松提出这番劝诫和建议，明确表达了暂时落草山头、等待朝廷招安的思想。宋江坐了梁山山寨第一把交椅后，为部下众好汉谋求前途与出路，主张全体招安，为国尽忠，其思想的源头就在瑞龙镇所说的这番话。由此可见，宋江不仅是一个仗义疏财、名满江湖的好汉，而且是一个有自己主张和理想的人物，堪为梁山首领。

最后，宋江在清风山落草，以回乡奔丧结束青州之行，这对刻画其形象也是颇有意味之处。宋江在落草清风山并率众投奔梁山的途中，接到父亲去世的家书，立即脱离燕顺、王英、花荣等一班兄弟，急匆匆奔丧回家。尽管这只是宋太公的一个诱子回家的计策，但宋江由此深刻体知父亲对他的忠孝要求和期待，因而为在青州"一时乘兴，与众位来相投"（第三十六回）[②]梁山的孟浪之举后悔，于是谨遵父命，宁可刺配江州牢城，绝不落草梁山为寇。可见宋江对宋太公的孝道是激发他由青州落草而复回归主流社会的根源和动力。就人物形象的塑造来看，这既使此前关于宋江"于家大孝"（第十八回）的说法落到实处，也凸显了他的孝子性格。《孝经·广扬名章》载孔子曰："君子之事亲孝，故忠可移于君。"[③]此即儒家"移孝作忠"的理论，简言之，就是忠臣出于孝子，这在古代是人所尽知的道理。正是基于这一思想与文化的社会共识，《水浒传》向读者暗示：未来的宋江会移孝作忠，带领梁山好汉通过招安回归主流社会，为朝廷效力，为国尽忠。

宋江的第二次青州之行，是应孔亮请求，带领梁山人马为主

① （明）施耐庵、罗贯中著，李永祜点校：《水浒传》，中华书局 1998 年版，第 410 页。

② （明）施耐庵、罗贯中著，李永祜点校：《水浒传》，中华书局 1998 年版，第 464 页。

③ 胡平生译注：《孝经译注》，中华书局 1996 年版，第 31 页。

力队伍，与二龙山、桃花山和白虎山人马一起攻打青州城池，最终大获全胜。宋江不但救出了孔宾和孔明，夺取了丰厚的战利品，而且带领呼延灼、鲁智深、杨志、武松、施恩、曹正、张青、孙二娘、李忠、周通、孔明和孔亮等十二名好汉加入梁山山寨。宋江的第二次青州之行可谓快意青州，并进一步壮大了梁山好汉队伍，充实了山寨的物质财富。

作为《水浒传》的核心人物，宋江与青州结下了极深的关系。一是他落草江湖，开始于青州清风山。二是他作为军事首领的素质，初步表现于清风山抗击官军剿捕，并在攻打青州府城时得到了进一步表现。三是暂时落草以待招安的思想，是在他的首次青州行程中提出的。他再至青州收服呼延灼时，也以"权借水泊里随时避难，只待朝廷赦罪招安"（第五十八回）[①]为由。四是结纳绿林豪杰，延揽人才，两次青州之行为梁山引来二十一名好汉，占梁山一百单八员头领总数的五分之一。其中不乏武艺高强、梁山倚重的好汉，如位居马军五虎将的秦明、呼延灼，马军八骠骑兼先锋使的花荣、杨志，以及位列步军头领前两位的鲁智深和武松。这是宋江在两次青州之行中最丰厚的收获，是对梁山山寨贡献最大之处。因此，在很大程度上，青州是宋江走向梁山首领地位的根基所在，是他引领绿林、扬威江湖与尽忠朝廷的起家之地。[②]

二、唐赛儿与青州

唐赛儿，蒲台县（今山东省滨州市蒲城街道办事处）农民林三孀妻，曾出家为尼，在青州一带传播白莲教。明永乐十八年（1420），唐赛儿组织农民数千人，在青州卸石棚寨发动起义，山

---

① （明）施耐庵、罗贯中著，李永祜点校：《水浒传》，中华书局 1998 年版，第 774 页。

② 本部分原以《宋江的青州之行》为题，发于杜贵晨、王守亮主编《〈水浒传〉中的山东镜像研究》（中国戏剧出版社 2010 年版，第 255—263 页）一书，原文由王守亮撰写，今据以删改而成。

东布政使派青州卫指挥高凤领兵镇压。义军英勇善战，把官军打得落花流水，杀死高凤。唐赛儿联合附近的农民领袖董彦杲、宾鸿等，分兵攻打莒州、安丘等，声势浩大，威震山东地方。明成祖朱棣派安远侯柳升和都指挥使刘忠率兵前往镇压，官军包围了卸石棚寨。义军用诈降之计，再次大败官军，杀死刘忠，突围而去。起义最终被镇压下去，唐赛儿下落不明，不知所终。这就是历史上的唐赛儿起义。

《女仙外史》以唐赛儿为核心人物，捏合燕王靖难、建文逊国和唐赛儿起义等历史题材，串以嫦娥、天狼星转世下凡的神话，使唐赛儿和朱棣互为敌国，把唐赛儿塑造成起义勤王、讨叛诛逆、维护建文正统的女英雄。青州，是这位女英雄遍游青、齐而选定的创业兴王之地，她的事业即始于青州卸石寨。

青州之于唐赛儿的勤王讨逆事业，有四个方面值得注意。首先，唐赛儿在青州东郊董家庄首次组建起一支义军队伍。唐赛儿将董彦杲、董彦暠、董彦昶、董翥、董骞等“董家五虎”和宾鸿等豪杰收拢到自己部下，令他们教演徒众，习学武艺，为日后起义勤王奠定了武装基础。其次，唐赛儿选定青州卸石寨为起义的据点。此地处于青州乱山之内，形势险要，易守难攻，如鲍仙姑所说：“此地可以立基。”[①]深合唐赛儿之意。起兵之后，卸石寨成为忠臣家属的避难与义士豪杰的投奔之地，唐赛儿与仙、佛、道、魔诸教神灵的会晤之所，成为拥戴建文正统的根据地，声势大张，令燕王寝食难安。再次，第二十四回写唐赛儿在卸石寨延揽天下英雄，考校文武，为众人分派寨内职事，其原则是“因材器使，设官分授”[②]。第三十七回写唐赛儿建都济南后，敕谕订立济南阙下的内外官制，鉴于“本朝官制太繁，铨法太疏，是悬缺以待

① （清）吕熊著，杨钟贤校点：《女仙外史》，百花文艺出版社1985年版，第138页。

② （清）吕熊著，杨钟贤校点：《女仙外史》，百花文艺出版社1985年版，第272页。

人，非因材而授官”[①]的问题，强调铨选官员要“随材器使”“量材授职”[②]。关于官员铨选和职事分派的原则，济南阙下跟青州卸石寨是一脉相承的。最后，济南阙下起始于唐赛儿在青州所建的建文行宫。第二十九回中，义军夺取青州城池后，唐赛儿下令在城内选公署一所，暂为建文皇帝行宫，悬挂建文帝画像，奉建文朝正朔，并议定“先取济南，创立宫阙，一面访迎銮舆，一面征讨叛逆”[③]的政治与军事方略。此后义军据此行动，夺取济南，建立济南阙下，访建文行迹，征讨燕王朱棣。因此，青州之于唐赛儿的关系，正如第二十九回她自己所说：“青郡是我根本。”[④]《女仙外史》写唐赛儿之所以能为帝师，为中原女主，勤王讨叛，这一切的根基都在青州。

三、宋江与唐赛儿形象之比较

以上我们分别讨论了宋江、唐赛儿与青州的关系。进一步来看，这两个山东籍的英雄豪杰人物，尽管一个是郓城县人，一个是蒲台县人，生活的时代也不同，但在形象内涵以及塑造手段上却多有相似之处，因此有必要在此一并讨论。

在《水浒传》和《女仙外史》的描写中，星主、月君分别是宋江、唐赛儿的前世身份。一个有趣的细节是，“星主”与“月君”恰成一对，对课（对对子）色彩较为明显，这说明《女仙外史》对唐赛儿的身份命名或从《水浒传》受到了某种启发。当然，更值得我们注意的是星主、月君形象内涵及其艺术表现的某些相似性。

《水浒传》从神、人两个层面塑造宋江形象。从神的层面看，

---

① （清）吕熊著，杨钟贤校点：《女仙外史》，百花文艺出版社1985年版，第419页。

② （清）吕熊著，杨钟贤校点：《女仙外史》，百花文艺出版社1985年版，第425、426页。

③ （清）吕熊著，杨钟贤校点：《女仙外史》，百花文艺出版社1985年版，第322页。

④ （清）吕熊著，杨钟贤校点：《女仙外史》，百花文艺出版社1985年版，第326页。

宋江就是九天玄女及其侍从所称的"星主",是天罡地煞群星之主,亦即第一回所写从龙虎山伏魔殿逃逸的一百单八名魔君的首领。但转世为人之后的宋江对自己的前世星主身份一度茫然无知,需待未来的玄女点拨。宋江的星主之称始于第四十二回。宋江在还道村被土兵追迫,逃到玄女庙神厨中躲藏,恍惚中被两名青衣女童引至仙府,接受玄女召见。无论玄女还是青衣女童,都称宋江为"星主"。授予天书之后,玄女特别告诫宋江:"玉帝因为星主魔心未断,道行未完,暂罚下方,不久重登紫府。切不可分毫失忘。若是他日罪下酆都,吾亦不能救汝。"[①]梦醒之后,宋江领悟:"这娘娘呼我做星主,想我前生非等闲人也。"[②]他知晓了自己的前世身份,从此执念于忠义,以忠义炼魔修心,带领梁山好汉走向招安,以征辽、平方腊的卓著战功实现了断魔心、完道行的玄女之嘱,最后重归天界,被玉帝册封为梁山泊都土地,佑护一方百姓。

《女仙外史》亦从神、人两个层面刻画唐赛儿形象。第一回写嫦娥被天狼星无礼冒犯,两家结下仇怨。因运数所定,天狼星下界投胎于洪武宫中,成为帝王之子;嫦娥降生于济南府蒲台县,成了平民唐尧举的女儿。唐赛儿生而灵异,很早就知晓自己前世是月中嫦娥(第三回)。不过,小说写她的月君之称则始于玄女讲授天书之时,这与《水浒传》中玄女及其侍从始称宋江为星主的情节设计异曲而同工。至于建文逊国,唐赛儿起义勤王,对抗朱棣朝廷,努力恢复并维护建文正统,乃关乎唐赛儿将来重回月宫的事业,根本上是上天对唐赛儿的一场忠义考验。小说以主要篇幅叙写唐赛儿"建行阙,取中原,访故主,迎复辟,旧臣

① (明)施耐庵、罗贯中著,李永祜点校:《水浒传》,中华书局1998年版,第555页。

② (明)施耐庵、罗贯中著,李永祜点校:《水浒传》,中华书局1998年版,第555页。

遗老先后来归”[①]诸事，乃是唐赛儿在上天忠义考验下的系列行动。迨篡逆者朱棣身死，忠义考验结局圆满，唐赛儿即飞升蟾宫，复为仙姝。综观唐赛儿所作所为，恰如宋江以忠义炼魔修心的过程，由此可见《女仙外史》唐赛儿形象对《水浒传》宋江形象的借鉴。

在引出宋江和唐赛儿前世身份的叙事中，《水浒传》和《女仙外史》都特别重视第一回。《水浒传》第一回写魔君逃逸世间，是后面写星主宋江故事的基础，是全书结构的第一大关节所在。《女仙外史》第一回写天庭与蟾宫，强调嫦娥因运数与劫数所关而谪于凡世，为后面月君唐赛儿故事张本，正如清人陈香泉所说："此回意旨在月殿。主与天狼星结仇，为全部大书之章本。乃先之以碧桃会，撰出如许志怪陆离文字。"[②]陈氏还将《水浒传》和《女仙外史》作了一番比较，认为《水浒传》第一回"以请天师禳疫而引魔君出世，落想固佳，然犹未能脱尽凡尘之气"[③]，而以《女仙外史》第一回的情节设计为佳。此轩轾之论有意无意地忽视了《女仙外史》借鉴《水浒传》的事实，并不足取。

① (清)刘廷玑:《在园品题》,(清)吕熊著,杨钟贤校点:《女仙外史》附录,百花文艺出版社 1985 年版,第 1110 页。

② (清)吕熊著,杨钟贤校点:《女仙外史》,百花文艺出版社 1985 年版,第 11 页。

③ (清)吕熊著,杨钟贤校点:《女仙外史》,百花文艺出版社 1985 年版,第 11 页。

第三章　明清小说中的孔孟之乡济宁

唐代以前，济宁称任城；唐代以迄明清，先后置济州、济宁府、济宁州（散州）、济宁直隶州等，行政区划历代均有变易。济宁现为山东省地级市，下辖任城、兖州、曲阜、泗水、邹城、微山、鱼台、金乡、嘉祥、汶上、梁山等十一个县市区。本章所称“济宁”即据今之行政区划。

济宁历史悠久，文化深厚。至圣孔子、亚圣孟子、复圣颜子、宗圣曾子以及述圣子思子等中国历史上的五大圣人，皆诞生于济宁。元明清时期，因京杭大运河水运交通之利，济宁发展为大运河沿岸重要的工商业城市，因此有了“孔孟之乡、运河之都”的美誉。济宁还是北宋末年宋江起义活动的主要区域。悠久的历史、文化，加以运河航运的重要码头地位，使济宁一地在明清小说中留下了较多踪影。

第一节　明清小说中的济宁社会

一、明清小说中的济宁与大运河

京杭大运河纵贯济宁全境，流经梁山、汶上、任城、嘉祥、鱼台、微山等六个县区，在历史上有过发达的运河航运业。《绿野仙踪》《醒世姻缘传》《女仙外史》《儒林外史》《平山冷燕》《野叟曝言》《小豆棚》乃至晚清的《文明小史》等明清小说，都从不同角度反映了这一历史事实，大致有以下五个方面。

其一，济宁是一个重要的运河码头与商业城市。《绿野仙踪》第四十回中，温如玉与尤魁商量去苏州贩运绸缎，从泰安出发，有水、旱两条路可走。走旱路的话需要早起迟眠，极为辛苦；如走水路，从济宁雇一条马溜子船，或二号太平船，顺流而下，直抵南京、苏州等城市，不但行人自身甚为安妥，而且方便照顾货银。尤魁到济宁雇了一条中号马溜船，与温如玉等一起，从大运河去往江南。船至镇江，居心不良的尤魁将温如玉支走上岸，伙同船主拐走温如玉置办丝绸的货银九千余金，原路返回济宁，在运河的小闸口接上早已候在此处的家小，再另雇一条大毛棚子船，顺着大运河，星夜去往杭州安家落户。这一回的故事旨在表现温如玉缺少世事历练，肤浅孟浪，而我们由此可看到济宁和江南之间的人员、商业往来等，大运河是人们首选的通道。因此，大运河中有“贡船、粮船、生意船，昼夜来往不断”[①]，济宁也有各种类型的船只供人们雇用，成为一个繁华的码头。大运河航运带来了济宁的富庶。《女仙外史》第三十八回即写道：“济宁一州，正当南北之中，人民殷富，户口繁庶，比临清更盛。”[②]到了晚清，大运河仍然是重要的贸易通道。济宁居于运河之中的位置，《文明小史》第三十四回称之为“南北冲衢”[③]。本回所写王毓生是济宁州人，到济南开书店，便从济宁雇了一条大船，从运河里开去，一直到离济南四十里的地方，水路不通，才换了骡车，载书上去。显然，晚清时期从济宁出发，沿大运河北上，可船行至济南附近。另据《醒世姻缘传》所写，胭脂为济宁的名产，以柴家老店的最为有名（第六回、第八十六回），对舟行大运河的各色人等具有很大的吸引力。第六回写晁大尹从华亭县乘船北上，途中停靠济宁，上岸购买了二三十斤胭脂，准备到北通州任上送礼。

---

① （清）李百川著，冯伟民校点：《绿野仙踪》，人民文学出版社 2002 年版，第 366 页。

② （清）吕熊著，杨钟贤校点：《女仙外史》，百花文艺出版社 1984 年版，第 435 页。

③ （清）李伯元：《文明小史》，百花洲文艺出版社 2010 年版，第 202 页。

其二，在运河航运中，无论官员还是百姓，雇用船只的话都需要“写船”，即向船行预订船只，付定银，订船票。船行是船家和客人之间的中介，船票是船行、船家和客人之间的合约，是保护客人利益的主要凭据。夏敬渠（1705—1787）《野叟曝言》第二十三回写白又李（小说主人公文素臣的化名）从济宁雇船的情节，就透露出这一信息。本回写白又李和双人来到济宁运河码头，“看了一只六安沟船，付了定银，写了船票”①，收拾妥当后进入船舱，不料船只突然被济东道征用，船行主人只好把定银交与白又李，讨回船票。这段故事情节反映了船行、船家和客人以及官府之间的关系，以及定银、船票等交易的要素环节，透露出当时济宁运河码头客船运营的一些历史信息。在《绿野仙踪》中，温如玉发现货银被拐走，赶到镇江府衙报案，知府要求温如玉提供从济宁雇船的船票。温如玉不知竟然需要这种东西，只能陈述船为尤魁所雇，从济宁到苏州的船钱是三十八两。镇江知府闻之无奈，道：“南方有船行，与北方有车行骡行一般，设立这个行头，原就是防备此等拐骗劫夺、杀害等事。你既无船票，这来往的船有千千万万，教本府从那一支船拿起？”（第四十回）②镇江知府的话表明，船票是保护雇船客人利益的相当重要的凭据，如果发生客人财物失盗及其他不测之事，官府可通过船票对航行大运河的船只进行查验、管理，维护治安。

其三，明清小说还反映了包括济宁在内的大运河上黑暗的一面，上述《绿野仙踪》中温如玉巨额货银被拐即为其例。温如玉下江南贩运丝绸，同行的朋友尤魁、谷大恩居心不良，早就蓄谋偷窃货银。尤为要命的是，一肚子生意经的尤魁所雇的船只来路不正，“是只贼船，久惯谋财害人性命。船主叫苏旺……是

① （清）夏敬渠撰，黄克校点：《野叟曝言》，人民文学出版社 2006 年版，第 293 页。

② （清）李百川著，冯伟民校点：《绿野仙踪》，人民文学出版社 2002 年版，第 363—367 页。

积年水贼”[1]。苏旺船上的艄工、水手虽然各自称姓氏为张王李赵之类,但实际上都是苏旺的兄弟、儿子或者侄子等人,他们串通伪装,麻痹船上客人,趁机图财害命。苏旺的手段,一是“硬做”,在空野无救应的地方泊船,干杀人劫财的勾当;二是下毒,在客人饮食中暗下毒药,毒死客人后侵吞财物。类似苏旺这样的贼船,是大运河上的黑船,不给客人出船票,未经江湖风浪的客人很难有警惕之心。温如玉主仆和尤魁等从济宁上船时,“早被苏旺等看破,个个俱是些憨雏儿,止有尤魁略老作些,也不像个久走过江湖的人”[2],因此苏旺早就图谋杀人越货了。而在帆樯林立的大运河上,这种贼船作案之后,官府几乎无法缉拿。苏旺伙同尤魁、谷大恩拐走货银后,温如玉到镇江府报案,却拿不出船票来,镇江知府对他虽然极为同情,及时派出能干衙役分头追访,然而最终无果。

从《野叟曝言》第二十三回中我们还可以看到官府随意征用民船的问题,即小说所谓“封捉客载”。白又李(文素臣)从济宁运河码头上跟船行主人预订了一条六安沟船,济东道的差人来了,根本不管船家已经承揽客载,就往又李所订的船上贴了征用的封皮。本来在运河中征用民船是有规矩的,即如船家所说:“河路大例,揽了载是不当官的。”[3]也就是说,运河中的民船,只要已经承载了客人或者货物,官府就不能征用。因此,又李出舱和差人理论,差人耍横,怒道:

> 咄!你不见河下大船都被靳公公封去了吗?不是没船,咱们也去封了,沙飞马溜,谁来要这小船?道爷要送总漕大老爷的亲戚到淮上去,急如星火的事,你是什么样人,

---

① (清)李百川著,冯伟民校点:《绿野仙踪》,人民文学出版社 2002 年版,第 366 页。

② (清)李百川著,冯伟民校点:《绿野仙踪》,人民文学出版社 2002 年版,第 366 页。

③ (清)夏敬渠撰,黄克校点:《野叟曝言》,人民文学出版社 2006 年版,第 293 页。

敢说硬话？就有空船，咱们偏要你这一只！[①]

差人又威胁船家，道："你不快些打发掉客人，你这船休想回去，要锁在河下过年的了。"[②]船行主人是知道官府厉害的，要打发白又李赶紧退船，并对着急上火的船家道：

你还没睡醒哩！我怕不知道，也是什么县丞、典史，你也该知道大官府的利害，等得夹棍板子一齐上身，再讲大例敢是迟了。[③]

这可真把船家吓坏了。最终，这场闹剧的结局是喜剧性的，以济东道道官训斥衙役为结，板子打到了衙役的身上。但衙役的嚣张本来就是官府规矩松弛的结果，地方官府在封捉客载的问题上负有不可推卸的根本责任。

其四，从明清小说可以看到济宁一带大运河上的苦力群体纤夫的生存状况。曾衍东（1751—1830）《小豆棚》卷三《李五》云：

济宁三井闸，为运河蓄泄湖水而筑。粮艘至，起板迎溜以上，千夫牵挽，声振断流，如闻鼙鼓。行而引者谓之短纤，止而提者谓之排夫。……因忆友人有《悯粮艘牵夫》集唐一首云：

西江运船立红帜，王建　　落帆渡桥来浦里。张籍
送风上水万斛重，王建　　自怜淮海同泥滓。李绅
计合一条麻绳挽，韩文　　有力未免遭驱使。
邮夫防吏急喧驱，张籍　　夜闻鼍声人尽起。钱起
不辞手足皆胼胝，李温　　踕踕踏沙人似鬼。子厚

---

① （清）夏敬渠撰，黄克校点：《野叟曝言》，人民文学出版社 2006 年版，第 293 页。

② （清）夏敬渠撰，黄克校点：《野叟曝言》，人民文学出版社 2006 年版，第 293 页。

③ （清）夏敬渠撰，黄克校点：《野叟曝言》，人民文学出版社 2006 年版，第 293 页。

尔来气少筋骨露，吴融　　因风因雨更憔悴。元稹
茫茫漫漫方自悲，韦应物　　顽钝如船命如纸。白傅
排丝挽断肠牵断，来鹏　　千声万血谁哀尔。韩文
呜呼余心诚恺悌，温飞卿　　莫言自古皆如此，
谁人为奏圣天子。龟蒙①

曾衍东为嘉祥人，对大运河济宁段是熟悉的。他的这个短篇是对大运河济宁三井闸上纤夫生活的如实写照，从中可见作者及其友人心怀苍生、悲天悯人的人道主义精神。

其五，通过明清小说的有关描写，我们也可看到济宁一带大运河的水闸与防务等情况。《小豆棚》卷三《李五》写了大运河上济宁的三井闸，如上所述。我们再看《女仙外史》，第三十八回写道："（济宁）州之北五十里有个分水口子，其泉脉九十有九，出自万山之中，汇注于此，七分向南，三分向北。燕王即位之后，计欲引导此水，开建河渠以通漕运，用富昌伯房胜监督河道，设有河兵七营共一万五百名。"②济宁在大运河的南北漕运上具有极其重要的地位，故燕王朱棣派重兵驻守其附近水闸"分水口子"。这个"分水口子"让我们想到始建于明永乐九年（1411）至今仍保存完好的东平县戴村坝。据《（乾隆）东平州志》卷四《漕渠志》记载，明永乐中，"筑戴村坝以遏汶水入海之路，使其全流尽出汶上城北，西至南旺入运"③。戴村坝横截汶水，使汶水西流至南旺分水口，流入大运河，水流由此七分北流，三分南流，以保障大运河的漕运。东平县今属泰安市，离济宁不远；南旺隶属汶上县，距离济宁二十公里左右。《女仙外史》所写济宁城北五十里的"分水口子"，若一定给予指实的话，则当为南旺分水口；至于小说写这个"分水口子"的水流"七分向南，三分向北"，与实际情况相

① （清）曾衍东著，盛伟校点：《小豆棚》，齐鲁书社2004年版，第61—62页。

② （清）吕熊著，杨钟贤校点：《女仙外史》，百花文艺出版社1984年版，第435页。

③ 郭云策搜集、整理：《历代东平州志集校》，中国文史出版社2008年版，第201页。

反，则其或为作者吕熊戏笔为之，或为书商刊刻失误。但无论如何，这个“分水口子”能扼制大运河漕运，位置如此重要，也就难怪燕王派重兵把守了。

二、明清小说中的梁山豪杰世界

济宁是著名的礼仪之邦，以孔子、孟子、颜子、曾子、子思子五大圣人的诞生地而驰名于世。明清小说一方面对此予以肯定性写照，如《梼杌闲评》第二十四回借诸山东巡抚行文东阿县的告示评价济宁道：“邹鲁乃圣贤之邦，风俗素皆醇正，人存忠孝，家事诗书。”[1]这是正统文化视野中的济宁。另一方面，《水浒传》及其续书等一批明清小说也勾画出一幅以梁山为根基的豪杰世界。因《水浒传》而驰名的水泊梁山，北宋时属于济州管辖，今属济宁市梁山县。《水浒传》中的梁山山寨即为豪杰世界的典型写照，且看该书第七十一回对山寨的一段全景式描写，即“梁山泊的好处”：

> 八方共域，异姓一家。天地显罡煞之精，人境合杰灵之美。千里面朝夕相见，一寸心死生可同。相貌语言，南北东西虽各别。心情肝胆，忠诚信义并无差。其人则有帝子神孙，富豪将吏，并三教九流，乃至猎户渔人，屠儿刽子，都一般儿哥弟称呼，不分贵贱。且又有同胞手足，捉对夫妻，与叔侄郎舅，以及跟随主仆，争斗冤仇，皆一样的酒筵欢乐，无问亲疏。或精灵，或粗卤，或村朴，或风流，何尝相碍，果然识性同居；或笔舌，或刀枪，或奔驰，或偷骗，各有偏长，真是随才器使。可恨的是假文墨，没奈何着一个圣手书生，聊存风雅。最恼的是大头巾，幸喜得先杀却白衣秀士，洗尽酸悭。地方四五百里，英雄一百八人。昔时常说江湖上闻名，似古楼钟声声传播；今日始知星辰中列姓，如念珠子个个连牵。在晁盖恐托胆称王，归天及早。惟宋江肯呼群保义，把

① 刘文忠校点：《梼杌闲评》，人民文学出版社1983年版，第290页。

寨为头。休言啸聚山林，早愿瞻依廊庙。[①]

这段文字极写梁山山寨的"好处"，如平等、友爱、和谐、忠义等。审其内蕴，明显依违于儒家思想，有如下三点：

首先是孔门贤哲倡导的四海之内皆兄弟的思想。《论语·颜渊》载有孔子弟子子夏和司马牛的一段对话："司马牛曰：'人皆有兄弟，我独亡。'子夏曰：'商闻之矣：死生有命，富贵在天。君子敬而无失，与人恭而有礼。四海之内，皆兄弟也——君子何患乎无兄弟也？'"[②]在子夏看来，君子之兄弟，不应仅限于有血缘关系的同辈之人，更应包括四海之内志同道合之人。这一思想体现于《水浒传》的上述描写中，开宗明义为"八方共域，异姓一家"。当然，儒家思想还讲究亲疏之别，主张有差等的爱。《水浒传》这段文字则有意消泯梁山好汉之间的身份与等级差别，强调"都一般儿哥弟称呼，不分贵贱"，"皆一样的酒筵欢乐，无问亲疏"，指出使他们走到一起的是意气相投，即所谓"识性同居"，从而营构出一个志同道合、人人平等的豪杰世界。

其次，《论语·季氏》载孔子引古史官周任言曰："陈力就列，不能者止。"[③]一个人如果具备并能施展某种才能，就可担任某一职务；如若不能胜任，就该辞职去位，不可尸位素餐，这里面蕴含了孔子主张量才而用的人才思想。《水浒传》作者对此是心有赞同的，故而在这段文字中提出了"随才器使"也就是用人之长的主张，即"或笔舌，或刀枪，或奔驰，或偷骗，各有偏长，真是随才器使"。与此相反的是，像白衣秀士王伦那样的假文墨、大头巾，酸腐悭吝，唯我独尊，嫉贤妒能，于山寨事功无补，于社稷安危无益，故而落得被"杀却"的下场。

最后，在《水浒传》营构的梁山豪杰世界中，众好汉的终极目

---

① (明)施耐庵著，(清)金人瑞评，刘一舟校点：《水浒传》，齐鲁书社 1991 年版，第 1303—1304 页。

② 杨伯峻译注：《论语译注》，中华书局 1980 年版，第 124—125 页。

③ 杨伯峻译注：《论语译注》，中华书局 1980 年版，第 172 页。

标是尽忠于朝廷，为国家效力。这主要体现于“梁山泊的好处”一段文字曲终奏雅的收束语：“休言啸聚山林，早愿瞻依廊庙。”这是依据儒家忠君思想确立的豪杰世界的人生价值追求。《论语·八佾》载孔子曰：“君使臣以礼，臣事君以忠。”[①]在中国封建社会，“臣事君以忠”成为深入民心的不二法则。在梁山山寨，不同于“托塔天王”晁盖的得过且过，宋江对山寨的未来有长远谋划，努力为众好汉寻找归依主流社会的途径，即招安。招安之后，梁山好汉为国建功立业，实现了“瞻依廊庙”的人生价值追求，这一终极的价值追求成为统摄梁山豪杰世界各种“好处”的最高准则。

一个地方的水土资源和人文环境，会对人的日常生活、性格特征、思想观念等产生深刻的影响。从四面八方共聚于梁山山寨的一百零八名好汉，虽然禀赋各异，但在人生价值的追求上，不可能不受近在咫尺的孔孟之乡、礼仪之邦的浸润与濡染。梁山山寨“八方共域，异姓一家”“随才器使”“早愿瞻依廊庙”等“好处”，实际上都是儒家思想在梁山这一豪杰世界的反映。

三、明清小说中的邹县白莲教起义

明熹宗天启二年（1622），山东爆发了震惊全国的徐鸿儒闻香教反明起义。义军先后攻占郓城、邹县、滕县、峄县、兖州等地，截断了运河漕运。朝廷命山东巡抚赵彦、山东总兵杨肇基等领兵镇压，将义军分割包围在邹县、滕县两地。义军内部出现了分裂，滕县义军弃城而走，使邹县成为一座孤城，后来相继又有义军将领投降，义军力量被进一步削弱。徐鸿儒被迫率军突围，转战至郓城时被俘，最后押至北京杀害。[②]

闻香教是白莲教的一支，在明清小说中一般被称为“白莲教”。徐鸿儒起义作为一个重大的历史事件，在《梼杌闲评》《聊

---

① 杨伯峻译注：《论语译注》，中华书局1980年版，第30页。

② 谢德、谢祥皓：《山东军事史》，山东人民出版社2011年版，第254—255页。

斋志异》《樵史通俗演义》等小说中均有反映。《聊斋志异》卷三《小二》写的是徐鸿儒白莲教起义背景下发生在滕县(明清时期隶属兖州府)的故事;卷六《白莲教》的主人公为本次起义的首领徐鸿儒,小说写及他在滕、峄一带的起义;卷八《邢子仪》写泗水穷秀才邢子仪骤得娇妻、美妾及巨金的故事,背景也是白莲教起义。清初江左樵子《樵史通俗演义》第四回《白莲贼平归己功 中书官败累众正》写及白莲教起义,起义首领为徐鸿儒、丁寡妇。本回写起义酝酿于郓城,义军攻占邹县、滕县、峄县等地,最后徐鸿儒在邹县兵败投降,丁寡妇不知所踪。

比较集中地描写济宁一带白莲教起义的是《梼杌闲评》。该书第二十四回至二十八回,写起义以邹县为中心,从酝酿、发动到失败的过程。起义首领东阿县峄山村刘家庄富豪刘鸿儒,承祖、父四世之业,每年数次烧香做会,聚财无数,此即白莲教[①]。东阿田知县奉山东巡抚之命,发下告示,严禁无为、白莲、混同等教。迫于东阿县压力,刘鸿儒转移至邹县九龙山庄继续烧香做会,远近传香,请来云游僧人玉支和尚,于天启二年(1622)正月元旦开讲《法华经》。开讲之日:

> 纷纷拥拥,远近赴会者不计其数。富贵的远乘车马,贫贱者徒步携囊,都有钱粮上会,多寡不等。一一上号,收的收,打斋的打斋。又有供小食、供中斋的,一日也花费两百金,甚是热闹。那玉支起初也还精严法律,渐到后来,就诙谐戏谑起来,引得那些男女们嬉笑难支,都无纪律。[②]

还有一个跛李头陀,他与玉支和尚、刘鸿儒联手,利用妖镜炫惑信众,吸引三山五岳的人前来施舍,聚得金银财帛不计其数,粮食车载驴驮,堆积如山。不久,玉支和尚与跛李头陀联手,推刘

---

① 《梼杌闲评》第二十七回,萧士仁被义军打败,逃到峄山村。傅如玉问:“来的是个甚么官长?”傅应星道:“是庙湾营游击,姓萧的,来征白莲教的。”据此可知刘鸿儒起义为白莲教起义。

② 刘文忠校点:《梼杌闲评》,人民文学出版社1983年版,第294页。

鸿儒为首，号为“冲天将军东平王”，以邹县为中心，聚众起事，连下郓城、汶上、费县三县。山东巡抚调集兖州、徐州和登州等地官军围剿义军，均被义军请来的法师元元子、真真子用法术击败。萧士仁等淮安官军前来接应兖、徐、登等州官军，也被义军方面用法术打败。萧士仁匹马落荒而逃，逃至峄山村傅家庄，遇上魏忠贤早年与傅如玉所生之子傅应星。傅应星谨遵母命，随萧士仁征剿义军，并请来法师空空儿，击败元元子、真真子。不久义军即告失败，官军收复邹县，刘鸿儒等人被押赴省城，行刑于西市。

《梼杌闲评》基于史实，艺术地反映了明末发生于山东以邹县为中心的白莲教起义。小说作者批判白莲教起义，揭露官府腐败无能、军队战斗力低下等问题，指出白莲教起义的发生、发展与此有直接关系。一方面，署理邹县的知县田吉虽奉上司之命禁止烧香聚会，派人查拿刘鸿儒，但贪心甚重，徇私枉法，收受刘鸿儒三千两银子后，企图冷处理白莲教之事，致使延误事机。及至上司再度过问，田知县“把心一变，早将三千金抛入东洋大海”（第二十五回）[①]，又严令差役捉拿刘鸿儒，终于激起白莲教起义。小说描写直指田知县既贪得无厌，又逞强蛮干，与白莲教起义的爆发有直接干系。另一方面，官府虽从各地调兵遣将镇压白莲教起义，但官军战斗力实在低下，屡吃败仗。徐州营王守备所率一千人马，竟然抵不住义军五六百人，溃不成军，只有百余马兵逃得性命；登州营守备苗先，大意轻敌，所率五千人马竟被义军冲乱阵脚，杀得各自乱窜，如此等等，不一而足。总体来看，小说作者试图全面审视白莲教起义的起因、经过和结果，总结历史的教训。

四、明清小说中的峄山进香

在明清小说所写山东名山中，除泰山之外，写到进香民俗活

① 刘文忠校点：《梼杌闲评》，人民文学出版社1983年版，第304页。

动的应该就是峄山了。峄山又名“东山”“邹山”“邹峄山”等，与泰山南北对峙，素有“岱南奇观”之誉。《醒世姻缘传》不但以较多笔墨写了泰山进香的民俗，而且写了峄山进香民俗的来历。第九十三回中，东昌府武城县的晁夫人死后登仙，做了峄山圣姆。武城县士民感念晁夫人在世时周济孤贫、赈济灾民等善举，于是结成香社，往峄山给晁夫人进香，进香的仪注与泰山进香不相上下。众人从武城出发，先至邹县，次日早起向峄山进香。峄山圣姆显圣，峄山僧人和武城进香众人惊讶不已，因而对她顶礼膜拜。从此之后，峄山香火日盛。

第二节　明清小说中的济宁故事

中国古代文人以饱读圣贤之书，言行举止折中于圣人为荣，而孔、孟等圣哲均来自济宁地域，此地因而有“孔孟之乡、礼仪之邦”的美誉。从交通来看，济宁居京杭大运河南北之中的位置，发展成为一处繁荣的大码头，文人士子无论舟行北上或者南下，都需靠泊此地。因此，对古代文人士子来说，济宁一地具有特别的意义：不仅是舟行劳顿时的暂憩之所，更是精神和文化的圣地。这就使济宁地域内的城镇有更多机会进入古代文学作品的描写。在明清小说中，有三十多部作品、一百多篇(回)写及济宁地域的城镇、人事等①，数量颇为可观。举其要者，有《水浒传》《开辟演义》、“三言”、《梼杌闲评》《聊斋志异》《平山冷燕》《女仙外史》《绿野仙踪》《儒林外史》《歧路灯》《野叟曝言》和《醒世姻缘传》，以及济宁本土作家曾衍东所著《小豆棚》等。这些作品均不同程度地叙写了发生在济宁一带的故事，内容丰富，本节概称为“济宁故事”。为叙述之方便，本节以今之济宁市辖域内区县为单元，概述明清小说作品中的“济宁故事”。

① 据王维新编著《古典小说中的济宁》(中国戏剧出版社2010年版)一书统计。

一、明清小说中的曲阜故事

孔子是中国古代的圣人，其言行为世人的最高准则，故而《论语》在明清小说中亦有“圣经”之称。如《西游记》第二十七回唐僧道：“圣经云：‘父母在，不远游；游必有方。’”[①]唐僧所言出自《论语·里仁》，并以《论语》为“圣经”。又因曲阜为圣人故里，故而近世以来，曲阜亦被誉为“东方圣城”。

在中国古史传说中，和曲阜有关、所涉历史最为久远的是神农氏神话和少昊氏神话。在今之曲阜城西不远处，有一村名为犁铧店，故老传说为上古之时神农氏教民耕种、创制犁铧的地方。在曲阜城东数里之处的高阜上，有一座始建于北宋、相传为少昊氏之墓的古迹，人称“少昊陵”。见诸明清小说，明代作家周游《开辟演义》第十五回《神农教民艺五谷》、第十六回《亲尝百草疗民疾》和第二十六回《少昊即位都曲阜》是对这两个神话传说的演义。第十五、十六回写神农氏继伏羲氏为君，以火德王，故曰炎帝。炎帝迁都曲阜，发现百姓“饮食皆禽兽草木之实”[②]，仅可得眼前一饱，而不能为一年久食之计，因此要为百姓寻找可以久食止饥之物。炎帝朝议此事，群臣无策。帝后莽听谖得知炎帝所虑，建议让百姓采集草木之实，种植于地，收获后储存作为一年的食物。炎帝闻之大喜，次日即与文武百官前往城外五里之处原野上，考察百姓如何从草中采食。炎帝将黍、稷、麻、麦、豆五种可食而养人的草实命名为“五谷”，向百姓亲授栽种之法；同时颁行四方诸侯，令天下依此法栽种五谷，收获后作为一年食物。鉴于百姓田间劳作艰辛，炎帝又教天下百姓断木为耜，揉木为耒，制作农具。教民耕种是炎帝立下的万世第一功。小说还叙炎帝出巡观察到百姓面皆黄肿，有风湿之病，于是晓谕天下诸侯，将各地所出各色草木连根收取，送至京都曲阜。炎帝亲自尝

① (明)吴承恩：《西游记》，人民文学出版社 1980 年版，第 326 页。

② (明)周游等编撰：《开辟演义》，华夏出版社 2017 年版，第37 页。

试，辨别药性，写成《本草》和《方书》，颁行天下，治疗百姓疾病，万民从此不受疾病之苦。炎帝教令百姓穿地为泉，饮用洁净泉水，避免毒水之患，万民从此不生疾病。兴立医道、穿地为泉，是炎帝立下的第二项万世之功。炎帝在位的时代，天下百姓安居乐业，风俗淳朴，称为"圣世"。第二十六回故事内容简略，写少昊金天氏名玄嚣，乃嫘祖感大虹而生，为黄帝长子，继父位为王，亦建都曲阜。当时九黎作乱，百姓逃散四方。大臣勾龙进谏，建议搬取天下九路诸侯，出兵镇压九黎。少昊采纳建议，遣勾龙为使前往九国，九路诸侯奉旨征伐九黎。《开辟演义》有关曲阜的三回故事，塑造了炎帝教民耕种、治疗民疾的圣王形象。粮食和医药是最基本、最重要的民生问题，治国理政的根本所在，由此可见《开辟演义》中的炎帝形象凝聚了中国古人的治国智慧。

在清代长篇小说中，《醒世姻缘传》和《女仙外史》是书写曲阜较多的知名之作。《醒世姻缘传》对圣人出生之地的尼山赞美有加，如第二十四回《善气世回芳淑景　好人天报太平时》写道："兖州的尼山，虽不是大观，但圣母颜氏祷此而生孔子，到如今颜氏所生之谷，草木之叶皆上起；所降之谷，草木之叶皆下垂。这孔圣人发迹的所在，那较得甚么优劣？"[①]这是出自小说作者西周生之口的一段议论文字，大意是尼山为孔圣人诞生之地，草木亦因圣人之气而有灵性；如果拿尼山来和天下之山比较，那是对圣人的亵渎。这段文字表现了小说作者对孔子的尊崇之意。又如第九十三回《晁孝子两口焚修　峄山神三番显圣》写武城县晁夫人死后登仙，做了峄山圣姆；武城县前往峄山进香的香客，途遇峄山圣姆的仪仗与扈从，方知尼山暂缺主管，天庭下令峄山圣姆权摄尼山主管。这一故事反映了明清时期天下之山皆有神仙执掌的民间信仰。不过，事涉神怪，有违于孔子不语怪力乱神的遗训了。

---

① (明)西周生辑著，李国庆校注：《醒世姻缘传》，中华书局 2005 年版，第 318 页。

《女仙外史》第四十一回《吕司马谒阙里庙　景佥都拔沂州城》写唐赛儿麾下义军进占兖州城池后,应衍圣公孔复礼(字勿非)的邀请,军师吕律拜谒曲阜阙里、瞻仰孔庙、与衍圣公畅谈政事和礼乐、与曲阜县令孔以诚纵论道统源流等故事。衍圣公陪同吕律拜谒孔庙,登临奎文阁,"时奎文阁新修,中藏图书万卷,缃轴牙签,琳琅璀璨"①。吕律因题七律一首赞奎文阁,诗云:"汲冢羽陵一阁收,须知压卷是《春秋》。天王有道方兴鲁,夫子当年几梦周?广厦虚凉来贺燕,雕梁夭矫有蟠虬。宫墙千仞谁能到?幸从趋庭得暂游。"②此诗盛赞孔子编著《春秋》,表达了作者的崇拜之情。吕律瞻仰夫子手植古桧,见此树"本柯端直似劲铁,纹理左纽,卷若丝发,上有侧生小楂丫一枝,长不过尺,风霜侵剥,绝无枝叶,色如黝漆"③,因题七律一首以赞之,云:"尼山植桧昔曾闻,何幸今来见左文!地脉也知关运会,天心若为护风云。灵根盘屈蛟龙合,铁干支撑日月分。草木偏能沾圣泽,至今名字独超群。"④此诗刻画古桧之状,颂美其灵异。从本回所写来看,奎文阁和夫子手植古桧为当时孔庙内最为重要的景观,是拜谒孔庙者必为虔诚瞻仰之处。两处景观至今仍存于孔庙,本回的描写对于我们了解两处景观的历史也有一定参考价值。

二、明清小说中的汶上故事

在明清小说中,较早写到汶上故事的是《水浒传》。第六十九回东平府战事中,史进误陷东平府牢狱,宋江遵从吴用之计,派解珍、解宝引五百余人攻打汶上县,有意使汶上百姓逃奔东平

① (清)吕熊著,杨钟贤校点:《女仙外史》,百花文艺出版社1984年版,第468页。

② (清)吕熊著,杨钟贤校点:《女仙外史》,百花文艺出版社1984年版,第468页。

③ (清)吕熊著,杨钟贤校点:《女仙外史》,百花文艺出版社1984年版,第468页。

④ (清)吕熊著,杨钟贤校点:《女仙外史》,百花文艺出版社1984年版,第468—469页。

府城。顾大嫂杂在难民之中，趁机潜入东平城内，为史进传递营救的消息。故事文字相当简略，是宋江攻打东平府战事的花絮。在《水浒传》之后，有两部书写汶上县故事的小说，一是天花藏主人的《平山冷燕》，二是吴敬梓的《儒林外史》。

《平山冷燕》又名《四才子书》，是刊行于清初的一部才子佳人小说，在当时流传甚广，影响颇大。小说叙写才女山黛、冷绛雪与才子燕白颔、平如衡才色相慕，最终双双成其眷属的故事。书名《平山冷燕》即取自四人姓氏。全书共二十回，第七回《道路上美还遇美》后半以及第八回《闺阁中才不让才》前半所写主要为冷绛雪和平如衡在汶上县一见钟情的爱情故事。小说女主人公之一的冷绛雪，出生于扬州富裕农家，自幼负才女之名，被扬州知府窦国一买献于当朝大学士山显仁府上为婢，以侍奉其女山黛。冷绛雪志在立身扬名，辞别父亲，在母舅郑秀才护送下，从扬州舟行北上京师。小说写道：

一日，行到了山东汶上县，见一簇林木苍秀，林木中隐隐露出两个庙宇的兽头脊角。冷绛雪在舟中望见，便问："是甚么所在？"船上人答道："这是汶上县地方，前面红庙叫做闵子祠，是个古迹。"冷绛雪道："既是闵子骞大贤古迹，不可不到。"因叫船家拢船，要上去看看。船家道："日已向西，又是顺风，要赶路，不上去罢。"冷绛雪道："那有不上去之理！"船家拗不过，只得落了篷，将船湾近庙前，说道："赶路要紧。庙中景致甚多，只好略看看就下船，千万不可担搁。"冷绛雪应了，随同郑秀才，带着两个丫头，携了笔砚跟随，两个差役前面引路。

冷绛雪到了庙门一看，只见入去的径路都是随山曲折的，由径路走到大殿，足有半箭多路。殿上庙貌虽不甚齐整，却还不甚荒凉。冷绛雪瞻拜一回，因对郑秀才说道："昔日闵子不仕权门，欲逃汶上以辞，遂成了千古大贤。我冷绛雪年虽幼，也是个有才女子，怎反趋入权门？其中是非，正自难言。"郑秀才道："他一个圣门大贤，你一个女子，怎与他

> 比较起来?”冷绛雪道:“舜何人?予何人?有为者,亦若是。”叹息了两声,因取丫头携来笔砚,在西楹傍边粉壁上题诗一首道:
>
> 千古权门贵善辞,娥眉何事反趋之?
>
> 只因深信尼山语,磨不磷兮涅不缁。
>
> 后题“维扬十二龄小才女冷绛雪题”。冷绛雪题罢,就同郑秀才入庙后各处去游玩。[①]

天资聪颖的洛阳少年秀才平如衡由京中南下松江投亲,同日也来到汶上县闵子庙游览。读罢冷绛雪粉壁题诗,惊叹其诗才高美,依韵和诗一首:“又见千秋绝妙辞,怜才真性孰无之?倘容秣马明吾好,愿得人间衣尽缁。”[②]后题“洛阳十六岁书生平如衡,将往云间,道过汶上,偶瞻壁翰,欣慕执鞭,草草题和”[③]。题罢出庙,走到庙前船边,意欲偷睹冷绛雪风采。冷绛雪在庙后游观完毕,复至殿前,得读平如衡的和诗,敬佩其才华,欣喜世有知音。冷绛雪上船之时,恰巧与平如衡觌面相觑,两人才美相羡,彼此留情。

闵祠题诗牵起了冷绛雪和平如衡的千里姻缘。冷绛雪诗歌意为:千古以来,人们推崇闵子骞不仕权门,我一介弱龄女子,如今为何要北上进入权门山府呢?因为我深信磨而不磷、涅而不缁的圣训,要凭借自己的才学到山府立身扬名。诗以孔子、闵子骞言行为典,咏怀抒志,豪情不让须眉。具体而言,“千古权门贵善辞”典出《论语·雍也》闵子骞辞费宰事:“季氏使闵子骞为费宰。闵子骞曰:‘善为我辞焉!如有复我者,则吾必在汶上

---

① (明)天花藏主人著,王根林标点:《平山冷燕》,上海古籍出版社1994年版,第51页。

② (明)天花藏主人著,王根林标点:《平山冷燕》,上海古籍出版社1994年版,第52页。

③ (明)天花藏主人著,王根林标点:《平山冷燕》,上海古籍出版社1994年版,第52页。

矣。'"[1]季氏是掌握鲁国政治命脉的权贵，意欲邀请闵子骞出任费宰。闵子骞拒绝季氏的任命，甚至有了去"汶上"亦即汶水之北的齐国以躲避季氏的打算。"只因深信尼山语，磨不磷兮涅不缁"，典出《论语·阳获》孔子欲应佛肸之召事："佛肸召，子欲往。子路曰：'昔者由也闻诸夫子曰："亲于其身为不善者，君子不入也。"佛肸以中牟畔，子之往也，如之何？'子曰：'然，有是言也。不曰坚乎，磨而不磷；不曰白乎，涅而不缁。吾岂匏瓜也哉？焉能系而不食？'"[2]这段文字的大意是，盘踞中牟意欲谋反的中牟县宰佛肸派人邀请孔子，孔子打算应召前往，遭到子路的反对。孔子跟子路解释自己打算应召的原因："最坚固的东西磨也磨不薄，最洁白的东西染也染不黑。我有自己坚定的信念，希望有人用我，让我施展抱负，因为我不能做一个像匏瓜那样无用的人。"孔子曾任中都宰，中都即后世的汶上县。因此，冷绛雪闵祠题诗绾合圣贤与古今，应景适情，殊显才女情志与怀抱。

以才子自负的平如衡叹服冷绛雪题诗，依韵和诗。和诗首赞冷绛雪题诗为绝妙好辞，次用秣马和衣缁典故，暗喻自己对冷绛雪的殷勤欣慕之情。"秣马"，典出《诗经·周南·汉广》："之子于归，言秣其马。"[3]《汉广》是一首写男子爱慕女子不能如愿以偿的民间情歌。"衣缁"，典出《诗经·郑风·缁衣》："缁衣之好兮，敝，予又改造兮。适子之馆兮，还，予授子之粲兮。"[4]这是一首赠衣的诗歌，缁衣就是卿大夫官吏在官署所穿的公服，粲则指新衣。程俊英先生指出，《缁衣》中的改衣、授粲都是较亲密的家人口气，诗中"予"或者就是这个穿缁衣的人的妻妾。[5] 两个典故意既如此，那么，我们可以看出，平如衡的和诗对冷绛雪充满欣慕之情，寄有无缘谋面、求而不得的惆怅和有情人成其眷属的期

① 杨伯峻译注：《论语译注》，中华书局 1980 年版，第 58 页。

② 杨伯峻译注：《论语译注》，中华书局 1980 年版，第 183 页。

③ 程俊英：《诗经译注》，上海古籍出版社 2012 年版，第 10 页。

④ 程俊英：《诗经译注》，上海古籍出版社 2012 年版，第 79 页。

⑤ 程俊英：《诗经译注》，上海古籍出版社 2012 年版，第 78 页。

待。闵祠唱和缔结起这对才子佳人日后的美好姻缘。

《平山冷燕》第七回写汶上县闵子祠是大运河沿岸的一处名胜古迹，掩映于一片苍翠林木之中，红墙兽脊，相当醒目，吸引过往文人士子瞻仰凭吊。进而言之，我们若根据小说描写作一个延伸的推测，则此庙应当依据《论语·雍也》中闵子骞所说"如有复我者，则吾必在汶上矣"[①]而兴建。不过，闵子骞所说"汶上"乃泛指汶水之阳的齐国地面。汶上县古称中都，金泰和八年(1208)始改"汶上"为专用县域地名，并沿用至今。因此，在《平山冷燕》成书的明末或清初，如果山东汶上县果真有一处闵祠古迹的话，那么它应该建于金代以后。

在明清小说中，吴敬梓《儒林外史》是书写汶上县故事内容最多的长篇名作。第一回为全书"楔子"，正文实从第二回《王孝廉村学识同科　周蒙师暮年登上第》开始，故事即起于兖州府汶上县薛家集。全书写及汶上县人和事的章回，有第二、三、七、八、三十七、三十八、三十九回等。各回故事主人公涉及周进、王惠和荀玫等三个进士与一个孝子即王惠之子郭力(字铁山)。相关内容可分为周进故事、王惠和荀玫故事以及郭孝子故事等三个部分。周进故事是《儒林外史》中最具戏剧性的关目之一，周进作为小说中儒林群像第一人，也成为古今读者所津津乐道的人物形象之一。

第二回所写为发生在汶上县薛家集的故事。故事主人公周进(字蒉轩)，是一个六十多岁的老童生，曾在汶上县城的顾家坐馆三年，顾家学生进学后，被薛家集的人请到乡下来做蒙师，学堂便设在观音庵内。初到之日，前来作陪接风的薛家集少年秀才梅玖瞧不起眼前这位贫穷落魄的老童生，在酒席上对他有意戏弄，极尽嘲讽。某日，到观音庵避雨借宿的举人王惠，全然不以同为读书人的周进为意，独自享用丰盛的肴馔，撒了满地鸡骨头、鸭翅膀、鱼刺、瓜子壳，丢由周进打扫收拾。薛家集的人，除

① 杨伯峻译注:《论语译注》，中华书局1980年版，第58页。

了荀老爹敬重先生之外，其他人对周进也不甚在意。在这样憋屈的环境里，周进日常与观音庵住持和尚为伴，勉强支撑一年就失去了馆谷，陷入日食艰难的困境，只好跟随做客商的姊丈金有余到省城贩卖杂货。省城一行，周进时来运转，在金有余等一群热心仗义的客商资助下，捐监应试，考中举人，不久又得中进士，从此仕途畅达，官至国子监司业。薛家集的人对周进顶礼膜拜，在观音庵给他立了长生牌位，梅玖则冒充周进的门生，自抬身价。

第七、八回以周进为因由，勾连出汶上县王惠和荀玫两位进士的故事。周进当年训蒙的学生荀玫与举人王惠同年中了进士，都授了工部主事，俸满之后一齐转了员外，等待考选①。不料荀老太太去世，荀玫只得递呈丁忧，王惠便陪同荀玫从京中回到薛家集，料理丧事。回京后，王惠官授江西南昌知府，盘剥百姓，刻薄寡恩，南昌“合城的人，无一个不知道太爷的利害，睡梦里也是怕的”②，但上司却认为他是“江西第一个能员”③，各处举荐他。江西宁王反叛朝廷，王惠投降宁王。宁王事败之后，王惠不得不更姓改名，远窜他方，做了和尚。

基于王惠更姓改名远窜他方的情节，第三十七、三十八、三十九回穿插叙写了郭孝子万里寻亲的故事。郭孝子前后三番到江南寻找父亲王惠，均不果，听人说父亲已到四川山里削发为僧，即由南京起身，道经陕西，去往成都府，在成都四十里外的一个庵里，终于寻到父亲王惠。但王惠坚称自己自小出家，将郭孝子峻拒于山门之外，绝不再见。郭孝子只得在附近租了一间房屋住下，利用身边盘缠以及佣工所得，每日购买柴米送进庵中，

① 荀玫后来官至两淮盐运使(由第二十二回扬州盐商万雪斋家正堂大厅匾额“慎思堂”落款“两淮盐运使司盐运使荀玫书”可知)，最终因贪赃被拿问(第二十九回)。

② (清)吴敬梓著，张慧剑校注：《儒林外史》，人民文学出版社 1958 年版，第 90 页。

③ (清)吴敬梓著，张慧剑校注：《儒林外史》，人民文学出版社 1958 年版，第 90 页。

暗中孝养父亲。半年之后，王惠死于庵中，郭孝子背了他的骸骨回乡安葬。郭孝子万里寻亲的故事，题旨类似于明代拟话本小说集《石点头》第三回《王本立天涯求父》，抑或脱胎于此。

《儒林外史》所写汶上县故事，从第二回开始，一直穿插延伸到第三十九回，要而言之，主要写了三个进士和一个孝子的故事。有意思的是，三个进士的人生经历都和薛家集直接相关：周进曾在薛家集坐馆；王惠先曾在观音庵避雨借宿，后又帮助进士荀玫在村上处理荀老太太的丧葬事务；荀玫是土生土长的薛家集人，考中了进士。根据小说的描写，薛家集应是汶上县一个颇具规模的镇市。第二回开头写道："这集上有百十来人家，都是务农为业。村口一个观音庵，殿宇三间之外，另还有十几间空房子，后门临着水次。这庵是十方的香火，只得一个和尚住。集上人家，凡有公事，就在这庵里来同议。"[①]集上人虽都以务农为业，但也比较重视孩子的学校教育。新年正月集上的公事会议，不仅商议如何闹龙灯，而且讨论给孩子们请先生的事情。村中头面人物申祥甫说："孩子大了，今年要请一个先生。就是这观音庵里做个学堂。"[②]众人随即附议道："只是这个先生，须是要城里去请才好。"[③]于是从县里请了周进来观音庵坐馆授徒，进士荀玫就是从此开始其读书、科举、仕进之路的。

三、明清小说中的邹县故事

邹县即今邹城，为亚圣孟子故里，以此驰名于世。在明清小说中，邹县也得到较多书写，其中有两部长篇之作值得注意，一是《梼杌闲评》，二是《醒世姻缘传》。

---

① (清)吴敬梓著，张慧剑校注：《儒林外史》，人民文学出版社1958年版，第15页。

② (清)吴敬梓著，张慧剑校注：《儒林外史》，人民文学出版社1958年版，第17页。

③ (清)吴敬梓著，张慧剑校注：《儒林外史》，人民文学出版社1958年版，第17页。

《梼杌闲评》第二十四回至第二十八回主要写发生于邹县的白莲教起义。起义首领是东阿县峄山村刘家庄庄主刘鸿儒，刘家四代相传，每年数次组织周边百姓烧香做会。东阿县令田吉奉山东抚院宪牌，严禁地方烧香聚会，取缔无为、白莲等教，刘鸿儒便将做会地点改到邹县九龙山庄，请西蜀来的玉支和尚开讲《法华经》。远近百姓被吸引赴会，一日竟达千余人。玉支和尚与山庄内头陀跛李合谋，施展幻术，炫惑百姓，众人信之益坚，纷纷施舍金银财帛和米粮。刘鸿儒不但借机敛财渔色，而且重金收买东阿县令田吉和县中差役。此时，因邹县缺员，山东抚院命田吉署理邹县县令。田吉本无公心，为政贪腐，且措置失当，激化了与刘鸿儒的矛盾。在玉支和尚与头陀跛李的怂恿、蛊惑下，刘鸿儒在九龙山庄起兵，其麾下有头陀跛李请来的善施法术的道教仙师元元子和真真子夫妻。刘鸿儒所向披靡，迅速攻占邹县、郓城、汶上和费县，兵锋直指兖州。各路官军前来邹县镇压，均吃败仗。官军将领萧士仁在邹县城下战败，匹马落荒而逃，夜投峄山村傅家庄借宿，得识山庄少主人傅应星。傅应星奉母傅如玉之命，与萧士仁同往官军营中，帮助攻打邹县。次日交战，傅应星用母亲所给的竹箭破了元元子的飞刀法术，立下战功。至于本领更为高强的真真子，傅应星因自己非其对手，便前往云梦山求助母亲的道友孟婆，请来孟婆之子空空儿，破了真真子法术。空空儿隔空寄柬，迫使元元子、真真子远遁他方，又帮助官军杀死头陀跛李。半月之后，官军收复邹县，刘鸿儒、玉支和尚等十七人被押解省城，斩剐于西市。

《梼杌闲评》所写邹县白莲教起义，其本事是明末徐鸿儒白莲教起义。小说艺术地表现了这次起义的发生原因、发展过程和失败结局。在故事情节的展开中，小说对前代文学成果多有借鉴和吸收。首先，先后出场的元元子、真真子和空空儿等道教剑仙形象，明显借鉴了唐代裴铏《传奇》中的《聂隐娘》。聂隐娘十岁时被一个尼师带走，学成出神入化的剑术，五年后归家，自择一磨镜少年为夫。夫妻二人骑乘用纸剪成的黑、白二卫，投靠陈许节度使刘昌裔,做了他的近身侍卫。藩镇相互倾轧,聂隐娘保护刘昌裔免于刺客精精儿和妙手空空儿的杀害。精精儿、空空儿与聂隐娘同为剑仙,唯精精儿法术和剑艺略输于聂隐娘,因而死于其剑下。空空儿本领则远超聂隐娘,所谓"空空儿之神术,人莫能窥其用,鬼莫得蹑其踪,能从空虚之入冥,善无形而灭影。隐娘之艺,故不能造其境"①。但聂隐娘深知空空儿性格,"此人如俊鹘,一搏不中,即翩然远逝,耻其不中,才未逾一更,已千里矣"②。她抓住空空儿这一性格特点,针对施计,保护了刘昌裔。我们将《梼杌闲评》中元元子、真真子和空空儿形象与《聂隐娘》所写予以比较,可见多有相类或神似之处。

其次,《梼杌闲评》所写官军与白莲教义军阵前斗法的情节,对《水浒传》第五十四回写梁山好汉攻打高唐州故事有所借鉴。比较明显的是第二十八回,头陀跛李弃马驾云,望空逃脱,空空儿用棕扇一拂,跛李从空中倒坠下来,被傅应星放马上前,一戟杀死。小说作者因有"可怜定霸图王客,化作沙场浪荡魂"③的感慨。这与《水浒传》第五十四回入云龙公孙胜斗法破高廉的情节颇为相似,小说对高廉的慨叹是"可怜半世英雄汉,化作南柯梦里人"④。由此我们也可以看到《水浒传》一书对明清小说创作的深远影响。

最后,《梼杌闲评》第二十八回元元子对真真子说,空空儿是"猿公亲授的高徒,为古今剑仙之宗"⑤。这一情节亦渊源有自。《吴越春秋》卷九《勾践阴谋外传》载有越国处女与袁公故事,云:

> 范蠡对曰:"……今闻越有处女,出于南林,国人称善。愿王请之,立可见。"越王乃使使聘之,问以剑戟之术。处女

---

① 李时人编校:《全唐五代小说》,中华书局 2014 年版,第 2208 页。

② 李时人编校:《全唐五代小说》,中华书局 2014 年版,第 2208 页。

③ 刘文忠校点:《梼杌闲评》,人民文学出版社 1983 年版,第 328 页。

④ (明)施耐庵、罗贯中著,李永祜点校:《水浒传》,中华书局 1998 年版,第 726 页。

⑤ 刘文忠校点:《梼杌闲评》,人民文学出版社 1983 年版,第 327 页。

将北见于王，道逢一翁，自称曰袁公，问于处女："吾闻子善剑，愿一见之。"

女曰："妾不敢有所隐，惟公试之。"于是，袁公即杖箖箊竹，竹枝上颉，桥末堕地。女即捷末。袁公操其本而刺处女。女应，即入之。三入，处女因举杖击之。袁公则飞上树，变为白猿。遂别去，见越王。[①]

显然，《梼杌闲评》所谓空空儿为猿公亲授高徒等说法，乃基于《吴越春秋》越女袁公故事而生发。同时，小说作者捏合唐传奇《聂隐娘》妙手空空儿的情节，将空空儿称为猿公高徒、剑仙之宗。

《醒世姻缘传》中的邹县故事，主要见于第九十三回《晁孝子两口焚修 峄山神三番显圣》。本回写武城县晁夫人生前积德行善，厚待乡里，死后登仙，做了峄山山神——峄山圣姆。武城县的善男信女，平日受过晁夫人恩惠的，结成香社，于晁夫人去世后的第四年三月，前往邹县与峄山圣姆进香。感于乡人情谊，峄山圣姆三番显圣，峄山香火由此日盛。小说写道："那峄山原是天下的胜景，烧香的男妇、游观的士女，络绎往来的甚多。传布开去，从此结道场、修庙宇、妆金身、塑神像、祈年祷雨、作福禳灾，日无虚刻。"[②]

今天，我们若单纯从思想内容来看，峄山圣姆故事难免侈言神怪之嫌，似无足称道。不过，若回归到具体的历史语境，体察小说作者西周生的创作意图，可知其意在通过神道设教的方式，劝人向善，归风俗于淳厚。对此，从本回峄山圣姆扈从黄巾后生的一番话，我们可以看得出来。黄巾后生对武城香客说：

这是峄山圣姆，是你武城县晁乡宦的夫人。他在阳世间多行好事，广结善缘。丈夫做官，只劝道洁己爱民，不要

① 周生春：《吴越春秋辑校汇考》，上海古籍出版社1997年版，第151—152页。

② （明）西周生辑著，李国庆校注：《醒世姻缘传》，中华书局2005年版，第1204页。

严刑峻罚；儿子为人，只劝道休要武断乡曲，克剥穷民。贵粜贱籴，存活了无数灾黎；代完漕米，存留了许多百姓。[1]

这段话堪为晁夫人的盖棺定论。晁夫人生前以其仁心善行和良好的家风，赢得了地方官民的尊重和爱戴，是尤为人敬佩的。晁夫人死后登仙，封神峄山，且有“与天下名山山主颉颃相处”[2]的神界殊荣，便是小说作者西周生对自己创作的这一理想人物的嘉许。当然，西周生对此似仍意有未足。一个颇有意味的细节是，在他笔下，峄山圣姆还暂摄尼山山主。尼山相传为至圣孔子的降生之地，峄山则是亚圣孟子故里的名山。西周生作为一位心怀“但得天地常生好人，愿人常行好事”（第二十四回）[3]梦想的作家，以晁夫人为峄山圣姆并暂摄尼山山主的情节设计，乃是对晁夫人的最高嘉许，有劝人向善、归风俗于淳厚的深意寄焉。

除上述两部长篇所写邹县故事之外，邹县作为亚圣故里，孟庙无疑是重要的景致。明代天然痴叟《石点头》第三回《王本立天涯求父》即有若干细节性的文字写及孟庙：“经过孟子庙前，一边是子思作中庸处，有座碑石；一边是孟母断机处，有个匾额，题着‘三迁’两字，与子思作中庸碑，两相对峙。”[4]这是小说主人公王原眼中的孟庙。这段文字对于我们了解孟庙建筑的历史变迁具有一定的资料价值。

清代才子佳人小说《玉娇梨》第十二回至第十四回所写江南才子苏友白与卢副使家小姐卢梦梨的遇合与姻缘，发生于邹县“县东首”[5]。苏友白北上进京，在邹县遇劫，陷入困境。卢梦梨

---

① （明）西周生辑著，李国庆校注：《醒世姻缘传》，中华书局 2005 年版，第 1203 页。

② （明）西周生辑著，李国庆校注：《醒世姻缘传》，中华书局 2005 年版，第 1204 页。

③ （明）西周生辑著，李国庆校注：《醒世姻缘传》，中华书局 2005 年版，第 320 页。

④ （明）天然痴叟：《石点头》，黑龙江美术出版社 2015 年版，第 44 页。

⑤ （清）荑荻散人编次，廖祖灿点校：《玉娇梨》，安徽文艺出版社 2005 年版，第 104 页。

女扮男装，与苏友白约会于卢家花园后门，赠金于苏友白，助其进京，由此结下姻缘。另外，第十三回苏友白认为邹县乃人文之邦，岂无诗赋高才？张老爹道："不瞒苏相公说，我这山东地方，读书的虽不少，但只晓得在举业上做功夫，至于古文词赋，其实没人。"[1]将此与《儒林外史》所写汶上周进、王惠等人故事相联系，对我们认识清代山东的科举状况也有一定价值。

四、明清小说中的兖州故事

在明清时期，兖州行政建置为府即兖州府，在明代还是鲁王的封地。明清小说中以兖州为地理背景的故事，见于《梼杌闲评》《女仙外史》《儒林外史》等长篇之作，以及"三言"和《聊斋志异》《小豆棚》等短篇小说集，晚清部分小说作品也不同程度地写到兖州故事。

《梼杌闲评》第二十六回写刘鸿儒在邹县九龙山庄发动白莲教起义，攻占邹县、郓城、汶上、费县等处，旋即攻打兖州。兖州是战略要地，以此为据点，可南下或北上；城内有鲁王府，义军占领后可直接入住，不需专门修造房舍。因此，白莲教义军分拨六千余人攻打兖州城池。兖州兵备道奉山东巡抚火牌，调登州营守备苗先，会同道标把总吴成等，领兵五千，准备前往邹县镇压义军。孰料出城不到五十里，遭遇浩荡而来的义军。两军对阵处，苗先大意轻敌，被义军大败。次日，官军再吃败仗，退入兖州城中。义军齐集城下，四面攻打，但因城池坚固，官军有备，致伤亡甚大。义军将领元元子施展法术，烧掉兖州南门城楼，骚扰城内官军。第三日，淮安两路官军前往邹县攻打义军，围城义军不得已退兵，兖州方才解除围困之危。此即白莲教义军攻打兖州故事。

《女仙外史》第四十回写了济南阙下军队兵不血刃占领兖州

① (清)荑荻散人编次，廖祖灿点校：《玉娇梨》，安徽文艺出版社2005年版，第104页。

故事。故事起因是“起义勤王”“讨叛诛逆”的月君唐赛儿创立济南都后，军师吕律、司马高咸宁共议北取临清，南取济宁，占领这两处战略要地，取其仓廪以供军饷。两人拈阄决定各自出兵方向，吕律拈得济宁、兖州，高咸宁拈得临清、东昌，各率将佐十二员、精兵六千出兵。攻下济宁之后，吕律率兵前取兖州。兖州城内有四位青年才俊，乃忠臣义士之后的孔以卓、方经、林玄晖和卢敏政。四人本为逃避燕王的夷族之祸而到兖州，得到曲阜衍圣公的庇护。孔以卓是府学秀才，与方经联合，发动士民驱走兖州太守，远出城郊迎接吕律。吕律入城安顿诸项事务完毕，随即应邀前往曲阜，拜谒圣地阙里。小说所写兖州故事虽然比较简略，但明显地寄寓了作者吕熊“褒忠殛叛”的创作主旨。对此，清人刘冰崖曾有所论，指出：“汉高既平七国，以兵临鲁，闻弦歌之声，命勿击兖州。圣人之邦也，若以争战而得，则必荼毒生民，可谓王师乎？是以归功于四士，作者有深意存焉。其四士为方、卓二公之后，向邀庇于圣公者，本欲兴起军师瞻谒圣庙也。所以瞻圣庙者，盖欲论定靖难之是非也。”[①]在刘冰崖看来，本回所写兖州故事有两个作用：其一，在结构安排上，所写兖州故事是前此济宁战事和后此吕律拜谒阙里故事的过渡；其二，在思想内涵上，本回写兖州为崇尚礼乐、尊崇王道的正统之地，所以对吕律率领的济南阙下勤王之师，忠臣义士之后的四位青年才俊开城门迎之，这代表了拥戴建文、反对燕王的民心所向。此说当得小说作者吕熊之意。

《梼杌闲评》和《女仙外史》所写有关兖州的内容都属于明代白莲教起义背景下的故事。与此不同，《儒林外史》所写的是社会承平下兖州文人的众生相。作为小说主要人物的“二进”——周进和范进，以及围绕在他们周边的一些读书人，都和兖州一地有直接关系。具体而言，周进、王惠和荀玫等三进士以及秀才梅

① （清）吕熊著，杨钟贤校点：《女仙外史》，百花文艺出版社1984年版，第465页。

玖，都是兖州府属下的汶上县人，本节上文对此已有所论。范进虽为广东人氏，却是依靠学道周进的提携、荐扬而发达起来的，并与兖州结缘。第七回所写就是发生于兖州的范进故事。范进荣任山东学道，按临兖州府考试童生。他不忘座师周进的事先招呼，有心照顾周进当年的开蒙弟子荀玫。不料事到临期，因考试事务繁忙而忘记，一直到要发童生案的头天晚上才想起来，范进为此颇为自责。幸好荀玫凭着自己的本领考了一等，汶上县新进儒童第一名，这让范进极为高兴，对他勉励有加。梅玖是生员，考了劣等，范进下令责罚。梅玖窘急生诈，冒称周进门生，骗过范进，免了一打。总体来看，第七回中的兖州故事着重刻画的人物是范进，其次为梅玖。范进作为山东学道，闻听幕宾蘧景玉的笑话，竟然说出“苏轼既文章不好，查不着也罢了”[①]的话来，不知道苏轼是何人物，可见科举与八股文已然成为文化的桎梏，致使文人不可救药了。梅玖当年是对落魄的周进极尽嘲讽、自以为春风得意的少年秀才，如今看到周进官居国子监司业，竟厚颜无耻地谎称自己是周进门生，欺世盗名，小说以此刻画出一个毫无人品的劣等秀才形象。

在明清短篇小说中，写及兖州故事的，首可注意的是冯梦龙《喻世明言》第六卷《葛令公生遣弄珠儿》。本篇写五代时梁朝大将、人称“葛令公”的葛周镇守兖州，察知家贫未娶的虞候申徒泰钟情于自己的爱妾弄珠儿，不动声色，如常任用。后唐军队入侵山东郯城，葛令公带申徒泰出征。两军对垒，申徒泰匹马出战，冲乱后唐军队阵脚，葛令公随后率兵冲杀，大获全胜。回兵兖州后，葛令公遣弄珠儿与申徒泰为妻，助其成家，成全了一对英雄美人的姻缘。葛令公博得“体悉人情，重贤轻色，真大丈夫之所为”[②]的美名，部下都愿替他出力尽死。因此，终葛令公之世，兖

---

① (清)吴敬梓著，张慧剑校注：《儒林外史》，人民文学出版社1958年版，第78页。

② (明)冯梦龙编著，(明)绿天馆主人点评，陈熙中校：《三言·喻世明言》，中华书局2015年版，第52页。

州一方安定太平。小说主人公是葛令公，作者冯梦龙对他极尽赞美，特别刻画了他重贤轻色的性格特征。这个短篇依据唐末五代王仁裕《玉堂闲话》中的《葛周》故事改编而成。今据《太平广记》卷一七七将《葛周》故事引文如下：

梁葛侍中周镇兖之日，尝游从此亭。公有厅头甲者，年壮未婚，有神彩，善骑射，胆力出人。偶因白事，葛公召入。时诸姬妾并侍左右。内有一爱姬，乃国色也，专宠得意，常在公侧。甲窥见爱姬，目之不已。葛公有所顾问，至于再三。甲方流眄于殊色，竟忘其对答。公但俯首而已。既罢，公微哂之。或有告甲者，甲方惧，但云神思迷惑，亦不计忆公所处分事。数日之间，虑有不测之罪。公知其忧甚，以温颜接之。未几，有诏命公出征，拒唐师于河上。时与敌决战，交锋数日，敌军坚阵不动。日暮，军士饥渴，殆无人色。公乃召甲谓之曰："汝能陷此阵否？"甲曰："诺！"即揽辔超乘，与数十骑驰赴敌军，斩首数十级。大军继之，唐师大败。及葛公凯旋，乃谓爱姬曰："大立战功，宜有酬赏，以汝妻之。"爱姬泣涕辞命。公勉之曰："为人之妻，可不愈于为人之妾耶？"令具饰资妆，其直数千缗。召甲告之曰："汝立功于河上。吾知汝未婚，今以某妻，兼署列职。此女即所目也。"甲固称死罪，不敢承命。公坚与之，乃受。噫！古有绝缨盗马之臣，岂逾于此。葛公为梁名将，威名著于敌中。河北谚曰："山东一条葛，无事莫撩拨"云。[1]

冯梦龙根据这一故事，加工润色，成其《葛令公生遣弄珠儿》。《葛周》还写到一处名胜"从此亭"，冯梦龙将其改为"岳云楼"，为兖州城中最高之处。明代兖州实有岳云楼，为纪念杜甫而建。其名得自杜甫《登兖州城楼》："浮云连海岳，平野入青徐。"其遗址今称"少陵台"。

---

① (宋)李昉等编：《太平广记》，中华书局1961年版，第1320页。

《聊斋志异》卷七《巩仙》是一篇情节奇异、寄寓着蒲松龄美好社会理想的短篇之作。篇中虽未明确说明故事发生地点，但由关于鲁王[①]的内容可知为发生在兖州的故事。本篇主要人物是巩道人、鲁王和尚秀才，写云游的巩道人寓居尚秀才家，求见鲁王，多次被中贵人（按：王府中的宦官）和看门人粗暴拒绝，于是施展法术，在王府后花园把中贵人狠狠戏弄了一番。鲁王派人访得巩道士，与其交往无间。尚秀才曾经热恋的歌妓惠哥前此被鲁王召入府中供奉，两人无缘再见。巩道士施展法术，先后三次用自己的道袍衣袖携带尚秀才进入王府，让他与惠哥在衣袖中欢会恩爱。惠哥为尚秀才产下一子，巩道士用衣袖携至尚家。因产血已染污衣袖，巩道士将道袍留给尚秀才，嘱其保留，日后可作为治疗难产的良药。尚秀才依言，救治产妇无数，其中就有鲁王的爱妃。鲁王答谢尚秀才，让他和惠哥团聚。惠哥所生之子，尚秀才为其取名秀生，谐音“袖生”，以此感激和怀念巩道人。蒲松龄于篇末奏雅，云：“袖里乾坤，古人之寓言耳，岂真有之耶？抑何其奇也！中有天地、有日月，可以娶妻生子，而又无催科之苦，人事之烦，则袖中虮虱，何殊桃源鸡犬哉！设容人常住，老于是乡可耳。”[②]作者的无限感慨表明，《巩仙》寄寓了作者本人但愿人世为桃源的美好社会理想。就此而言，《巩仙》应是一篇婉转表达蒲松龄社会理想的佳作。

《聊斋志异》卷十二《房文淑》写开封书生邓成德游学兖州，与房文淑的一段恋情故事。邓、房相遇于败寺，同居数年，琴瑟和谐，生一子，取名“兖生”。某日，房文淑作别邓生，将幼子抱送远在开封孤居守节的邓生之妻娄氏，随后飘然不知所踪。年余，房文淑忽再见娄氏，赠十余金，助其抚育兖生。自房文淑去后，邓生弃儒从商，负贩他乡三年，营利颇丰，治装归乡。邓生夫妻

① 朱元璋第十子朱檀封鲁王，洪武十八年（1385）就藩兖州，洪武二十二年（1389）薨，谥号荒。

② （清）蒲松龄著，张友鹤辑校：《聊斋志异》（会校会注会评本），上海古籍出版社 1986 年版，第 900—901 页。

共话，彼此方知房文淑送子之事，于是共盼房文淑再至，却再也没有她的音信。本篇所写房文淑是一位美丽大方、重情又超脱于情的神奇女子。在她抱子倏忽而杳的身影中，邓生“始悟其非人也”[①]。那么，房文淑是仙女、狐女，还是女鬼？蒲松龄给读者留下了无尽的想象空间。

以上为明清小说中的兖州故事。这些故事有的涉及明代藩王之一的鲁王。《巩仙》对鲁王就有较多描写，通过本篇并结合其他明清小说作品，我们可以大略了解明代藩王——鲁王的一些情况。鲁王封地兖州，王府宏大奢华。《梼杌闲评》第二十六回，元元子不赞成白莲教义军攻打徐州，建议“不如先取兖州为家，借现成王府免得修造，那时或南或北，进退由我”[②]。此所谓“王府”就是鲁王府，义军既要取此“为家”，则可以想见其规模之大。《巩仙》写及鲁王府后花园，巩道人云：“但闻后苑花木楼台，极人间佳胜。”[③]王府后苑极尽奢华，声名在外，因此吸引巩道人到此一游。王府中贵人被巩道人以细葛悬于后苑楼上，“下视，则高深晕目……见其去地绝远”[④]。读者由此可想见后苑楼台何其之高。从《巩仙》和《梼杌闲评》的描写中，读者可以窥知鲁王府宏大奢华的规模。再如《醒世姻缘传》第九十三回：

> 众人齐向峄山行走。离店家不上五六里之地，只见后面鼓吹喧阗。回头观看，灯火烛天，明亮有如白昼，旗幡绰约，羽盖翩翩，摆列的都是王者仪从，渐渐的追近前来。前导的喝令众人避路。这些香头都道是鲁王驾出祭扫，退避在道旁站定，看他驾过。仪从过尽，又是许多金甲金盔的神

---

① （清）蒲松龄著，张友鹤辑校：《聊斋志异》（会校会注会评本），上海古籍出版社1986年版，第1696页。

② 刘文忠校点：《梼杌闲评》，人民文学出版社1983年版，第313页。

③ （清）蒲松龄著，张友鹤辑校：《聊斋志异》（会校会注会评本），上海古籍出版社1986年版，第895页。

④ （清）蒲松龄著，张友鹤辑校：《聊斋志异》（会校会注会评本），上海古籍出版社1986年版，第895页。

> 将，骑马摆队；武将之后，又有许多峨冠博带的文官，执笏乘马前列导引；再次又有许多女官，各执巾、帽、盥盆、妆奁等具，尽是乘马前行；临后方是一顶大红绡金帏幔的棕辇，辇前一柄曲把红罗伞罩住，两旁四五对红罗团扇遮严；辇后又是许多骑马的侍从。香头们又猜是鲁王妃归宁父母，不敢仰视。[1]

这是峄山圣姆的出行仪仗，香客们误认为是出行的鲁王和王妃。邹县属于兖州府，在鲁王封地的范围内，难怪香客们会自然联想到鲁王。天界神仙的生活是人间帝王将相生活的翻版。在鲁王封地上的峄山圣姆，尽管为上界仙人，但她的出行仪仗，何尝不是在这片土地上最为风光的鲁王与王妃的翻版呢？

五、明清小说中的济宁州故事

明清时期，济宁在洪武元年(1368)至十八年(1385)间，曾短暂设府，后改为州，府、州治所任城。本部分所说济宁州故事，主要指小说所写为发生于任城，或说明与“济宁府”“济宁州”或“济宁”相关的故事。

在冯梦龙“三言”中，《沈小霞相会出师表》和《刘小官雌雄兄弟》是明确写及济宁的作品。《喻世明言》卷四十《沈小霞相会出师表》以忠奸斗争为叙事线索，主要内容为发生在济宁的故事。嘉靖年间，沈炼在朝廷勇斗奸臣严嵩父子，结果祸及寓居故乡绍兴的长子沈小霞。严氏亲信的公差押解沈小霞及其小妾闻淑女北上，伺机于路杀死二人。行至济宁府，在闻淑女的机智配合下，沈小霞以到济宁府东门内冯主事家讨要欠银为由，骗过押解差人，躲入冯家。得冯主事大义相助，沈小霞藏匿冯家达十年之久。严氏父子倒台后，沈炼冤案昭雪，沈小霞终得自由。本篇结尾写冯主事因救助沈小霞的大义之举为京中所重，累官至吏部

---

① (明)西周生辑著，李国庆校注：《醒世姻缘传》，中华书局2005年版，第1203页。

尚书;冯主事死后,天帝感于其大义,封其为南京城隍。冯主事封神之事略如《水浒传》末篇所写玉帝封梁山好汉为神,表达的是古人对忠义之士的嘉许与敬仰。

《醒世恒言》卷十《刘小官雌雄兄弟》据明代陶辅(1441—?)《花影集》卷一《刘方三义传》改编而成。本篇写宣德年间,在运河之畔的河西务镇上,开酒店的刘德夫妇广行善事,收养落难的刘方和刘奇为义子。刘方是济宁人,刘奇是张秋人,兄弟二人一同用心侍奉刘德夫妇,极尽人子之礼。刘德夫妇殁后,兄弟二人情深意笃,共兴家业。刘方实为女扮男装,心许于刘奇,最后两人结为夫妇,子孙蕃盛。本篇以刘方女扮男装为伏线,前半叙刘德夫妇周贫济难的善举,后半写刘方、刘奇的爱情故事,颂美底层人民患难与共、相濡以沫的美德,塑造了刘方节孝兼全的形象。进一步看,刘方、刘奇都是山东人,故本篇实亦为山东人在苦难中求生存、以品立身、自强不息的颂歌。

《女仙外史》第三十八至第四十回,写吕律率领济南阙下义军攻占济宁故事。月君唐赛儿创立济南都后,军师吕律、司马高咸宁共议夺取大运河沿岸要地的临清和济宁,取两地仓廪积贮以供军饷。两人通过拈阄的方式决定各自出兵方向,吕律拈得济宁,率将佐十二员、精兵六千出兵。义军与燕王派驻济宁监督河道的富昌伯房胜交战,首战失利,再战得胜。终在潜入济宁城内的公孙大娘、女秀才和范飞娘等三位女侠里应外合下,吕律运筹帷幄,调兵遣将,攻占了济宁城池。小说反映了济宁作为兵家必争之地的战略要地位置。济宁"正当南北之中"[1],属于大运河沿岸扼南北之中的城市,南北漕运的顺畅,很大程度取决于"州之北五十里"的"分水口子"[2],因此,济宁成为兵家必争之地。燕王朱棣派靖难时宿将房胜在此监督河道,设河兵七营共一万五

① (清)吕熊著,杨钟贤校点:《女仙外史》,百花文艺出版社1984年版,第435页。

② (清)吕熊著,杨钟贤校点:《女仙外史》,百花文艺出版社1984年版,第435页。

百名把守河道，可见其对济宁何等重视。月君唐赛儿的济南阙下当然也把济宁作为必取之地，因为占领此地就可以“略汶、沂，控淮、泗，进则可取，退亦可守”[①]，保障济南都的安全，这就是济宁之战的根本原因。在济宁之战故事情节的展开中，小说重点塑造了公孙大娘、女秀才和范飞娘等三位女侠的形象。史上实有公孙大娘其人，见于杜甫《观公孙大娘弟子舞剑器行并序》所咏，善舞剑，技艺为当时一绝。吕熊将此采撷为素材，加以刻画，将她塑造为一个嫉恶如仇、拥戴月君唐赛儿、反对燕王的剑仙形象。史上亦有女秀才其人，《明史》卷一二一《公主》记载：“永乐二年，都御史陈瑛奏（梅）殷畜养亡命，与女秀才刘氏朋邪诅咒。”[②]女秀才原为驸马梅殷府中人，后不知所终。吕熊据此生发，加以演义，将女秀才塑造为主动投奔唐赛儿、为梅驸马复仇的正义形象。范飞娘形象出于作者虚构。另就艺术手法而言，小说写济宁之战借鉴了《水浒传》，其尤明显者为吕律、高咸宁两人拈阄决定各自出兵方向，略如《水浒传》第六十九回宋江、卢俊义拈阄分打东平府、东昌府故事。

在写及济宁故事的明清长篇之作中，李绿园《歧路灯》也是一部不应忽视的作品。书叙开封府祥符县旧家子弟谭绍闻浪子回头的故事，其中第七十一、七十二回写谭绍闻到济宁打抽丰、被娄潜斋正言教诲的故事。娄潜斋是谭绍闻父亲谭孝移的挚友，早年做过谭绍闻的训蒙塾师，后官至济宁州刺史。娄潜斋在济宁做官，深得百姓爱戴。他反对打抽丰的陋习，当闻听谭绍闻“有带的东西，求衙中销售”时，失声慨叹：“品斯下矣！”[③]谭绍闻归乡，娄潜斋赠银二百五十两，嘱道：

贤契此来，我已知你有带的东西销售，一来我不销货，不荐人，从不曾开此端；二来也不肯叫你溜到这个地位。但

① （清）吕熊著，杨钟贤校点：《女仙外史》，百花文艺出版社1984年版，第428页。

② （清）张廷玉：《明史》，中华书局1974年版，第3663页。

③ （清）李绿园著，李颖点校：《歧路灯》，中华书局2004年版，第524页。

> 既来投任，岂肯叫你自伤资本。这五十两便是物价，你连物件东西带回。或留自用，或仍返铺家。不必以仍返物件为羞。这二百两，乃朝廷与我的养廉，没有一分一厘不明白的钱。我今以师赠弟，亦属理所当然。但你不可浪用，或嫖或赌，于我谓之伤惠；于你爹爹相与之情，反是助你为匪。回家去，或仍理旧业，或不能读书，照料家事，也为正当。……总之，贤契呀，我赠你几句话儿，原是古人成语："为善，思贻父母令名必果。为不善，思贻父母羞辱必不果。"你到那将蹈前非之时，口口只念"爹爹"两个字，那不好的念头，便自会缩下去。①

言之谆谆，教导剀切，确能启人孝思善念。这是娄潜斋面对故人之子发自内心的挚言，从中亦可见娄潜斋拿干净钱、办正经事、洁身自好的为官原则。在当今的廉政建设中，娄潜斋的形象具有积极的意义，我们应予关注。

六、明清小说中的梁山故事

书写梁山故事的明清小说主要是《水浒传》，其次为《水浒传》的续书。

《水浒传》故事雏形见于元代无名氏《大宋宣和遗事》的元集、亨集和利集。《遗事》亨集所写宋江三十六人聚义梁山水泊以及数语提及的招安与平方腊事，则是《水浒传》中梁山大聚义、招安和平方腊故事的雏形。在前代积累的丰富素材基础上，经由《水浒传》作者的创作，《水浒传》成为明清小说中的长篇佳构，从而也使名不见经传的水泊梁山为明清民间和现代社会所乐道。

宏观来看，《水浒传》全书情节是以梁山为基点展开和收拢的：第一回到第七十一回，写天罡地煞逃逸世间，托化生身为各路江湖好汉，先后投奔山东济州，聚义于梁山；第七十二回到第

---

① （清）李绿园著，李颖点校：《歧路灯》，中华书局2004年版，第527—528页。

一百回，写众好汉接受招安，走出梁山水泊，征辽、平方腊，为国尽忠，功成归神，为梁山泊都土地，封侯庙食。就此而言，我们也可以说《水浒传》就是《梁山传》。

具体来看，《水浒传》写了许多发生于梁山的故事。例如，林冲的故事就主要发生于梁山，作为回目显示的即有“林冲雪夜上梁山”（第十一回）、“梁山泊林冲落草”（第十二回）、“林冲水寨大并火”（第十九回）。其他如“晁盖梁山小夺泊”（第十九回）、“梁山泊义士尊晁盖”（第二十回）、“梁山泊吴用举戴宗”（第三十六回）、“梁山泊戴宗传假信”（第三十九回）、“众虎同心归水泊”（第五十八回）、“关胜议取梁山泊”（第六十三回）、“忠义堂石碣受天文，梁山泊英雄排座次”（第七十一回）、“梁山泊双献头”（第七十三回）、“梁山泊十面埋伏”（第七十七回）、“十节度议取梁山泊”（第七十八回）、“梁山泊分金大买市”（第八十二回）、“徽宗帝梦游梁山泊”（第一百回）。[①] 至于这些章回之内所写梁山故事，那就更多了。因此产生了一个人尽皆知的成语——“逼上梁山”，这是历代读者概括林冲的不幸遭遇而形成的一个成语，同时也指出了好汉走上梁山的一种方式。不过，从《水浒传》的描写来看，好汉落草梁山不仅如林冲那样“逼上梁山”，还有其他方式，例如：救上梁山——宋江、戴宗、柴进等身陷牢狱，先后被救上梁山；骗上梁山——徐宁、卢俊义即先后被骗上梁山；投降梁山——秦明、呼延灼、关胜等即是；更多好汉或者出于意气相投，或因向梁山求援，主动投奔梁山。无论逼上梁山还是救上梁山等，根据小说的描写，是因为众好汉先天意气相投——他们前身都是当年从江西信州龙虎山伏魔殿逃逸的天罡地煞，根据玉帝旨意，以忠义修心灭魔，走上梁山是他们的宿命。[②] 不过，小说的这种描写因为事涉神怪，所以近现代读者往往不加分析地将之归于封建迷信。这不是一种客观理性的阅读方式，不利于准确

---

① 所列回目据施耐庵、罗贯中著，李永祜点校《水浒传》，中华书局 1998 年版。

② 参见王守亮：《〈水浒传〉天罡地煞神话试论》，《明清小说研究》2020 年第 3 期。

理解和阐释《水浒传》，我们应予纠正。

《水浒传》问世后，影响极大。清代出现了《水浒后传》《后水浒传》和《荡寇志》等续书，这些续书都不同程度地写到梁山。陈忱(1615—1671?)《水浒后传》是续书中较好的作品。小说第一回《阮统制感旧梁山泊　张别驾激变石碣村》，写阮小七到梁山泊忠义堂旧址祭奠已亡兄弟，下山时遇到升任济州府通判的原蔡太师府中张干办；张通判出言不逊，诬蔑梁山好汉，气愤的阮小七打跑了他和随从；三天后的夜里，张通判带人来石碣村围捕阮小七；阮小七杀了张通判，带着母亲连夜逃走，一路到了登州。

其他明清小说作品也有提及《水浒传》梁山故事的。如《金瓶梅》第九十八回："周守备与济南府知府张叔夜，领人马征剿梁山泊贼王宋江三十六人，万余草寇都受了招安。"①《喻世明言》卷四十《沈小霞相会出师表》写沈小霞对闻淑女说道："明日是济宁府界上，过了府去，便是大行山、梁山泺，一路荒野，都是响马出入之所。"②再如《醒世姻缘传》第二十四回："范蠡湖、蜀山湖、桃花涧、沧浪渊、南池、阿井、泽华池，这都是兖州属内的胜水。还有梁山泺，这藏贼的所在，上不得数的。"③又如《樵史通俗演义》第四回："有个阳谷县，与郓城县连界，一派皆是乱山，就是宋朝梁山泊宋江一班大盗常常出没的去处。"④这些文字即基于《水浒传》梁山故事。《女仙外史》第六十二回写济南兵将领雷一震是梁山泊人，在瓜州与燕兵交战，主动请缨，道："我是梁山泊人，第一能乘舟，第一能水战，愿为前部。"⑤因遭燕兵伏兵之计，沉江归

① 秦修容整理：《金瓶梅》(会评会校本)，中华书局1998年版，第1424页。

② (明)冯梦龙编著，(明)绿天馆主人点评，陈熙中校：《三言·喻世明言》，中华书局2015年版，第303页。

③ (明)西周生辑著，李国庆校注：《醒世姻缘传》，中华书局2005年版，第318页。

④ (清)江左樵子编辑，钱江拗生批点，史愚校点：《樵史通俗演义》，人民文学出版社1989年版，第24页。

⑤ (清)吕熊著，杨钟贤校点：《女仙外史》，百花文艺出版社1984年版，第707页。

神。所写明显取资于《水浒传》第九十四回杭州涌金门张顺归神故事。

本节以上所论为明清小说中的曲阜、汶上、邹县、兖州、济宁和梁山故事。除此之外，《聊斋志异》卷八《局诈》写嘉祥李生的古琴被道士设局骗走故事，《邢子仪》写泗水穷书生邢子仪意外骤得娇妻、美妾和巨金故事，卷十一《任秀》写鱼台任建之、任秀父子经商故事，《张氏妇》写兖郡张氏妇在兵荒马乱中巧计自保故事，也都值得一读。清代嘉祥作家曾衍东所著《小豆棚》，是一部文言短篇小说集，所写以济宁一带故事为多。卷一《颜氏忠孝录》，卷二《叶禄》，卷三《冬烘生》《张二棱》《李五》，卷九《醋姑娘》，卷十一《鬼妻》，卷十四《折铁叉》《铁腿韩昌》，卷十六《邵士梅》等，或写人状物，或说鬼话狐，或搜奇记异，与《聊斋志异》艺术风格相近，内容均与济宁相关，亦可一读，兹不赘述。

第三节　孔孟之道与才子佳人小说

在探讨明清小说中的济宁这一问题时，我们还应特别注意才子佳人小说。才子佳人小说是明清小说的一个重要类型，盛于清初，在各类题材小说中属于作品数量最多的。比较其他类型作品，才子佳人小说题旨和情节的一个显著特点是，立足于《论语》和《孟子》的儒圣之教，敷衍才子佳人才色相慕，最终既成美满婚姻，又严守礼教规范的故事，营造名教中自有乐地的超世俗情爱，赞美才子佳人依循孔孟之道、发乎情而止乎礼义的爱情与婚姻，孔孟之道遂成为才子佳人小说的立意之基、叙事之本。孔孟出于邹鲁，儒学源于洙泗，在这个意义上，才子佳人小说与济宁发生了内在关系，形成了对济宁的不写之写。因此，本节以下讨论孔孟之道与才子佳人小说。

一、孔孟之道与才子佳人的遇合

在才子佳人小说中，男女主人公的遇合大致为三部曲：一见钟情，好事多磨，终成眷属。在小说的描写中，这一过程尽管曲折，但才子佳人的言行举止总是以孔孟之道为依归，即以孔子、孟子的礼义思想为处世原则和行动指南，既遵循常经，又相机行权。因此，他们能够在不违礼教的前提下，最终收获美满的爱情与婚姻。具体而言，表现为如下两个方面。

(一)才子佳人心怀礼义，非礼不为

孔孟之道的核心是"礼"，孔子和孟子都高度重视以礼义引导和规范人的个体和社会行为。在《论语》和《孟子》中，孔子、孟子从各个角度对"礼"反复予以阐说。例如，《论语·为政》孔子讲"为政"："道之以德，齐之以礼，有耻且格。"[①]在《雍也》和《泰伯》篇中，孔子认为，一个人要成就君子人格，须"博学于文，约之以礼"[②]，"立于礼"[③]是必不可少的修养工夫。孔子不仅从正面倡导"礼"，而且在《颜渊》中还从禁止的方面指出："非礼勿视，非礼勿听，非礼勿言，非礼勿动。"[④]孟子祖述仲尼之意，《孟子·离娄下》有云："君子以仁存心，以礼存心。仁者爱人，有礼者敬人。……非仁无为也，非礼无行也。"[⑤]孔子、孟子垂教后世，他们的重"礼"思想成为中国封建社会思想文化的核心内容，从而也深刻地影响了才子佳人小说的创作。

这突出表现为，才子佳人小说写男女主人公虽然彼此慕于才色而一见钟情，但此后的交往总是以孔孟之道为依归，谨守礼教规范，反对越礼行事；才子最终进士及第，遵父母之命或奉皇上旨意与佳人成婚，是合乎礼教的大团圆结局。这类小说的主要作品，如《好逑传》《平山冷燕》《玉娇梨》《定情人》和《玉支玑》等，其叙事模式和基本内容均不出此范围。以《好逑传》为例，小说写才子铁中玉和佳人水冰心的遇合与婚姻故事。过学士之子

---

① 杨伯峻译注：《论语译注》，中华书局1980年版，第12页。
② 杨伯峻译注：《论语译注》，中华书局1980年版，第63页。
③ 杨伯峻译注：《论语译注》，中华书局1980年版，第81页。
④ 杨伯峻译注：《论语译注》，中华书局1980年版，第123页。
⑤ 杨伯峻译注：《孟子译注》，中华书局1960年版，第198页。

过其祖企图强娶水冰心，铁中玉出手相救，遭到过其祖等人暗算，处境危险；水冰心不避嫌疑，将铁中玉移到府上调养；此时铁、水二人虽已互生情愫，但谨守礼教规范，互引为名教中知己，第七回写两人即使酒至酣然，“都是恭恭敬敬，并无半个邪淫之字、一点勾挑之意”[①]；后来，两人遵父母之命成婚姻之礼，却两结花烛而虚合卺，互相敬之以礼，直到两人将冰清玉洁的交往过程大白于世，打破小人谣言之后，才奉旨合卺，“共效名教于飞之乐”（第十八回）[②]。在这一交往过程中，水冰心坚持“凡事皆可用权，惟婚姻为人伦风化之首，当正始正终，决无用权之理”（第八回）[③]；铁中玉认为“婚姻大事，名教攸关，欲后正其终，必先正其始”，甚至宣称“宁失闺阁之佳偶，不敢作名教之罪人”（第十四回）[④]。水冰心、铁中玉恪守礼教的态度可谓极矣。《论语·子罕》记载孔子慨叹：“吾未见好德如好色者也。”[⑤]《好逑传》以尊礼尚德为旨归，敷衍出一篇“爱伦常甚于爱美色，重廉耻过于重婚姻”[⑥]的才子佳人故事，正面演义夫子之叹，成为才子佳人小说的典范之作。

（二）才子佳人行权之宜

在《孟子·滕文公下》中，孟子主张男女婚姻之事须“待父母之命、媒妁之言”[⑦]，必须遵守婚姻礼义，不可“钻穴隙相窥，逾墙

---

① （清）名教中人编次，钟夫标点：《好逑传》，上海古籍出版社 1994 年版，第 55 页。

② （清）名教中人编次，钟夫标点：《好逑传》，上海古籍出版社 1994 年版，第 146 页。

③ （清）名教中人编次，钟夫标点：《好逑传》，上海古籍出版社 1994 年版，第 58 页。

④ （清）名教中人编次，钟夫标点：《好逑传》，上海古籍出版社 1994 年版，第 112、113 页。

⑤ 杨伯峻译注：《论语译注》，中华书局 1980 年版，第 93 页。

⑥ （清）名教中人编次，钟夫标点：《好逑传·叙》，上海古籍出版社 1994 年版，第 2 页。

⑦ 杨伯峻译注：《孟子译注》，中华书局 1960 年版，第 143 页。

相从"[1]。但是,孟子也反对凡事必要拘泥一端,不知变通。在《孟子·离娄上》中,他认为舜不告而娶的权宜之举就是合于礼的;在答齐人淳于髡之问时,他还说:"嫂溺不援,是豺狼也。男女授受不亲,礼也;嫂溺,援之以手者,权也。"[2]《韩诗外传》卷二载:"高子问于孟子曰:'夫嫁娶者非己所自亲也,卫女何以编于《诗》也?'孟子曰:'有卫女之志则可,无卫女之志则殆。……夫道二,常之谓经,变之谓权。怀其常道而挟其变权,乃得为贤。夫卫女行中孝,虑中圣,权如之何?'"[3]总之,孟子认为,在某些条件下,包括婚姻之事在内,事可行权之宜。孟子"权也"之说成为明清小说家叙写才子佳人遇合与婚姻故事的立意之基与不二法门,这体现于小说的情节,就是才子佳人一见钟情,进而往往有面盟定约的行权之举。

铁中玉、水冰心相遇之初,行义侠豪举,维护正义。铁中玉路见不平,救出了被过其祖企图强娶的水冰心,这是匡扶正义的行权之举。水冰心"略去虚礼,而救其实祸"(第八回)[4],智救遭人暗算、生命垂危的铁中玉,将他接到水府调治。对此,第六回写水冰心援引孔孟,作了合情入理的解释。其一是"英雄做事,只要自家血性上打得过,不必定做腐儒腔调。况微服过宋[5],圣人之处患难,未尝无权"[6]。水冰心之所以不避嫌疑智救铁中玉,既出于知恩图报和自家血性,也折中于孔子微服过宋的行权之举。其二则是:

---

① 杨伯峻译注:《孟子译注》,中华书局1960年版,第143页。

② 杨伯峻译注:《孟子译注》,中华书局1960年版,第177页。

③ (汉)韩婴撰,许维遹校释:《韩诗外传集释》,中华书局1980年版,第34页。

④ (清)名教中人编次,钟夫标点:《好逑传》,上海古籍出版社1994年版,第57页。

⑤ 《孟子·万章上》:"孔子不悦于鲁卫,遭宋桓司马将要而杀之,微服而过宋。"《史记·宋微子世家》:"(宋景公)二十五年,孔子过宋,宋司马桓魋恶之,欲杀孔子,孔子微服去。"《史记·孔子世家》:"孔子去曹适宋,与弟子习礼大树下。宋司马桓魋欲杀孔子,拔其树。孔子去。"圣人微服过宋即此事。

⑥ (清)名教中人编次,钟夫标点:《好逑传》,上海古籍出版社1994年版,第43—44页。

圣人制礼，不过为中人而设，原不曾缚束君子。昔鲁公授玉卑，而晏婴跪受，所谓礼外又有礼也。即孟子论男女授受不亲之礼，恐怕人拘泥小节，伤了大义，故紧接一句道："嫂溺叔援，权也。"又解说一句道："嫂溺不援，是豺狼也。"由这等看起来，固知道圣人制礼，不过要正人心，若人心既正，虽小礼出入亦无妨也，故圣人又有'大德不逾闲，小德出入可也'之训。[①]

水冰心征引孔、孟，论证礼正人心，人心既正，则可行权之宜。再者，第十五回中铁中玉和水冰心"名结丝萝以行权，而实虚合卺以守正"[②]，也是心怀礼义前提下的行权之举。总体来看，铁中玉、水冰心的爱情婚姻尽管一波三折，但两人"怀其常道而挟其变权"，既恪遵礼义以持身待人，又相机行权之宜，互相救助，智斗过其祖等小人，最终收获美满婚姻。

再如，《玉娇梨》写佳人卢梦梨倾心于才子苏友白，女扮男装与之相会，私订终身。对此，第十六回中她对表姐白红玉解释道："妹子因自思父亲已亡过了，茕茕寡母，兄弟又小，婚姻之事谁人料理？若是株守常训，岂不自误！没奈何只得行权，改做男装，在后园门首与他一会。"[③]又如《定情人》第六回中，才子双星因思慕佳人江蕊珠而成疾，婢女彩云劝江蕊珠"行权"，说道："小姐若呆呆的守着礼法，不肯见他一面，救他之命，这就万万没法了。倘心存不忍，肯行权见他，只碍着内外隔别，无由而往，这就容易处了。"[④]江蕊珠顺水行舟，应道："从来经权，原许并用，若行权有路，不背于经，这又何妨？"[⑤]彩云提出隔窗约会，江蕊珠听了

① (清)名教中人编次，钟夫标点：《好逑传》，上海古籍出版社 1994 年版，第 47 页。

② (清)名教中人编次，钟夫标点：《好逑传》，上海古籍出版社 1994 年版，第 120 页。

③ (清)荑荻散人编次，廖祖灿点校：《玉娇梨》，安徽文艺出版社 2005 年版，第 132 页。

④ (清)荻岸山人编次：《定情人》，中国经济出版社 2010 年版，第 52 页。

⑤ (清)荻岸山人编次：《定情人》，中国经济出版社 2010 年版，第 52 页。

欢喜道:“若是这等行权,或者也于礼法无碍。”[①]她甚至想:“就与他私订一盟,或亦行权所不废。”[②]于是同双星隔窗相会,订婚姻之盟。另如李子乾《梦中缘》,写才子吴瑞生与佳人金翠娟、水兰英的婚姻,也是立基于孔孟“权也”之说。第四回金翠娟与吴瑞生面订婚盟时,强调“权而不失其正”[③];第八回水兰英之所以幽会吴瑞生,乃鉴于史上才女朱淑真、冯小青“知经而不知权,守常而不达变”[④],以致酿成“不得才色之报”[⑤]的悲剧。

二、才子佳人小说称引孔孟、取材于《论语》《孟子》

才子佳人小说称引孔孟尤其是孔子事迹,从《论语》和《孟子》中取材,是一个较为普遍的现象。《平山冷燕》刻画才女山黛之才,即取径于此。首先,第四回写才女山黛熟诵歌咏孔子事迹的“四歌”——《猗兰操》《蟪蛄吟》《龟山操》和《获麟歌》,且能以楷、草、隶、篆诸体默书“四歌”。小说写道:

> 只见第一幅楷书《猗兰操》是:孔子历聘诸侯,诸侯莫能任。自卫反鲁,隐谷之中,见芗兰独茂,喟然叹曰:“兰当为王者香,今乃与众草伍!”止车援琴歌之。歌曰:“习习谷风,以阴以语。之子于归,远送于野。何彼苍天,不得其所。逍遥九州,无所定处。时人暗蔽,不知贤者。年纪逝迈,一身将老。”
>
> 第二幅草书《蟪蛄吟》是:政尚静而恶哗,时鲁政日非,孔子伤之。为作歌曰:“违山十里,蟪蛄之声,尚犹在耳。”
>
> 第三幅隶书《龟山操》是:季桓子受女乐。孔子欲谏不

---

① (清)荻岸山人编次:《定情人》,中国经济出版社 2010 年版,第 53 页。

② (清)荻岸山人编次:《定情人》,中国经济出版社 2010 年版,第 55 页。

③ 董文成等校点:《中国古代珍稀本小说》(7),春风文艺出版社 1994 年版,第 161 页。

④ 董文成等校点:《中国古代珍稀本小说》(7),春风文艺出版社 1994 年版,第 199 页。

⑤ 董文成等校点:《中国古代珍稀本小说》(7),春风文艺出版社 1994 年版,第 199 页。

得，退而望鲁之龟山，以喻季氏之蔽鲁也。歌曰：“子欲思鲁兮，龟山蔽之；手无斧柯，奈龟山何！”

第四幅篆书《获麟歌》是：叔孙氏之车子鉏商，樵于野而获麟焉。众莫之识，以为不祥。夫子往观焉，泣曰：“麟也！麟出而死，吾道穷矣！”歌曰：“唐虞世兮麟凤游，今非其时来何求？麟兮麟兮我心忧！”[①]

“四歌”所写都是孔子逸事。

其次，《平山冷燕》作者从《论语》和《孟子》篇名取材，于第五回设计了山黛对“绝对”的情节。窦国一命出一道被众人夸为“绝对”的题目，“却是将《孟子》七篇篇名编成一对，道：梁惠王命公孙丑请滕文在离娄上尽心告子读万章”[②]，山黛取《论语》各篇篇名，对为“卫灵公遣公冶长祭泰伯于乡党中先进里仁舞八佾”[③]。山黛以此对折服众人，为她赢得了蜚声朝野的才女声誉。

再次，第七回冷绛雪、平如衡闵子祠邂逅情节是对《论语》内容的艺术生发。《论语·雍也》：“季氏使闵子骞为费宰。闵子骞曰：‘善为我辞焉！如有复我者，则吾必在汶上矣。’”[④]《阳货》：“佛肸召，子欲往。子路曰：‘昔者由也闻诸夫子曰：“亲于其身为不善者君子不入也。”佛肸以中牟畔，子之往也，如之何？’子曰：‘然，有是言也。不曰坚乎，磨而不磷；不曰白乎，涅而不缁。吾岂匏瓜也哉？焉能系而不食？’”[⑤]《平山冷燕》写冷绛雪入京，途经山东汶上县，感于闵子骞是不仕权门的孔门大贤，遂游览闵子祠，题诗云：“千古权门贵善辞，蛾眉何事反趋之？只因深信尼山

---

① (明)天花藏主人著，王根林标点：《平山冷燕》，上海古籍出版社1994年版，第24页。

② (明)天花藏主人著，王根林标点：《平山冷燕》，上海古籍出版社1994年版，第31页。

③ (明)天花藏主人著，王根林标点：《平山冷燕》，上海古籍出版社1994年版，第31页。

④ 杨伯峻译注：《论语译注》，中华书局1980年版，第58页。

⑤ 杨伯峻译注：《论语译注》，中华书局1980年版，第183页。

语，磨不磷兮涅不缁。”[①]这一情节是对上述《论语》两章的糅合生发。冷绛雪抒发心志的诗歌牵起了她和平如衡之间的姻缘，在平、冷二人的遇合中是相当关键的情节。

最后，“孟夫子之教”是山黛、冷绛雪形象的内涵。山黛、冷绛雪并称才女，不但能诗善文，而且均具从容应对的善辩之才。第二回写山显仁担心年幼的山黛面见天子时胆怯失礼，山黛却道：“若说皇家仪卫森然，孩儿不视其巍巍然，已久奉孟夫子之教矣。”[②]按《孟子·尽心下》载孟子云：“说大人，则藐之，勿视其巍巍然。”[③]此即“孟夫子之教”，是山黛面见天子时拜舞得体、对答如流的精神动力。冷绛雪的形象也隐含着“孟夫子之教”。第七回冷绛雪拜见知府窦国一，以雄辩折服之，颇有孟子“说大人，则藐之”的善辩气度。山黛、冷绛雪均为才美型佳人，从容应对的善辩之才构成了两人形象的底蕴之一。

在《好逑传》《玉娇梨》《玉支玑》等才子佳人小说中，称引孔孟、取材《论语》和《孟子》的情况也比较明显，大致有以下三种情形。

一是才子佳人吟诗作赋，往往从《论语》和《孟子》中取典。《论语·阳货》孔子曰：“吾岂匏瓜也哉？焉能系而不食？”[④]《玉娇梨》第十回苏友白《送鸿》诗中“匏瓜莫系终高举”[⑤]，即以孔子匏瓜之叹为典。《论语·先进》“子路、曾皙、冉有、公西华侍坐”章，孔子问弟子之志，曾皙答：“莫春者，春服既成，冠者五六人，童子六七人，浴乎沂，风乎舞雩，咏而归。”[⑥]《雍也》孔子曰：“贤哉，回

---

① （明）天花藏主人著，王根林标点：《平山冷燕》，上海古籍出版社 1994 年版，第 51 页。

② （明）天花藏主人著，王根林标点：《平山冷燕》，上海古籍出版社 1994 年版，第 9 页。

③ 杨伯峻译注：《孟子译注》，中华书局 1960 年版，第 339 页。

④ 杨伯峻译注：《论语译注》，中华书局 1980 年版，第 183 页。

⑤ （清）荑荻散人编次，廖祖灿点校：《玉娇梨》，安徽文艺出版社 2005 年版，第 80 页。

⑥ 杨伯峻译注：《论语译注》，中华书局 1980 年版，第 119 页。

也！一箪食，一瓢饮，在陋巷，人不堪其忧，回也不改其乐。贤哉，回也！”[①]《玉支玑》第二回才子长孙肖依题作诗，有“乐在浴沂非荡荡”和“莫叹箪瓢无趣味”[②]句，乃以曾皙之志和颜回事迹为典。类似情形多见于才子佳人小说。

二是小说人物常常化引孔孟言论或事迹为谈资。此以《玉支玑》第六回为例。心怀叵测的强之良把长孙肖拉到城外闲步，“长孙肖笑道：‘借他途以代升堂入室，恐无此趋拜之理。’强之良道：‘所差者门户耳，然步亦步，趋亦趋，较之孔子之瞰亡而往，岂不更为亲切乎？’”[③]“升堂入室”出自《论语·先进》孔子对子路的评价：“由也升堂矣，未入于室也。”[④]所谓“孔子之瞰亡而往”，典出《论语·阳货》：“阳货欲见孔子，孔子不见，归孔子豚。孔子时其亡也，而往拜之。”[⑤]也是在同回，因孔子是万世师表，浪荡公子卜成仁便以孔子说事，对身为管灰家西席的长孙肖说：“吾闻孔子师之祖也。东西南北任其周行，亦未尝死守洙泗，何无忝兄坐守也。不敢有离书室，岂学生乃侍郎之子，能责备先生耶？”[⑥]此言没有打动长孙肖，卜成仁转又以管灰考诗延师之事为非，长孙肖对之以“譬如孔子问礼于老聃，未闻执贽有礼”[⑦]，回击卜成仁的一派胡言。

三是赋予人物形象儒家道德内涵。仁、义、礼、智、信是《论语》和《孟子》反复阐说的五种道德伦常，《好逑传》塑造水冰心的形象时就围绕着这五种道德伦常展开。第十七回借铁中玉之口评价水冰心：“水冰心冒嫌疑而不讳，为义女子也；出奇计而不测，为智女子也；任医药而不辞，为仁女子也；分内外而不苟，为

① 杨伯峻译注：《论语译注》，中华书局1980年版，第59页。
② （清）步月主人编次：《玉支玑》，中国经济出版社2011年版，第14页。
③ （清）步月主人编次：《玉支玑》，中国经济出版社2011年版，第57页。
④ 杨伯峻译注：《论语译注》，中华书局1980年版，第114页。
⑤ 杨伯峻译注：《论语译注》，中华书局1980年版，第180页。
⑥ （清）步月主人编次：《玉支玑》，中国经济出版社2011年版，第59页。
⑦ （清）步月主人编次：《玉支玑》，中国经济出版社2011年版，第59页。

礼女子也；言始终而不负，为信女子也。”[①]水冰心的形象备具仁、义、礼、智、信品格，成为儒家道德的载体。

以上讨论的是孔孟之道与才子佳人小说。孔孟之道是儒家思想的主干部分，在两千余年的中国封建社会中，一直占据思想和文化的统治地位。它源于洙泗，出于邹鲁故地，赋予济宁以深厚的思想和文化底蕴，使济宁成为名副其实的文化圣地。可以说，明清才子佳人小说取资《论语》和《孟子》，称道孔孟，根本上就是对济宁的文化书写，属于文化济宁的一个方面。

还需一说的是，在才子佳人小说中，有一个颇有意思的现象，即尽管我们可以确定作者为山东人的才子佳人小说很少，但有不少这类小说的人物和情节，与山东一地有这样或那样的关系。大略言之，帝王之都的京城在才子佳人小说中通常不可缺少，其次是江南，再次就是山东。《好逑传》《平山冷燕》和《玉娇梨》等才子佳人小说的代表性作品，主要情节都和山东一地有着密切关系：《好逑传》的故事主要发生于“山东济南府历城县”，水冰心是历城人；《平山冷燕》平如衡和冷绛雪的姻缘起于山东汶上，书中虽然有一个被讽刺的对象，即不学无术的山东文人宋信，但明史上鼎鼎有名的济南历下李攀龙也为小说所赞美，以表现“先朝”“文明”之盛；《玉娇梨》的部分情节发生地在孟子故里——邹县，才女卢梦梨是邹县人。凡此足可让我们看出山东在才子佳人小说作家心目中的地位。对这一文学现象，我们固然可从明清时期的政治、思想和文化等方面寻求解释；而答案之根本，则恐怕在于山东是至圣孔子、亚圣孟子的故里，古代社会任何文人士子都不能也不敢忽视这方“圣地”。

① (清)名教中人编次，钟夫标点：《好逑传》，上海古籍出版社1994年版，第138页。

第四章　明清小说中的山城泰安

泰安背靠泰山，是一座历史悠久的古城，自春秋战国至北宋，先后称博邑、奉高、岱山、博、汶阳、博城、乾封、奉符等，或属齐地，或属鲁地。汉代在此设置泰山郡。金初，置泰安军，泰安地名由此而始。金大定二十三年(1183)，升泰安军为泰安州。元、明两代因置泰安州，元属东平路，明属济南府。[①] 清雍正时升泰安州为泰安府，民国初年废置。这是泰安一地历史沿革的基本情况，其体现于明清小说的创作，多被称为泰安或泰安州。泰安因泰山而驰名天下，故在明清小说中，凡涉及泰安的故事，大都写及泰山以及与之相关的神圣信仰与民情风俗等，从而使泰安和泰山成为不可分割的一体。

第一节　明清小说中的东岳大帝与地府

一、泰山神演变概说

泰山古称岱宗，为五岳之首，自秦汉以来，在世人心目中一直是一座神山、生命之山。秦皇、汉武东封泰山，主要目的是到此访仙，祈求长生不死。在西汉末年与东汉时期纬书的描述中，泰山是主掌人的寿夭生死的神山。纬书《孝经援神契》云："泰

---

① 参见(明)任弘烈原本，(清)邹文郁增修，(清)朱文点增纂：《康熙泰安州志》卷一《沿革》，《中国地方志集成·山东府县志辑》，凤凰出版社 2004 年版，第 18 页。

山，天帝孙也，主召人魂。东方万物始，故主人生命之长短。”[①]意思是说，泰山为天帝之孙，世人的寿夭生死完全由他掌管。汉代纬书还造作了泰山诸神的名目，如《龙鱼河图》云“东方泰山君神，姓圆名常龙”，“东方太山将军，姓唐名臣”，“泰山君玄邱目睦”[②]，如此等等。

在东汉和魏晋六朝时期人们的意识与信仰中，人死之后魂归泰山，泰山是治理天下之鬼的地府所在地。《后汉书·乌桓传》云：“中国人死者魂神归岱山也。”[③]此所谓岱山即泰山，意为中土之人死后魂神归往泰山地府。《三国志·魏书·管辂传》载管辂谓其弟曰：“但恐至太山治鬼，不得治生人。”[④]管辂认为泰山治理天下之鬼。魏晋六朝小说，如干宝《搜神记》中的《蒋济亡儿》和《胡母班》故事，也反映了当时人们的泰山地府治鬼意识和信仰。这一时期，小说的描写中出现了泰山地府的最高长官——泰山府君，这应该是最早的人格化的泰山神。[⑤] 唐宋时期，在泰山府君信仰的基础上，朝廷进一步册封泰山神。唐玄宗册封泰山神为天齐王，宋真宗册封泰山神为东岳天齐仁圣帝，亦即俗之所称“东岳大帝”。宋元以后，东岳大帝信仰的影响日益广泛，不但泰安建有岱庙，而且全国各地都建有类似庙宇，称为天齐庙、东岳庙或岳庙。这是泰山主神形象发展演变的一个方面。

泰山主神形象发展演变的另一个方面是碧霞元君。碧霞元君是道教信奉的女神，其庙宇坐镇于泰山之巅。该神形象肇始于北宋时期的泰山玉女石像，马端临《文献通考》卷九十《郊社》记载：“泰山玉女池在太平顶，池侧有石像。泉源素壅而浊，东封

---

① ［日］安居香山、中村璋八：《纬书集成》，河北人民出版社 1994 年版，第 961 页。

② ［日］安居香山、中村璋八：《纬书集成》，河北人民出版社 1994 年版，第 1151—1152 页。

③ （宋）范晔撰，（唐）李贤等注：《后汉书》，中华书局 1965 年版，第 2980 页。

④ （晋）陈寿撰，（宋）裴松之注：《三国志》，中华书局 1982 年版，第 826 页。

⑤ 秦永洲：《山东社会风俗史》，山东人民出版社 2011 年版，第 477 页。

先营顿置，泉忽湍涌。上（按：宋真宗）徙升山，其流自广，清泠可鉴，味甚甘美。经度制置使王钦若请浚治之，像颇摧折，诏皇城使刘承珪易以玉石。既成，上与近臣临观，遣使砻石为龛，奉置旧所，令钦若致祭，上为作记。”[①]这段文字大意是说，宋真宗登封泰山，山巅历来水流滞涩浑浊的玉女池忽然喷涌，泉水清纯甘冽；王钦若请求疏浚玉女泉，池边的玉女石像在施工过程中不慎摧折；真宗命人用玉石重新雕刻玉女像，在池边磨石为龛，安置玉女像于其中，命王钦若代表朝廷祭祀玉女，真宗本人则亲为玉女像作文以记之。不仅如此，宋真宗还下令在岱顶修建了玉女祠。到了元末明初，泰山玉女被道教信徒称为东岳大帝之女，并有了“天仙玉女碧霞元君”的神圣称号。如同东岳大帝庙宇，各地亦为碧霞元君建起庙宇，称碧霞宫、娘娘庙、元君殿或岳姑殿。在明清时期的民间信仰中，碧霞元君的香火日盛，地位超过了东岳大帝。

随着泰山主神形象的不断演变，以东岳大帝、碧霞元君为中心，分别形成了泰山的两个神界体系，两位泰山神在民间信仰中有各自的信徒与香火。这种信仰情形在明清小说中有着比较明显的反映。

二、明清小说中的东岳大帝

明清小说中东岳大帝的形象可溯至魏晋六朝小说中的泰山府君，两者的形象在根本方面是一脉相承的。不过，先明小说中的泰山府君形象和明清小说中的东岳大帝形象也有一定差异之处。

首先，泰山府君的形象较早出现于曹丕《列异传》，而以干宝《搜神记·胡母班》所写更为清晰。胡母班是东汉末年泰山人，事迹见《三国志·魏书·袁绍传》裴松之注引《汉末名士录》以及谢承《后汉书》。《搜神记·胡母班》写胡母班为泰山府君捎带家

---

① （元）马端临：《文献通考》，中华书局1986年版，第823页。

书给河伯夫妇，泰山府君感于情谊，应胡母班请求，擢升他在地府服劳役的父亲为社公等故事。所写泰山府君的形象，虽为地府的最高统治者，但言行富于人情味，思想情感类似世人。另有《蒋济亡儿》故事，载于曹丕《列异传》，写以歌唱为业的贫士孙阿，被召为泰山府君，将蒋济亡儿从地府伍伯的苦差事转为轻松安逸的录事之职。根据这篇小说所写，泰山府君并非世袭的地府神位，似乎需要轮流坐庄，但不管怎样，所写泰山府君孙阿也是富有人情味的形象。

其次，唐人唐临志怪小说集《冥报记》中有一篇题为《兖州人》的故事，写兖州邹县人张某途经泰山，谒庙祈福，庙中塑有泰山府君及夫人并诸子等神像；精诚所至，感动泰山府君之子泰山四郎；张某与四郎相交为友，随其至地府一游，所见泰山府君宫殿乃“飞楼绮观，架迴凌虚，雉堞参差，非常壮丽。侍卫严峻，有同王者所居”[①]，所见泰山府君形象则是“非常伟绝”，以至“张时战惧，不敢仰视”[②]；泰山府君对张某甚为客气，善言抚慰，不失主人的盛情雅意，言行颇类世人。

最后，唐人薛用弱《集异记·刘元迥》也写到泰山府君，但已其称为天齐王。小说中，为人狡诈的术士刘元迥认为“天齐虽曰贵神，乃鬼类耳”[③]，暗中以铅锡合金换掉沉香木的泰山府君神像之首，献给藩镇李师古。因自己的神像被刘元迥破坏掉，泰山府君向天帝控诉，滞留上天达一年之久。趁此机会，仙人黄石公将泰山府君的甲兵军马和府藏财富抢掠一空，愤怒至极的泰山府君在李师古宴席上显灵，怒骂四座，不久，李师古暴病身亡，刘元迥也因事发而弃市。这篇小说中的泰山府君是一位被世间无良术士和上界仙人欺侮的愤怒者形象，他在自身利益受损时，不能直接出手维护，只能忍受损失，既有类似世人那样逆来顺受的性格，又有情绪被压抑后的爆发。

---

① 李时人编校：《全唐五代小说》，中华书局 2014 年版，第 126 页。

② 李时人编校：《全唐五代小说》，中华书局 2014 年版，第 127 页。

③ 李时人编校：《全唐五代小说》，中华书局 2014 年版，第 1009 页。

由以上小说可见，诸作品凡涉及泰山府君的情节，以写泰山府君本身言行为主，其形象显示出一定的世俗气息。在明清小说中，东岳府君升格为东岳大帝，其形象充满了帝王般的威严。这从明代李昌祺《剪灯馀话》卷四《泰山御史传》、清人乐钧《耳食录》卷十二《东岳府掌簿》和丁耀亢《续金瓶梅》等作品中都可看到。

李昌祺《泰山御史传》写山东益都儒士宋珪为人端严，安贫乐道，富有学识，被东岳大帝特召为泰山司宪御史。宋珪向友人讲述东岳大帝治下的地府情形，说道："大抵阴道尚严，用人不苟。惟是泰山一府，所统七十二司，三十六狱，台、省、部、院、监、局、署、曹，与夫庙、社、坛、墠、鬼、神，大而冢宰，则用忠臣、烈士、孝子、顺孙，其次则善人，循吏，其至小者，虽社公、土地，必择忠厚有阴德之民为之。而尤重词职。"[①]词职类似人间朝廷的文学侍从之类官职，地府冥官系统对此官职特别重视，务求为文公平真实的世间文人充任，以待命于东岳大帝。《泰山御史传》没有直接描写东岳大帝言行举止的文字，但间接写出他在地府拥有至高的地位和绝对的权力，在冥官系统的选官用官问题上一丝不苟，严明慎重。

乐钧《东岳府掌簿》写明末某高官之子暴病身亡，做了东岳府君手下皂役，由于这是一份苦不堪言的低贱差事，他便托梦给父亲，诉说自己做皂役的痛苦，说地府也可徇情调换轻松差事。父亲悯惜亡儿，写了一封千言求情信，到东岳庙焚化，请求东岳府君给儿子换个好差事。儿子再次托梦给父亲，说幸亏书信被府君守门人挡下了，东岳府君铁面无私，不可求以私情，应该去求一位在世的张姓高官，因为他很快就要做东岳府掌簿。半信半疑的父亲去求这位张姓高官，因为他是自己的好朋友，所以没有出钱贿赂他。十多天后，儿子又一次托梦给父亲，说由于他在阳世没有贿赂张姓高官，这位高官到地府做了掌簿后，摆出一副

① （明）瞿佑等：《剪灯新话（外二种）》，上海古籍出版社1981年版，第237页。

铁面无私的面孔，根本不理会他想调换差事的事情，反而将他打了三十大板。这位父亲为此忧郁成疾，数月后也死去了。《东岳府掌簿》借鉴了魏晋六朝小说《蒋济亡儿》，反其意而用之，讽刺钱通鬼神，批判性相当鲜明。不过，读者读后仍会有一种感觉，就是泰山府君是好府君，是手下冥官不好，坏了府君的规矩。

《泰山御史传》和《东岳府掌簿》都通过地府冥官的某个高级官位，间接写及东岳大帝，表现出他居于一个庞大复杂的冥官系统的顶端，几如世间帝王，位高权重，威严无比，铁面无私。

《续金瓶梅》第四回《西门庆望乡台思家　武大郎酆都城告状》则是直接描写、刻画东岳大帝的威严形象、宏大仪仗与如云扈从，颇用笔墨。本回写道：

> 但见十数对金甲红缨，马上各持旗旛璎珞，铁钺弓矢，约有三四十队过去了；就是步下兵卒，皆蓝面红发、獠牙巨口，各执铜鞭铁锁，有二十余队过去了；又是文官吏卒，皆幞头皂服，怀抱册籍，二十余员，各安队伍过去了；又是步下兵卒，抬黑漆扛箱二十余扛，走的热汗雨淋，脚奔如飞过去了。才是四对红纱灯笼，各焚檀速，一路香烟，又是笙箫细乐、美女仙童，真是人声悄寂，不动微尘。一顶黄罗伞下白玉辇中，罩定一个执圭垂旒的一尊神道，左右捧剑扇不知多少。正是庄严端正阴天子，总管轮回岳帝君。后面跟的兵将不计其数。轿辇未到，只见先骑马的武将从衙门出来，问了声前站马上金甲大将，才知是东岳天齐圣帝。……只见这花子虚一干原告……头顶状词跪在路旁。东岳帝略一回头，早有马上肩背黄旗的灵官收去了。人马过毕，才知是上界玉帝天尊召五岳帝君会议宋朝劫运，这些扛箱册籍，乃是山东、河北并天下在劫中的人名，一去三日才回来。[①]

这是东岳帝君参加玉帝天尊的会议后返回地府的场面。恩格斯

① (清)丁耀亢著，孔一标点：《续金瓶梅》，上海古籍出版社 1993 年版，第 28 页。

在《反杜林论》中指出:“一切宗教都不过是支配着人们日常生活的外部力量在人们头脑中的幻想的反映,在这种反映中,人间的力量采取了超人间力量的形式。”[①]《续金瓶梅》所写东岳帝君出行场面实际上是对人间帝王出行仪仗的描写与夸饰。

丁耀亢《续金瓶梅》是明清小说中唯一一部详细营构、描写东岳大帝出行场面的作品。东岳大帝宏大的仪仗和如云的扈从,都是为了凸显他作为阴间天子的无上威严。不过,他虽然是阴间天子,却要受上界玉帝天尊的统辖,他和玉帝的关系相当于人间天子与上天的关系。东岳大帝的职责是总管世人生死轮回,“山东、河北并天下在劫中的人名”,都在他的掌管之中。就其职责而言,这位东岳大帝和汉代纬书《孝经援神契》中作为天帝之孙、主召人魂的泰山是一致的。这一方面表明东岳大帝是泰山的神格化形象,另一方面也说明泰山文化源远流长。

《水浒传》《三宝太监西洋记》《封神演义》《儿女英雄传》以及《阅微草堂笔记》《子不语》等明清小说,对东岳大帝也有片段的描写,综而观之,亦可见明清时期人们对这位尊神的信仰情况。《水浒传》第七十三、七十四回写三月二十八日是天齐圣帝降诞之辰,四山五岳的人到此聚会进香,当天三更前后,岱庙响动鼓乐,庙上众香官给圣帝上寿。《三宝太监西洋记》第八十七回《宝船撞进酆都国　王明遇着前生妻》中,酆都国崔判官介绍东岳大帝和酆都国之间的隶属关系,说:“大凡人死之时,头一日,都在当方土地庙里类齐。第二日,解到东岳庙里,见了天齐仁圣大帝,挂了号。第三日,才到我这酆都鬼国。”[②]酆都鬼国的最高统治者是驻于灵曜之府的十帝阎君。由此来看,在《三宝太监西洋记》的地府阴司架构中,东岳大帝隶属酆都鬼国,与《续金瓶梅》所写直属天帝的情形不同。东岳大帝的下级是城隍。《子不语》

① 〔德〕马克思、恩格斯:《马克思恩格斯论文学与艺术》,人民文学出版社 1982 年版,第 253 页。

② (明)罗懋登著,陆树崙、竺少华校点:《三宝太监西洋记通俗演义》,上海古籍出版社 1985 年版,第 1124 页。

卷二十二《女鬼告状》故事有女鬼控告于城隍神、又控告于东岳大帝的情节,《阅微草堂笔记》卷十七《竹汀又言》故事有城隍"此宜申岳帝取进止"[①]之语,这些都表明在清人的意识与信仰中,东岳大帝和城隍神是上下级关系。

《儿女英雄传》第三十八回中,安学海道:"东岳大帝是位发于万物的震旦尊神。"[②]随行的程相公则把东岳大帝叫作黄老爷。程相公杂学旁收,所说出自明代许仲琳《封神演义》。该书第九十九回《姜子牙归国封神》中,姜子牙封黄飞虎为东岳齐天仁圣大帝,"执掌幽冥地府一十八重地狱,凡一应生死转化人神仙鬼,俱从东岳勘对,方许施行",并"总管天地人间吉凶祸福"。[③]《封神演义》和《儿女英雄传》反映了明清时期人们对东岳大帝形象来源的不同意见:前书中黄飞虎为东岳大帝之说应该出自民间传说,后书中安学海是一位饱学儒士,他关于东岳大帝的说法,更近于汉魏以来儒家经典的记载。

三、明清小说中的东岳大帝庙宇

在明清小说中,最早较为详细描写东岳大帝庙宇的是《水浒传》。第六十一回写卢俊义欲躲避所谓百日血光之灾,因"想东南方有个去处,是泰安州,那里有东岳泰山天齐仁圣帝金殿,管天下人民生死灾厄"[④],此金殿亦即岱庙。第七十四回有一段文字专门描写"天下第一"的岱庙,云:

> 庙居岱岳,山镇乾坤,为山岳之至尊,乃万神之领袖。山头伏槛,直望见弱水蓬莱;绝顶攀松,尽都是密云薄雾。楼台森耸,疑是金乌展翅飞来;殿角棱层,定觉玉兔腾身走

---

① (清)纪昀:《阅微草堂笔记》,上海古籍出版社2005年版,第311页。

② (清)文康著,弥松颐校注:《儿女英雄传》,人民文学出版社2014年版,第801页。

③ (明)许仲琳:《封神演义》,浙江古籍出版社2016年版,第623页。

④ (明)施耐庵、罗贯中著,李永祜点校:《水浒传》,中华书局1998年版,第815页。

到。雕梁画栋，碧瓦朱檐。凤扉亮槅映黄纱，龟背绣帘垂锦带。遥观圣象，九旒冕舜目尧眉；近睹神颜，衮龙袍汤肩禹背。九天司命，芙蓉冠掩映绛绡衣；炳灵圣公，赭黄袍偏称蓝田带。左侍下玉簪珠履，右侍下紫绶金章。阖殿威严，护驾三千金甲将；两廊猛勇，勤王十万铁衣兵。五岳楼相接东宫，仁安殿紧连北阙。蒿里山下，判官分七十二司；白骡庙中，土神按二十四气。管火池铁面太尉，月月通灵；掌生死五道将军，年年显圣。御香不断，天神飞马报丹书；祭祀依时，老幼望风皆获福。嘉宁殿祥云杳霭，正阳门瑞气盘旋。万民朝拜碧霞君，四远归依仁圣帝。[1]

按碧霞元君信仰兴起于明代，而这段文字有"万民朝拜碧霞君"之语，故文中岱庙应为明代的情形，所写内容包括在泰山之巅遥观下的岱庙形势、华丽壮观的各体建筑和所塑天齐圣帝以及拱列侍卫的诸神之像等。这段文字也被《金瓶梅》采录，对研究岱庙的历史具有一定的参考价值。

岱庙为泰山神信仰的祖庭。明清时期，由于泰山信仰的普遍性，全国各地也多有奉祀东岳大帝的庙宇，其称岳庙、泰山庙、东岳庙或天齐庙等。《水浒传》第七回中，林冲和妻子到岳庙还香愿，内有五岳楼等，这是东京的一座岳庙。第六十六回，时迁潜入大名府北京城，夜宿东岳庙内。《儿女英雄传》第三十八回提及"京城的东岳庙"，是北京的一座岳庙。《梼杌闲评》第十七回所写泰山庙是涿州的一座庙宇。庙内"踢球、跌搏、说书、打拳的无数人，一簇簇各自玩耍，是当地的一个热闹去处。士女们往来不绝，烧香的、闲游的鱼贯而入"（第十七回）[2]，花子们也到此聚集乞讨。这座庙宇"真盖得好"：

金门玉殿，碧瓦朱甍。山河扶绣户，日月近雕梁。悬虾

① （明）施耐庵、罗贯中著，李永祜点校：《水浒传》，中华书局 1998 年版，第 984 页。

② 刘文忠校点：《梼杌闲评》，人民文学出版社 1983 年版，第 213 页。

须织锦龙帘，列龟背朱红亮槅。廊庑下，磨砖花间缝；殿台边，墙壁捣椒泥。帐设黄罗，供案畔，列九卿四相；扇开丹凤，御榻前，摆玉女金童。堂堂庙貌肃威仪，赫赫神灵如在上。[①]

在这段文字中，"墙壁捣椒泥"之前部分叙写庙宇的建筑华美，"帐设黄罗"以下部分描写庙宇内威严生动的神像。第二十九回，庙中道士为了谄媚前来行香的魏忠贤，在大殿贴了一副黄绫织成的金字对联——"贝阙珠宫，鉴草莽之微忱，一诚有感""金书玉简，降海山之福庆，万寿无疆"[②]，对魏忠贤极尽谄媚之能事。

涿州的这座泰山庙又见于《儿女英雄传》第三十八回，其称天齐庙。此庙在涿州城里鼓楼之西，"那庙里头，中间儿是大高的五间天齐殿，接着寝宫，两边儿是财神殿、娘娘殿，后层儿是文昌阁，周围七十二司"[③]。庙中建有天王殿，塑有四大天王神像。此殿之后有一甬路通主祀东岳大帝的庙宇正殿，殿前放着大铁香炉，砌着一个大香池子，两厢为财神殿、娘娘殿，分别是求财、求子孙之处。甬路两边"便是卖估衣的、零剪裁料儿的、包银首饰的、烧料货的，台阶儿上也摆着些碎货摊子"[④]。《儿女英雄传》的这些描写都是散体文，较之《梼杌闲评》的韵文描写更易使读者对于涿州泰山庙形成具象性想象。

四、明清小说中的泰山地府

东岳大帝是泰山地府的最高统治者，那么，在他管辖下的地府是什么样子呢？《庚己编》《醒世姻缘传》《续金瓶梅》《小豆棚》以及《老残游记》等明清小说，对地府的图景各有想象性描写。

---

① 刘文忠校点：《梼杌闲评》，人民文学出版社1983年版，第213页。

② 刘文忠校点：《梼杌闲评》，人民文学出版社1983年版，第343页。

③ （清）文康著，弥松颐校注：《儿女英雄传》，人民文学出版社2014年版，第798页。

④ （清）文康著，弥松颐校注：《儿女英雄传》，人民文学出版社2014年版，第801页。

明人陆粲《庚己编》卷一《兖州岳庙》，是较早写及东岳大帝管辖下的地府情景的明清小说。本篇写弘治年间，兖州府岳庙素有灵迹，苏州人龚元之任兖州知府，某天夜间亲往庙中探求其灵异，“见五人冕服，如王者出迎，延坐宾位”。元之问道：“闻有十王，彼五位安在？”答以“赴斋”云云。[①] 所谓“十王”就是佛教地狱说中的十殿阎君。小说表明，在明代中后期人们的信仰中，东岳大帝管辖下的地府和佛教的十殿阎君地狱是一体的。这一信仰不但传诸久远，而且流播甚广。曾衍东《小豆棚》卷八《幽宫诗》云：“粤东惠来滨海，渔盐辐辏之区。城南有岳庙，最壮丽。两廊塑像，作十殿阎罗天子，狞恶骇人。夜叉急脚，以及刀锯鼎镬，无不咄咄逼人。”[②]所记为清中叶广东东部地区岳庙的建筑情形，此庙塑有十殿阎君像，展示出一幅地狱情景图。

《醒世姻缘传》第六十九回《招商店素姐投师 蒿里山希陈哭母》通过描写泰安蒿里山的阎君庙，勾画出一幅吓人的阴曹地府图景：

> 这蒿里山离太安州有六七里远，山不甚高，也是个大庙。两廊塑的是十殿阎君，那十八层地狱的苦楚无所不有。传说普天地下，凡是死的人，没有不到那里的。所以凡是香客，定到那里，或是打醮超度，或是烧纸化钱。看庙的和尚道士，又巧于起发人财，置了签筒，签上写了某司某阎王位下的字样。烧纸的人预先讨了签寻到那里，看得那司里是个好所在，没有甚么受罪苦恼，那儿孙们便就喜欢。若是什么上刀山、下苦海、碓捣、磨研的恶趣，当真就象那亡过的人在那里受苦一般，哭声震地，好不凄惨！天象起于人心。这般一个鬼哭神嚎的所在，你要他天晴气朗，日亮风和，怎么能勾？自然是天昏地暗，日月无光，阴风飒飒，冷气飕飕。

① (明)陆粲、顾启元撰，谭棣华、陈稼禾点校：《庚己编 客座赘语》，中华书局1987年版，第7页。

② (清)曾衍东著，盛伟校点：《小豆棚》，齐鲁书社2004年版，第121页。

这是自然之理。人又愈加附会起来，把这蒿里山通成当真的酆都世界。……走到那个司里，只见塑的那泥像，一个女人，绑在一根桩上，一个使一把铁钩，把妇人的舌头钩将出来，使刀就割。①

此即蒿里山十殿阎君庙的情形，反映了佛教的地狱观念。不过在佛教传入中国之前，中土宗教中的人死后归宿之处是泰山地府，汉魏六朝小说《列异传·蒋济亡儿》和《搜神记·胡母班》就反映了这一观念。这一观念源远流长，在明代李昌祺《剪灯馀话》卷四《泰山御史传》中仍有所反映，其云："泰山一府，所统七十二司，三十六狱。"②所谓"泰山一府"即地府。泰山之南不远的蒿里山传说为阴曹地府的所在。《醒世姻缘传》写蒿里山的这一座十殿阎君大庙，虽是佛教的地狱图景，但根植于历史悠久的泰山地府传说。

在明清时期的民间传说中，阴曹地府同时就是地狱，两者是合而为一的。这一宗教观念在《续金瓶梅》中有着更为明显的反映。小说第四回至第七回中，以西门庆死后魂游地府的经历为线索，勾画出一幅东岳阴曹地府的图景。第六回写道：

泰山东岳神州地方，就如那京城一般。自古及今，善恶功罪在此生化，把他一生做过的事，算个大账一般，才定他六道轮回、三途业报。……阳法、阴司一毫不爽。那西门庆进城来，但见这许多官员人等乘车骑马，挨肩擦臂，贫富贵贱，哀乐千端，与王城一样，只是受罪人多，享福人少，铁锁铜鞭押解着枷索的罪人，何止千百起！都是山东、河南、两京、两浙十三省并九边外国，形状不同，俱在此投文发放。③

---

① (明)西周生辑著，李国庆校注：《醒世姻缘传》，中华书局 2005 年版，第 893—894 页。

② (明)瞿佑等：《剪灯新话(外二种)》，上海古籍出版社 1981 年版，第 237 页。

③ (清)丁耀亢著，孔一标点：《续金瓶梅》，上海古籍出版社 1993 年版，第 24 页。

这就是泰山的阴曹地府，掌世人生死，收容天下鬼魂，对人的阳世一生算总账，然后再据善恶功过定来生。本回又引《感应篇》中《北帝大伏魔经》道："此处不看情面，不重文章，不畏强梁，不行贿赂。"[①]总之，在《续金瓶梅》的描写中，阴曹地府只论人生的善恶功过，不受人情因素干扰，是幽明两界中最为公正严明的地方。

《续金瓶梅》还依照阳世的官署系统架构，构想出一个层级秩序相当完备的泰山冥界"鬼权"系统。在这个系统中，既有一批职务、层级分明的鬼官，又有各级相应的办事机构和大批鬼吏、鬼卒。根据小说对西门庆魂游地府过程的描写，我们可以看到小说虚构的这一"鬼权"系统及其运转程序。首先，鬼使持牌勾魂追魄，将西门庆带到本县土地祠，交由城隍初审，城隍"和县官一样冠带，公座升堂"[②]。其次，经过初审的西门庆被押解到阴曹地府的东岳衙门寄监，该衙门"十三省各有司官，与阳世刑部一样"[③]，西门庆由山东司再审。再次，西门庆被押往蒿里山，先登望乡台遥望阳世妻子儿女，再去过堂候审。蒿里山是酆都城衙门所在，阎罗在此发放众鬼。阎罗王审讯西门庆，按罪施刑，将其阴魂罚往第七层地狱，阳魂转世托生为人，做失目乞丐。最后，阎罗王将西门庆等众鬼刑名罪案申报东岳大帝。东岳大帝是阴间天子，总管轮回，将阎罗所报文案汇为一册，申报天庭玉帝，结束众生冤债。在这些描写中，《续金瓶梅》虚构的泰山阴曹地府"鬼权"运作系统为：城隍（相当于阳世的县官）—东岳衙门山东司（相当于阳世刑部各司）—蒿里山酆都城衙门（相当于阳世刑部大理大堂）—东岳大帝，东岳大帝听从玉帝的旨意，行使

---

① （清）丁耀亢著，孔一标点：《续金瓶梅》，上海古籍出版社 1993 年版，第 25 页。

② （清）丁耀亢著，孔一标点：《续金瓶梅》，上海古籍出版社 1993 年版，第 22 页。

③ （清）丁耀亢著，孔一标点：《续金瓶梅》，上海古籍出版社 1993 年版，第 25 页。

阴间天子的权力。

《老残游记》续集第一回中，老残坐在山轿上，看到“泰安城西南上有一座圆陀陀的山，山上有个大庙，四面树木甚多，知道必是个有名的所在”[①]，便跟轿夫询问。轿夫回答说：“那叫蒿里山，山上是阎罗王庙。山下有金桥、银桥、奈河桥，人死了都要走这里过的，所以人活着的时候多烧几回香，死后占大便宜呢！”[②]这表明，至晚清刘鹗的时候，蒿里山作为地狱所在的观念仍然深入人心。

总体来看，《醒世姻缘传》《续金瓶梅》以及《老残游记》所写泰山阴曹地府乃是对秦汉以来道教和民间关于泰山地府的观念与佛教地狱观念的融合，显示了道教、佛教合一的情形，这对研究明清时期泰安一带道教、佛道的发展演变具有一定的参考价值。

东岳大帝是明清时期泰山信仰中的男性主神，在当时民间产生了较大影响，这一形象在明清小说中得到较多描写就是对民间信仰的艺术反映。人们相信，东岳大帝治下的泰山阴曹地府是人生终极归宿之处，阳世的一切善恶功过都会在此拉清单、算总账。今天看来，这一观念固然是宗教迷信，但不可否认的是，它在客观上也产生了规劝人们拒恶向善的教化效果。

第二节　明清小说中的碧霞元君

一、从泰山玉女到碧霞元君

碧霞元君信仰源起于北宋时期的泰山玉女。金元明清时期，随着道教的发展，碧霞元君逐步演变为道教的重要女神，在中国北方地区拥有广泛的信众。

---

① (清)刘鹗：《老残游记》，中华书局2013年版，第135页。

② (清)刘鹗：《老残游记》，中华书局2013年版，第135页。

中国古代小说中的泰山女性神祇，可以追溯到魏晋六朝小说中的泰山神女。《太平广记》卷二九一中有一则采自张华《博物志》、题为"太公望"的故事，文如下：

> 文王以太公望为灌坛令，期年，风不鸣条。文王梦见有一妇人甚丽，当道而哭，问其故。妇人言曰："我东海泰山神女，嫁为西海妇。欲东归，灌坛令当吾道。太公有德，吾不敢以暴风疾雨过也。"文王梦觉，明日召太公。三日三夕，果有疾风骤雨去者，皆西来也。文王乃拜太公为大司马。[①]

这位泰山神女是泰山神的女儿，回娘家需要借助疾风骤雨之力，会对途经之地造成破坏和损失，不敢行经太公望治下风调雨顺、百姓安乐的灌坛，最终在文王帮助下，才得以通过此地。干宝《搜神记·胡母班》写泰山府君托胡母班捎带家书给自己的女婿女儿——河伯夫妇，如此，则河伯夫人即泰山神女。

或认为后世的碧霞元君即由此泰山神女演变而来。不过，在《太公望》和《胡母班》中，泰山神女无论作为西海妇还是河伯妇，都是东岳府君已经嫁出去的女儿。中国古代民间素有"嫁出去的女儿，泼出去的水"的说法，意指女儿出嫁后就是婆家的人，不能随便回娘家，更不能回娘家常住不走（除非被丈夫休回娘家）。而神界的伦理关系无非是人间伦理关系的翻版，既然如此，泰山神女再回泰山常住不走，并成为泰山主神的碧霞元君，从古人伦理的角度看显然是不可能之事。

我们认为，碧霞元君应该源于汉魏时期神仙方术中的玉女之说。汉代纬书《诗含神雾》云："太华之山，上有明星玉女，主持玉浆，服之神仙。"[②]《礼含文嘉》云："禹卑宫室，尽力沟洫，百谷用成，玉女敬养。"宋均注："玉女，有人如玉色也，天降精生玉女，使

---

① （宋）李昉等编：《太平广记》，中华书局1961年版，第2312页。

② ［日］安居香山、中村璋八辑：《纬书集成》，河北人民出版社1994年版，第461页。

能养人。美女玉色，养以延寿也。”[①]可知玉女即仙女，玉女、玉浆能使人长生不死。在汉魏时期，人们认为名山之上均栖有仙女。泰山本来就是朝廷和世人瞩目的仙山，《史记·封禅书》记载方士公孙卿对汉武帝说登封泰山就能升仙，汉武帝还亲自祭祀泰山下的石闾，因为方士说此处是仙人之闾。[②] 曹操游仙诗《气出唱》有云：“行四海外，东到泰山。仙人玉女，下来遨游。骖驾六龙饮玉浆。”[③]此诗将泰山与玉女、玉浆相联系，营造出如《诗含神雾》之太华山的意象。泰山玉女、玉浆的意象流传后世，成为访道求仙人的梦想。李白《游太山》诗其一云：“天门一长啸，万里清风来。玉女四五人，飘飖下九垓。含笑引素手，遗我流霞杯。”[④]诗歌所咏泰山玉女、流霞，一如曹操《气出唱》之泰山玉女、玉浆，说明泰山玉女信仰自汉至唐一脉相承。至北宋时期，宋真宗登封泰山所发现之玉女石像以及因之而名的玉女池，是泰山玉女信仰的一种具体显示。这和曹操《气出唱》、李白《游泰山》诗歌的描写综相观照，可知泰山玉女信仰自汉代以来是源远流长的。

这种信仰是人们对于生命执着追求的表现。那么，泰山玉女为什么具有这样的宗教内涵？明人查志隆《岱史》卷九载王之纲《玉女传》云：“玉女者，天仙神女也。……泰山位东土，秉木德，而玉女坤质，为水象池……助生成之德于不穷。”[⑤]此说中其肯綮。也就是说，泰山玉女是人类生生不息的生命象征。当然，这一宗教内涵的形成、发展和演变过程是一个极其复杂的问题。但就根本而言，任何宗教思考、关注的焦点无非是生和死两个问题。历史地看，泰山首先是作为生命之山而进入人们视野的。

---

① [日]安居香山、中村璋八辑：《纬书集成》，河北人民出版社1994年版，第495页。

② （汉）司马迁：《史记》，中华书局1982年版，第1393、1403页。

③ 逯钦立辑校：《先秦汉魏晋南北朝诗》（上），中华书局1983年版，第345页。

④ 钱志熙、刘青海：《李白诗选》，商务印书馆2016年版，第190页。

⑤ 汤贵仁、刘慧主编：《泰山文献集成》第二卷《岱史》，泰山出版社2005年版，第106页。

《史记·封禅书》记载黄帝曾在泰山求仙,秦皇汉武封禅泰山的主要目的是求仙。泰山被作为地府亦即人死之后的归宿地,则是汉末与魏晋南北朝时期的事情了。因此,在汉魏六朝时期人们的意识和信仰中,泰山是一座既需主生又要管死的负有双重职责的神山。后来,随着泰山神信仰的演变,东岳大帝承担了管理天下亡魂的职责,泰山玉女则逐渐被人们赋予了主司生育的职责。碧霞元君既源于玉女,又出于泰山,很自然地继承了东方主生的宗教意涵。

碧霞元君的神号起于明代[①],并被列入朝廷祀典。碧霞元君被人们赋予了主司生育的职责,在民间产生了巨大影响,对她的祭祀习俗也从泰山向周边省份传播,各地普遍为她建立庙宇。也是从明代开始,碧霞元君的地位开始超越东岳大帝,成为人们瞻拜、祭祀的泰山首位神圣。因此,泰山的碧霞元君祠香火兴盛,《水浒传》第七十四回有“万民朝拜碧霞君,四远归依仁圣帝”[②]之语,前一句反映的就是明代民间朝拜泰山碧霞元君的盛况。明人谢肇淛对此现象大为不满,其《五杂俎·地部二》云:“古之祠泰山者为岳也,今之祠泰山者为元君也。岳不能自有其尊,而令它姓女主偃然据其上,而奔走四方之人,其倒置亦甚矣。”[③]碧霞元君高据泰山之巅,歆享各方香火,而东岳大帝却在山下岱庙受到冷落,在谢肇淛看来这简直是本末倒置、相当过分的事情。

二、明清小说中的碧霞元君

明清小说经常直接或间接地写及碧霞元君,尤其在清代小说中,碧霞元君被更多地提及或描写,这从一个方面反映出清代碧霞元君信仰较明代为盛。

---

① 周郢:《“碧霞元君”神号起源时代新考》,《民俗研究》2007 年第 3 期。

② (明)施耐庵、罗贯中著,李永祜点校:《水浒传》,中华书局 1998 年版,第 984 页。

③ (明)谢肇淛:《五杂俎》,上海书店出版社 2009 年版,第 66 页。

(一)《金瓶梅》中的碧霞元君

《金瓶梅》第八十四回《吴月娘大闹碧霞宫　普静师化缘雪涧洞》中，吴月娘瞻拜岱岳庙之后，朝顶泰山，瞻拜娘娘金殿亦即碧霞宫。大殿内塑有碧霞元君神像，小说有一段韵文描写其仙容，云：

> 头绾九龙飞凤髻，身穿金缕绛绡衣。蓝田玉带曳长裾，白玉圭璋擎彩袖。脸如莲萼，天然眉目映云鬟；唇似金朱，自在规模瑞雪体。犹如王母宴瑶池，却似嫦娥离月殿。正大仙容描不就，威严形像画难成。[1]

在明清长篇小说中，《金瓶梅》是首次对碧霞元君形象作出描写的作品，所写是一位美丽威严、雍容华贵的女仙官。与此后明清小说的描写相比，《金瓶梅》中的这位碧霞元君形象尚未掺入佛教因素。

(二)《梼杌闲评》中的碧霞元君

《梼杌闲评》第一回和末回第五十回都有关于碧霞元君的故事情节，回目分别题为“碧霞君显圣降灵签”和“碧霞君说劫解沉冤”。

第一回写黄河下游岸边的宝应县城北有一座当地人称泰山庙的碧霞元君祠，一年四季朝拜者甚众，香火极盛，香烟之气可随风远飘四五十里。此庙的建造与碧霞元君收服淮南水怪有关。嘉靖年间，黄河、淮河决口，形成一潭——黄浦潭[2]，水势湍急，其深莫测。三月清明之日，一尾金鱼戏于潭中，吸引、轰动了潭边游春的众人。有一位年少貌美的女子说这尾金鱼是潭龙，要下潭捉它。一轻薄少年看见女子颇有姿色，便出言调戏，女子即猛然跳下潭去。不一会儿，潭中涌起巨浪，只见一位女道士骑着一条白龙，腾空而去。众人目瞪口呆，纷纷下拜。那个轻薄少年忽然乱跳乱舞，说道：“吾乃泰山顶天仙玉女，碧霞元君，奉玉

---

① 秦修容整理：《金瓶梅》（会评会校本），中华书局1998年版，第1245页。

② 据《梼杌闲评》第五十回所写，此潭名为黄浦潭。

帝敕旨来淮南收伏水怪，保护漕堤，永镇黄河下流，为民生造福，可于宝应城北建庙。因留金箸一双为信。”[①]说罢，少年倒地，慢慢苏醒过来。其头发内果有一双金箸，乃宣德元年(1426)钦赐泰山神的礼物。宝应知县申文于上司，题请立庙，祭祀碧霞元君。庙成之后，黄、淮水患消失，百姓祈祷之事无不灵验。因此，碧霞元君成为永护黄河和漕运平安的“福德主”。

第五十回写崇祯即位后，清除魏忠贤及其党羽群奸，忠臣雪冤。魏忠贤之妻傅如玉闻知消息，激发慈悯之心，变卖家产，于崇祯三年(1630)正月，携子媳前往泰山进香，建七昼夜忏悔道场，超度幽魂，化解沉冤。精诚所至，感动碧霞元君，为傅如玉等证盟功德。碧霞元君为傅如玉指示魏忠贤及其党羽的前世来生，揭示忠臣杨涟、左光斗等人被魏忠贤害死的根源。据碧霞元君所说，魏忠贤、客印月等逆党群奸乃嘉靖年间淮河岸边赤练蛇赭巳等蛇族所化，杨涟、左光斗等忠臣为当年治水官员朱衡、黄达等转世；治水官员无视赤练蛇赭巳现身暗示筑堤止水之法的功劳，竟然火烧赤练蛇巢穴，致使双方结成夙世冤仇，来人间冤冤相报。但魏忠贤报冤过甚，竟至凌尊逼上，被罚五世为牛，其他党羽亦各被罚来世为畜，杨涟、左光斗等忠臣来世为辅佐明主的良臣。傅如玉是当年被碧霞元君从潭中捉走的白龙转世，今生不恋繁华，修炼精勤，功德无量，着即坐化成佛。碧霞元君开解众魂前世来生，冤报因果，指示前途，事毕升空而去。从思想内容来看，这一回文字侈言神怪，无可称道，但它在全书结构上的作用，略如《金瓶梅》第一百回写普静禅师荐拔西门庆等众人魂魄故事，为全书结文定案。

第五十回在碧霞元君说劫解沉冤之先，有一段韵文描写其法相，云：

> 瑞霭散缤纷，祥光护法身。九霄华汉里，现出正元神。那神圣头戴垂珠瓔络，身穿素色罗袍。绿发盘云黑，香环结

---

① 刘文忠校点：《梼杌闲评》，人民文学出版社1983年版，第13页。

宝明。盈盈玉面天生喜，点点樱桃一粒红。万寻万应，千圣千灵。惟拔八难，度三灾，大悲悯世；故镇泰山，居南海，救苦寻声。这是圆通普惠天仙女，永护漕河福德神。[①]

碧霞元君本为居于泰山的道教女神，职司人间万物生长。这段文字却写她居南海、大悲悯世等，其形象中明显被植入了南海观音的元素。这段韵文之后，写碧霞元君为傅如玉解说众魂冤报因果，指示轮回，这本是佛教的内容，却由这位道教女神说出，更加凸显了其形象中道佛二教融合的特点。

就全书的组织结构来看，碧霞元君故事的作用也是相当重要的。第一回写碧霞元君显圣，指示世人为她建庙。庙宇神圣灵验，进香者祈祷立应，朱衡、黄达等治水官员遂到庙中行香，抽签占卜。朱衡求得签语云："帝遣儒臣缵禹功，独怜赭巳丧离宫。若交八一乾开处，散乱洪涛滚地红。"[②]众人解得前两句为赤练蛇赭巳治水有功却遭火烧枉死之意，而对后两句皆不能明其意涵。第二回至第四十九回叙写赤练蛇转世投胎为魏忠贤、客印月等一干奸佞宵小，陷害忠良，惑乱朝廷，此即对碧霞元君庙中后两句签语的情节展衍。第五十回再出碧霞元君，对傅如玉揭示魏忠贤等奸佞跟杨涟、左光斗等忠良之间冤仇相报的根源乃当年火烧赤练蛇，并为他们洗脱沉冤，各指来生去路。这样一来，全书故事情节既起于碧霞元君，又结于碧霞元君。综而观之，碧霞元君故事发挥了贯串全书故事主体、照应首尾的功能，是全书结构的一条隐线，统摄第二回至第四十九回的人间故事，与《水浒传》以天罡地煞神话作为全书结构隐线的方式是相似的。

（三）《女仙外史》中的碧霞元君

《女仙外史》第四十七、六十八、七十六和九十九回都写及碧霞元君。其中，碧霞元君岱顶拜会月君唐赛儿故事在小说第四十七回，内容较其他各回更多。本回所写为建文九年八月，月君

---

① 刘文忠校点：《梼杌闲评》，人民文学出版社1983年版，第564页。

② 刘文忠校点：《梼杌闲评》，人民文学出版社1983年版，第13—14页。

唐赛儿回家乡蒲台县太白山祭扫父母陵寝。事毕，参与祭祀的泰安州知州蒋星聚上疏，请月君巡幸岱岳。月君从太白山启程前往泰山，登至岱顶，当夜宿于日观之内。岳庭夫人碧霞元君前来拜会月君，赠送一副全套的帝王出行仪仗，以副月君的帝师身份。月君请碧霞元君向震帝转达垂怜东土众生之意，元君欣然从命。根据小说所写，碧霞元君与月君都在九天玄女门下，神格相埒。

在《女仙外史》中，碧霞元君的身份是岳庭夫人，东方震帝的配偶神。震帝之名源于《易传·说卦》，云："帝出乎震。"高亨先生释曰："'帝出'下省万物二字。帝，天帝也。帝出乎震，谓天帝出万物于震。"[①]也就是说，在八卦中，震为东，东方主生，是万物兴起和生长之地，这是天帝的安排。《女仙外史》据此加以生发，将震帝写为泰山的男性主神东岳大帝，而以碧霞元君为其夫人，就像民间信仰中的玉帝和王母娘娘一样，使他们成为掌管泰山的夫妻神。小说第四十七回写月君对碧霞元君说："东土既罹兵燹，又遭灾荒，颠连已甚，尚须震帝垂怜。"元君笑道："……既承明诲，敢不尽心仰慰兹衷？"[②]碧霞元君承诺劝谏夫君震帝垂怜东土众生，其形象亦被赋予了护佑众生的好生意涵。

（四）明清小说中碧霞元君总管狐仙的故事

综观明清小说的描写，碧霞元君还有总领、管理天下狐仙的职责。《醒世姻缘传》第三回《老学究两番托梦　大官人一意投亲》写晁源的公公托梦给他，道："雍山洞内那个狐姬，他修炼了一千多年，也尽成了气候，泰山元君部下，他也第四五个有名的了。"[③]此所谓泰山元君就是碧霞元君。《绿野仙踪》第四十五回骊珠洞内妖女闲谈，说及泰山碧霞元君庙后悬崖洞里住着仙狐

① 高亨：《周易大传今注》，齐鲁书社1979年版，第611—612页。

② （清）吕熊著，杨钟贤校点：《女仙外史》，百花文艺出版社1984年版，第540页。

③ （明）西周生辑著，李国庆校注：《醒世姻缘传》，中华书局2005年版，第30页。

红仙子，这位红仙子应当就是碧霞元君的部下。袁枚《子不语》也有多则关于碧霞元君总领、管理狐仙的故事。该书卷一《狐生员劝人修仙》中的狐生员是男狐仙，他对保定总督赵襄敏说："群狐蒙太山娘娘考试，每岁一次。取其文理精通者为生员，劣者为野狐。生员可以修仙，野狐不许修仙。"[①]卷四《陈圣涛遇狐》中的女狐仙，每月朔，告假七日，云："往泰山娘娘处听差。"[②]卷五《斧断狐尾》中的男狐仙，泰山娘娘察知他蛊惑妇人，便罚他到泰山修筑进香御道，永远不许离开。纪昀《阅微草堂笔记》卷十七《姑妄听之(三)》第一则故事写密云一狐女尽心奉养翁姑，感动东岳大帝，允其直接名登仙籍，成为碧霞元君属下的女官。俞樾《右台仙馆笔记》卷七"海宁硖石镇之南"条，写狐女吴细细被上帝"命为碧霞宫侍书"[③]。碧霞元君既总领、管理天下狐仙，自然要维护他们的利益。《野叟曝言》第七十一回《看壁词痴人入化 谭天性侠女惊心》写泰山日观峰下有一玉面狐狸，幻做人形，吸人精髓，恶贯满盈，被文素臣杀死；玉面狐狸的子孙眷属向碧霞元君控告此事，元君震怒，特敕部下仙官拘拿文素臣魂魄，严词讯问。这是侠女熊飞娘救援文素臣后，跟他开的一个玩笑，最终被文素臣识破。这个故事反映了碧霞元君总管狐仙、维护狐仙利益的民间信仰。

(五)明清小说中的碧霞元君生日

民间相传，农历四月十八日是碧霞元君的生日。在明清时期，这是一个重要的节日，信仰碧霞元君的善男信女都要举行庙会等活动以示纪念和庆祝，具有宗教和民俗的双重性质，并带动了商业的发展。这种活动不限于岱顶祖庭，亦见于其他各地。这在明清小说中是有所反映的，如《醒世姻缘传》第六十八回写道："四月十八顶上奶奶的圣诞……这是哄动三十合属的人烟，

① (清)袁枚:《子不语》，浙江古籍出版社 2017 年版，第 6 页。
② (清)袁枚:《子不语》，浙江古籍出版社 2017 年版，第 46 页。
③ (清)俞樾著，梁脩校点:《右台仙馆笔记》，齐鲁书社 2004 年版，第148 页。

天下的货物都来赶会。”[1]可以想见，碧霞元君诞辰之日的泰安是一片人头攒动、货物骈填的繁华景象，大约可与《水浒传》所写的东岳庙会打擂台等盛况相媲美了。在京师，则是另一番庆祝景象。清初小说《林兰香》第二十一回对此即有描写，云：“次日乃四月十八，是东岳庙碧霞元君诞辰。倾城车马，鼓吹连天。庵观寺院，及好佛之家，亦煮五色豆儿结缘。”[2]由此可知，碧霞元君虽为道家女仙，但在当时的民间，这位女仙可能已为道佛两教所奉祀，成为两教之神。进一步看，《醒世姻缘传》和《林兰香》中关于碧霞元君生日的描写，对研究明清民间信仰和佛道两教的发展演变，应该都具有参考价值。

三、明清小说中的碧霞元君庙宇

明清小说对碧霞元君的庙宇也多有所涉，不但描写了碧霞元君的泰山祖庭，而且写到各地的碧霞元君庙宇。

《金瓶梅》第八十四回中，吴月娘进香、瞻拜的碧霞元君庙宇为泰安州顶上的碧霞宫，是为碧霞元君的祖庭。此庙宇又称娘娘金殿，上有朱红牌匾，金书“碧霞宫”三字，宫内塑有美丽威严、雍容华贵的碧霞元君神像。侍奉娘娘香火的庙祝道士石伯才却是一个不守本分、贪财好色、趋时揽事的货色，一肚子男盗女娼。他把方丈收拾得整洁舒适，专门诱骗有姿色的进香妇女到此，以供泰安州知州的妻弟殷天锡奸淫取乐，吴月娘就差一点儿入其彀中。本应为一方净土的碧霞祖庭，竟被庙祝道士搞成了一个骗奸民妇、脏污滥淫之地。碧霞祖庭尚且如此，他处庙宇则必等而下之。详《金瓶梅》作者之意，当在借此警示那些瞻拜神佛的女性。另外，《醒世姻缘传》第六十九回对岱顶碧霞元君庙亦有所描写。本回写岱顶碧霞元君庙前有历城县县丞管理香税，香客须经县丞查点后方可进入圣母殿前；但因里边有善男信女施

---

① (明)西周生辑著，李国庆校注：《醒世姻缘传》，中华书局 2005 年版，第 876 页。

② (清)随缘下士编辑，徐明点校：《林兰香》，中华书局 2004 年版，第 81 页。

舍的银钱袍服、金银娃娃之类，故而殿门封锁，香客只能从殿门格子眼中拜瞻碧霞元君神像。

大约出于明末的《梼杌闲评》是较早描摹碧霞元君庙宇的作品。第一回写黄河下游的宝应县城北有一座奉祀碧霞元君的泰山庙，乃当地官民为碧霞元君收服黄浦潭白龙、平息黄淮水患而建。一如明清小说往往以韵文状物写景，第一回有一段韵文描摹这座庙宇，云：

凌虚高殿，福地真堂。凌虚高殿，巍巍壮若斗牛宫；福地真堂，隐隐清如兜率院。花深境寂散天香，风澹谷虚繁地籁。珍楼杰阁，碧梧带雨尝遮；宝槛朱栏，翠竹留空拥护。风云生宝座，日月近雕梁。龙章凤篆，悬挂着御墨辉煌；玉简金书，镌勒着神功显赫。钟鼓半天开玉道，香烟万结拥金光。万方朝礼碧霞君，永护漕河福德主。[1]

由这段文字可以看出，这座碧霞元君庙巍峨壮观，雕梁画栋，竹梧苍翠；庙内陈列赞颂元君神圣灵验的帝王笔墨，善男信女纷纷进香祈祷，香火极盛。这座庙宇奉祀碧霞元君，是为了永保河水安澜，漕运平安。

李百川《绿野仙踪》似乎更青睐碧霞元君庙宇，全书先后写及代州、泰山和庐山的三处元君庙宇。第八回冷于冰行至代州地方，进入一座破败的泰山娘娘庙。小说有一段韵文状此庙宇云：

钟楼倒塌，殿宇歪斜。山门尽长苍苔，宝阁都生荒草。紫霄圣母，迥非金斗默运之时；碧霞元君，大似赤羽逢劫之日。试看独角小鬼，口中鸟雀营巢；再观两傍佳人，耳畔蜘蛛罗网。没头书吏，犹捧折足之儿；断臂奶娘，尚垂破胸之乳。[2]

---

① 刘文忠校点：《梼杌闲评》，人民文学出版社 1983 年版，第 13 页。

② （清）李百川著，冯伟民校点：《绿野仙踪》，人民文学出版社 2002 年版，第 59 页。

这段文字描写庙内紫霄圣母、碧霞元君、小鬼、仙女等塑像破败不堪,没头书吏捧断足之儿、断臂奶娘垂破胸之乳的描写尤显庙宇破败之状。这段文字也表明这座庙宇原是人们祈求子嗣的地方,因为在民间宗教信仰中,碧霞元君本来就有主宰人们生儿育女的职司。小说接下来的描写进一步显示了庙宇的这一宗教功能:庙宇正面三间大殿,中间塑着三位娘娘,两边塑着许多侍候的妇女;两廊下塑着的是许多携男抱女的鬼判,东廊下塑有一个赤发环眼大鬼,同一个妇人塑像站在一处,妇人双手捧着一个盘子,盘子内塑着几个或坐或睡的小娃儿。这些描写充分说明,这座碧霞元君庙宇是当地善男信女祈求子嗣的地方,碧霞元君就是一位送子娘娘。

第二十七、二十九、三十六回断续写及泰山山顶的碧霞宫。它是"一座大庙","为天下士女烧香祈福之所"[①],庙中房间可以租赁给登山客人居住。冷于冰与同行至此的连城璧、董玮以及后来的金不换等人,就赁住了庙中一间干净房屋。对这座庙宇建筑的具体情形,小说并没有描写。

第六十一回冷于冰为追寻《天罡总枢》,来到庐山地界。此地五虎沟天堑岭山坡上建有一处规模阔大的子孙娘娘庙,大殿上挂着碧霞元君宝幡,塑着三位娘娘的神像,三张供桌上各摆列鸡鸭鱼肉、米面果品等供品,两旁塑着的是一些抱子送生的神像。许多善男信女来此叩拜祈祷,为表虔诚,"有头顶香盘一步一拜的;有口衔环带,身披鞍鞊,学驴马扒着磕头的;还有胳膊上用针钩穿入肉内,挂着大盘香,跪着还心愿的"[②]。烧香游寺的男女人数众多,带动庙宇周边的生意愈加红火。商家在山门内外摆设许多杂货物件,山腰上有十几处席棚,或者售卖酒肉、香烛纸马,或者掷骰顽牌供游人消遣。

① (清)李百川著,冯伟民校点:《绿野仙踪》,人民文学出版社 2002 年版,第 233 页。

② (清)李百川著,冯伟民校点:《绿野仙踪》,人民文学出版社 2002 年版,第 562 页。

《女仙外史》第六十八回写开封城东二十余里之处有一座碧霞行宫，亦称泰山娘娘庙宇。此庙原名万寿观，为妖鹿梅花仙长占据。月君唐赛儿斩除妖鹿之后，改名为三真观，内塑月君唐赛儿、曼陀尼和鲍仙姑等三神像。因当地有人造谣说庙内三神像是济南的妖人，故月君又将其改为碧霞行宫。尽管这是一个神怪故事，但我们从中可以知道，明清时期的碧霞元君庙宇并非都是原建，有的是由其他庙宇或宫观改建的。结合《绿野仙踪》所写代州、庐山两处碧霞元君庙大殿的情形，亦可知当时无论北方还是南方，碧霞元君庙宇大殿的神仙塑像都是三位女性。

从明清小说的描写来看，碧霞元君庙在北方是一个较为普遍的存在，进香者众多。除了上述小说写到的之外，他如《阅微草堂笔记》卷十九《贝勒春晖主人》写热河碧霞元君庙（俗谓之娘娘庙），两厢塑有地狱变相，可知这座庙宇融合佛、道两教于一体。《子不语》卷六《孝女》写丫髻山有一座碧霞元君庙，凡京城王公搢绅，每至四月，无不前来进香；以鸡鸣时即上殿拈香者为头香，头香必须为大富贵之家，庶人不敢僭越。据清人俞蛟（1751—?）《梦厂杂著》卷一《春明丛说·丫髻山神异记》，丫髻山在北京城东一百四十里处，“上有碧霞玄君庙。四月十八日，为神设帨之辰，焚楮帛、献牲醴者，自春入夏，合齐、鲁、赵、魏、秦、晋之乡，男妇担簦杖策，竭丹诚而叩祝者，毂相击，趾相错也”[①]。由此可以想见丫髻山碧霞元君庙的香火之盛。

从明清小说的描写来看，民间将碧霞元君尊为泰山娘娘，认为这位女性神祇职司生育，保一方平安，因而为她广建庙宇，对她顶礼膜拜。这从一个方面表明，碧霞元君信仰在明清时期具有相当广泛的影响，甚至远远超过了人们对东岳大帝的信仰，这对我们今天研究泰山文化、明清民俗信仰等都具有重要的参考价值。

---

① （清）俞蛟撰，骆宝善校点：《梦厂杂著》，上海古籍出版社1988年版，第4页。

第三节 明清小说中的泰安故事

一、三国英杰与泰安故事

《三国志通俗演义》是明清章回小说的开山之作,历史演义的典范。关于这部长篇巨著的作者,蒋大器《三国志通俗演义序》称"东原罗贯中"[①],后来明清刊本多依此说。"东原"即今泰安市东平县,或者说罗贯中就是泰安东平人,这在目前学界已具较大影响。

小说前七十二回有十余次写及作为行政地域指称的泰山亦即泰山郡。汉时泰山郡属兖州,郡治奉高县(今泰安东)。在《三国志通俗演义》中,有三个与泰山郡相关的故事。

一是第五至二十回断续所写鲍信故事。董卓包藏祸心,横行洛阳,后军校尉鲍信先后向袁绍、王允建议除掉董卓。因两人均不听从建议,鲍信遂自引本部军兵东投泰山去讫(第五回)。鲍信后任济北相,响应曹操,同伐董卓,匡扶汉室(第九回)。后又奉旨与东郡太守曹操一同镇压黄巾军,战死于泰山附近的寿张。曹操因战功封镇东将军,驻扎兖州,声威日重(第二十回)。根据《三国志·魏书·鲍勋传》记载,鲍勋父鲍信,泰山平阳(今山东新泰)人;裴注引王沉《魏书》称鲍信与曹操关系密切。《三国志通俗演义》虽未写及这一层意思,但客观上反映了鲍信引兵回乡、助成曹操之功等历史史实,显示了依史演义的特征。

二是第二十回曹嵩泰山郡被杀故事。曹操驻扎兖州,部下文武双全,威震山东,派遣泰山太守应劭前往琅琊郡搬取父亲曹嵩。曹嵩家小四十余人以及随从百余人,往兖州行进,行经徐州,太守陶谦出境迎接曹嵩,派都尉张闿带兵护送曹嵩前往兖

① 朱一玄、刘毓忱编:《三国演义资料汇编》,南开大学出版社2003年版,第232页。

州。张闿本是抢掠之心不死的黄巾余党，又恰遇天降大雨，道路泥泞难行，他便与部下密谋，在华、费（两地均属泰山郡）间的一座古寺中杀死曹嵩全家，劫掠财物逃奔淮南。曹操闻知父亲被杀噩耗，深罪陶谦，起兵杀奔徐州。

三是第二十二至三十八回所写曹操与吕布在泰山郡的数次战事。曹操兵围徐州，吕布乘虚而入，占了兖州和濮阳，曹操只好回兵。陈宫向吕布建议伏兵于泰山一带险路上，击破途经的曹兵，吕布不从，派部将薛兰守兖州，自驻濮阳。曹操攻濮阳失利，但夺回了兖州。后来，吕布占据徐州，使陈宫、臧霸结连泰山流寇孙观、吴敦、尹礼、昌豨，向东攻打兖州诸郡。曹操亲提大军，与刘备一起攻打吕布，途中遭遇泰山流寇孙观等三万余人。双方激战，孙观大败，曹操追至萧关。吕布不久即失去徐州，殒命于下邳。

《三国志通俗演义》依史演义，也反映了汉代泰山治鬼的宗教观念。第一百三十七回曹操欲封神卜管辂为太史，管辂婉拒，称自己“命薄相穷，不称此职”，“只可泰山治鬼，不能治生人也”。[①] 泰山治鬼是汉代流行的观念，见于《后汉书》等史载。另外，第二十回写曹操部下大将于禁是泰山巨平（治所在今泰安南）人，第七十二回写诸葛亮之父诸葛珪曾为泰山郡丞。

二、梁山好汉与泰安故事

梁山好汉和泰安的关系最早见于《大宋宣和遗事》。该书叙及晁盖、宋江等梁山好汉先后去东岳朝拜进香，但故事粗陈梗概，相当简略。《水浒传》虽未写梁山好汉到泰安进香的故事，但有十七次提及泰安州，成为书中出现频率较高的地域之一，使梁山好汉和泰安一地发生了密切关系。

《水浒传》所写梁山好汉与泰安的故事有两种情形。其一，

---

① （明）罗贯中著，沈伯俊校注：《三国志通俗演义》，文汇出版社2008年版，第535页。

泰安作为推动好汉故事发生和发展的间接因素，主要涉及三个故事。一个是第三十九回中，梁山山寨安排戴宗以泰安州岳庙打供太保的名义去往济州，赚萧让、金大坚上梁山。另一个是第五十六回中，梁山山寨安排时迁、汤隆与乐和一起赚徐宁落草。时迁对徐宁称自己是姓张、排行第一的泰安州人氏，汤隆则称自己曾去泰安州烧香，因而结识了当地商人李荣，而这位李荣就是乐和装扮的，驾车在半路接应时迁和汤隆，假称自己在郑州做完买卖后正回泰安州去，三人就这样合谋把徐宁赚上了梁山。还有一个是第六十一回中，扮作算命先生的吴用为赚卢俊义上梁山，故意说他有血光之灾，性命不保，激起卢俊义去泰安州东岳庙烧香保平安的念头，进而把他赚上梁山。总体来看，《水浒传》所写好汉上梁山的方式，无非逼上梁山、赚上梁山、反上梁山以及自上梁山，而上述有关泰安州的三个故事正是好汉被赚上梁山的典型。

其二，真正发生在泰安当地的故事有两个。第一个是第七十四回泰安州打擂。故事主角是燕青，李逵在故事中也有不少戏份，故事尾声是卢俊义、史进、穆弘、鲁智深、武松、解珍、解宝等七条好汉前来泰安州接应燕青、李逵出城。故事写燕青有一身高超的相扑本领，听说自号擎天柱的相扑高手任原在泰安州庙会上挑战天下好汉，便禀过宋江，前往泰安州与任原一比高下。李逵也偷偷下山，跟着燕青来到泰安东岳庙。面对人高马大、气势凶悍的任原，燕青以静制动、以柔克刚，激起任原的鲁莽性子，使其自乱步法，随后趁机入手，施展"鹁鸽旋"的绝技，把任原举起旋了五旋，摔下擂台去。这个故事的回目题为"燕青智扑擎天柱"，可知小说作者的意图主要不在表现燕青之勇，而在刻画燕青之智。第二个发生在泰安州的故事是第一百回戴宗岳庙出家归神。征方腊归来的戴宗，无意于兖州都统制的官位，向朝廷纳还官诰，从东京前往泰安州岳庙，陪堂出家，虔诚殷勤地奉祀东岳圣帝香火，数月后大笑而终，后来在岳庙累次显灵，其神像塑于庙中。故事表现了小说作者功成身退、悟道超脱的思想，这正是中国古人推崇的一种生存智慧。要而言之，无论是燕青智扑擎天柱的竞技之智，还是戴宗归隐岳庙的生存之智，故事的主旨都是对于智的赞美。

另外，第十一回写林冲在梁山泊朱贵酒店独饮，郁闷悲怆，题诗云："他年若得志，威震泰山东。"[①]林冲尽管从没登过泰山或去过泰安州，但第七回写他和娘子张氏曾在东京岳庙烧香还愿，可知泰山在他心中是有分量的。英雄落魄之际，到了地近泰安州的梁山水泊，泰山自然成为林冲寄意抒怀的对象。再者，"威震泰山东"也有林冲以黄巢自况同时又期盼奋发之意。《新唐书》卷三五《五行二》载："中和初，童谣曰：'黄巢走，泰山东，死在翁家翁。'"[②]黄巢起义兵败，退走泰山以东，最终死于此地。林冲既以黄巢退走泰山之事自况，同时又表示不会像他那样入于绝境，而要振作奋发，这是林冲在困顿落魄之时的自我激励。

三、吴月娘惊魂泰山故事

《金瓶梅》第七十九回，西门庆病危，吴月娘对天许愿，只要西门庆身体康复，自己就往"泰安州顶上与娘娘进香挂袍三年"[③]。第八十四回写西门庆死后，吴月娘请哥哥吴大舅来商议，要往泰山进香，完成西门庆病重之时自己对天所许的心愿。吴大舅、吴月娘带着家仆玳安和来安儿，雇了头口和暖轿，一起前往泰安进香。吴月娘一行先到岱岳庙进香，然后登盘上顶，到达碧霞宫，瞻拜碧霞元君。庙祝石伯才本是一个无良恶道，与泰安州知州高廉的妻弟殷天锡勾结，专门骗奸到碧霞宫进香的妇女。石伯才见吴月娘姿容非俗，随从老弱，当下施行奸计，将月娘和吴大舅礼让至方丈，美酒佳肴，热情招待，殷勤挽留在碧霞宫过夜。饭后，吴月娘独自暂憩于方丈之中，岂知床后设有隐蔽的纸

① (明)施耐庵、罗贯中著，李永祜点校：《水浒传》，中华书局1998年版，第137页。

② (宋)欧阳修，宋祁：《新唐书》，中华书局1975年版，第921页。

③ 秦修容整理：《金瓶梅》(会评会校本)，中华书局1998年版，第1189页。

门，殷天锡从纸门中钻将进来，抱住吴月娘求欢。正在碧霞宫阁上醒酒的吴大舅闻听呼救之声，砸开方丈门，救出吴月娘，一起逃离碧霞宫，连夜赶下山去。殷天锡心有不甘，带了一伙闲汉在后追赶。天色昏黑，吴月娘一行不辨路径，逃至泰山东面一座石洞附近，此洞名雪涧洞，为老僧普静（雪涧禅师）修行之处。众人在洞内歇宿了一夜，次日早上，吴月娘临行时，普静跟她说，十五年后要化她的亲生儿子为徒。第一百回，吴月娘儿子孝哥十五岁时，普静如期而至，在永福寺将孝哥幻化而去。

吴月娘泰山进香是《金瓶梅》中西门庆死后的一个重要故事。清初张竹坡认为，小说写吴月娘泰山进香"乃大书月娘之罪，以为一百回结文之定案也，以为以前凡写月娘之罪案结穴也"，以此表现"西门庆不能齐家之罪也。……纯是阳秋之笔"。[①] 张竹坡从思想和艺术两个方面解读吴月娘泰山进香情节，并非全是迂腐之论。西门庆死后，吴月娘成为阖家上下唯一的主子，面对家反宅乱的情形，竟毫无戒惕之心，留下未及周岁的儿子孝哥，让一群面和心不和的妾婢和奸险的陈经济看守家业，远行进香，实为不明之举。吴月娘答应将孝哥度给普静做弟子，则在全书结构上为百回之结尾预伏笔墨。综而观之，吴月娘泰山惊魂确有自取其辱之嫌，小说作者于此自有皮里阳秋之意，同时亦为全书结局伏笔。

四、薛素姐泰山进香故事

《醒世姻缘传》第六十八、六十九回主要写薛素姐在侯道婆、张道婆怂恿下，与明水一群妇女组成的香会前往泰山进香的故事。小说写一众女香客骑乘香社雇的长驴，从明水出发，大队结伴前往泰安。到达泰安后，香客先到天齐庙游玩参拜，当天夜间三更结队登山。薛素姐乘山轿登顶，因不惯乘坐简陋的山轿，加

① 秦修容整理：《金瓶梅》（会评会校本），中华书局 1998 年版，第 1242—1243 页。

上旅途劳乏，饮食不洁，因而头晕眼花，呕吐狼藉，在丈夫狄希陈的陪护下，好不容易才登上山顶。因殿门是封锁的，众香客只能在圣母殿前通过殿门格子眼瞻仰泰山娘娘金面。下山之后，薛素姐和一众香客顺路到蒿里山烧化纸钱，祭拜十殿阎君。薛素姐进香来回的全程，逼迫丈夫狄希陈控驴陪护，让他吃尽了苦头，丢尽了读书人的颜面。

《醒世姻缘传》写薛素姐泰山进香的情节，一为刻画薛素姐御夫有术的悍妒之态，二为塑造狄希陈懦弱惧内的形象，在艺术上都是比较成功的。小说还以写实的笔墨反映了当时从明水到泰安进香的路程和情景：众香客从明水出发，行程首日宿济南府东关客店，次日夜宿弯德地方，第三日走数十里地，经过一个叫火炉的小镇，最后到达泰安州教场，由客店接待食宿。小说的这些描写对于我们了解明末清初的泰山进香风俗有较好的参考价值。

五、冷于冰与其弟子的泰安故事

在明清长篇小说中，李百川《绿野仙踪》是写泰安故事最多的一部作品。郑振铎在《清初到中叶的长篇小说的发展》一文中早就推论："作者李百川，不知其名。书中写出山东事最为亲切，当是山东泰安左近的人。"[①]周晴《〈绿野仙踪〉与泰山》一文指出：泰山是《绿野仙踪》最重要的故事背景，小说描绘了风景优美的泰山景观，展示了泰山丰富的人文内涵和宗教民俗，并且在语言修辞上使用"泰山"的频率也较高。[②] 据我们统计，在这部百回巨著中，第十三、十四、二十七、三十六、三十七、四十、四十一、四十二、四十三、四十四、四十五、五十、五十五、五十六、五十八、五十九、六十、六十二、六十三、七十、七十三、九十四、九十五回等二十余处回目，都写到发生于泰安的故事，可见泰安一地在此书中

---

① 郑振铎：《郑振铎古典文学论文集》，上海古籍出版社2009年版，第467页。

② 周晴：《〈绿野仙踪〉与泰山》，《南都学坛》2015年第4期。

的特殊分量。

第十三、十四回主要写冷于冰、连城璧在泰安的故事。因同党在泰安州抢劫当铺一案的牵连，连城璧之兄、江洋大盗连国玺被官府投入泰安州监狱。绿林同党密谋串联，准备劫狱营救。连城璧与众人前往泰安州衙，打入监中，合力救出连国玺，沿泰山玉女峰一带逃亡。因营救成功，连城璧等人沾沾自喜，麻痹大意，被泰安州和沂州官兵联合剿捕于大盘岭，连国玺于此地自杀。冷于冰闻讯前往泰安州，施展法术营救连城璧等人，劝他们改业向善。连城璧被感化，做了冷于冰弟子。

第二十七回写冷于冰携连城璧与董玮、董喜主仆二人，从北京去往泰安。四人登上泰山山巅，投宿于碧霞宫。冷于冰陪连城璧到大盘岭，埋葬连国玺等人骨殖，回程中遇到在玉女峰修道的金不换。金不换是连城璧的表弟，要跟冷于冰学道。冷于冰暗设巨蟒、美妇和猛虎等考验机关，试其入道诚心。金不换拼着不要命的坚定决心，通过考验，终被冷于冰收为弟子。

第三十六、三十七回主要写泰安宦家公子温如玉的故事。冷于冰在碧霞宫偶遇温如玉，见其有仙骨，意欲点化度脱。无奈温如玉俗心甚重，不受点化。冷于冰遂携连城璧、金不换在泰山深处寻觅修行之地，觅得琼岩洞府，指点二人修炼。不久，冷于冰云游四方，而温如玉被人扳扯，陷入牢狱之灾，幸亏表兄黎飞鹏多方营救出狱。温如玉经此一难，家境陷入困顿。

第四十回至第四十四回主要写温如玉出狱后，打算经商发财，请朋友尤奎商量。在尤奎蛊惑下，温如玉贱卖田产、衣物、字画等，凑得近万金，去苏州贩卖绸缎。在镇江金山寺附近，尤奎等人支开温如玉，卷走了全部银两。温如玉落魄回家，母亲黎氏为此忧郁成疾，病重去世，府学秀才苗秃子帮助料理丧事。事后，在苗秃子的怂恿下，温如玉前往济南打秋风，回程行经试马坡，恋上了郑家妓女金钟儿。

第四十五至第六十回写温如玉在泰安和试马坡两地间频繁往来，贪恋金钟儿的故事。金钟儿感于温如玉深情，打算脱离娼门的长远之计，暗中资助温如玉乡试。苗秃子窥破二人之事，到试马坡告知郑三夫妻。为此，金钟儿被郑三夫妻殴打，吞官粉自尽。试马坡帮闲萧麻子来泰安，将金钟儿死因告知温如玉，温如玉闻之崩溃，病愈后到试马坡祭奠金钟儿。萧麻子为捞好处，转而怂恿鸨母郑婆子来温家闹事。温如玉报官，州官详审案件，惩处郑婆子、苗秃子、萧麻子等人。第四十五回还写了冷于冰再来泰安寻连城璧、金不换而不遇的故事。

第六十二回至小说结束所写发生于泰安的故事，主要是冷于冰点化温如玉入道之事。冷于冰在泰山琼岩洞潜心研习《天罡总枢》，道行日进，神通广大（第六十二回）。穷途末路的温如玉变卖家产，去北京寻冷于冰。冷于冰预知此事，从泰山跟踪至京师，点化温如玉，度其入道，安排他去琼岩洞修行。一日，温如玉在泰山烟谷洞被蟒头夫人擒捉，饮其鲜血。连城璧奉冷于冰之命，及时赶到，救了温如玉性命（第六十三、七十、七十三回）。三十年后，冷于冰召集诸弟子于福建九功山炼丹，指令各守丹炉。温如玉走火入魔，入于幻境，回到泰安州，遇苗秃子和家人张华；在苗秃子撮合下，欲娶美貌孀妇为妻，被泰安知州严刑惩罚，心灰意冷，复出红尘，回九功山去讫（第九十四、九十五回）。

《绿野仙踪》是一部融会神魔、世情内容于一体的巨著，虽然叙事主线和主体框架属于神魔故事的范畴，但世情内容占据该书的内容主体，所写泰安故事就明显地反映出这一特色。书中泰安故事以冷于冰在泰安先后点化连城璧、金不换和温如玉入道为隐含主线，重点叙写温如玉与金钟儿的恋情故事，刻画了温如玉这一不谙世事、任性痴情的宦家公子形象，为明清长篇小说画廊贡献了一个别具一格的公子哥形象。可以说，温如玉堪与《红楼梦》中的京城贾宝玉、《儒林外史》中的江南杜少卿、《歧路灯》中的中原谭绍闻等人物并列，为明清小说中丰神各异的四大公子。

六、《聊斋志异》中的泰安故事

《聊斋志异》中有不少篇目直接写及泰安故事，如卷二《胡四姐》，卷三《西僧》，卷五《布客》《柳氏子》，卷六《云翠仙》《周三》，卷八《鬼妻》，卷十《长亭》，卷十二《一员官》等。尽管各篇的思想内容、艺术水准等高下不一，但从整体上反映出清初泰安以及泰山文化的多彩风貌。

以上诸篇中，《胡四姐》《云翠仙》和《长亭》的题材为人狐婚恋，题旨各有侧重。《胡四姐》写泰山尚生与狐女胡三姐、胡四姐以及狐少妇等先后相识欢爱的故事。胡四姐得仙人正法，告诫尚生拒绝狐媚蛊惑，保全身心。后来，胡四姐一家被法师擒获，尚生偷偷将她救出。获救的胡四姐远遁尘世，潜心修仙，最终名列仙籍，但心中始终不曾忘怀尚生，两次与之晤面。尚生死后，胡四姐度其为鬼仙。《胡四姐》所写为书生与狐女的恋爱故事，刻画了胡四姐一往情深、知恩报德的性格。

《云翠仙》写小商贩与狐女的婚恋故事。晋人梁有才负贩于济，某年四月，随村人登岱顶游玩，遇进香的云翠仙母子。垂涎于翠仙姿色的梁有才对云氏母女大献殷勤，翠仙则看透此人为贫而无行之辈，云母却不顾她的意愿，硬将她许配给梁有才。婚后的梁有才赖翠仙之力，衣食无忧，轻薄浮浪本性暴露无遗。在赌徒朋党的蛊惑下，梁有才竟将翠仙卖为妓女，以作朋饮竞赌之资。翠仙施展法术，严惩梁有才，仅留其一命。梁有才复归孤身赤贫之态，最后瘐死狱中。《云翠仙》旨在批判社会上存在的一类贫困而又浮浪无行的男子。值得注意的是，与本篇同卷的《蕙芳》写贫困的青州小商人马二混以其朴讷诚笃而得仙女蕙芳眷顾故事，其命意正好与此相反。综而观之，《云翠仙》和《蕙芳》都以女子之名为题，对小说男主人公一批判一赞美，从正反两个方面指出男子品德之于和谐美满家庭生活的极端重要性，命意相反相成，蕴含了修身齐家之义。

《长亭》写泰山术士石太璞与狐女翁长亭的婚恋故事。石太璞善驱鬼之术，以此与长亭相识相爱，结婚生子。长亭父翁叟性格谲诈，对两人婚事横加干涉，硬将长亭长留不归，致使石太璞和幼儿孤苦度日。后来，石太璞从师父手中救下翁叟，并借机戏弄他，以纾心中积怨；翁叟虽被石太璞救了一命，却对他的戏弄之举不能释怀。此后，尽管石太璞、长亭夫妻团聚和谐，然翁婿之间一直不相往来，所谓"冰玉之不相能者"①。这篇小说着笔于人狐婚恋，却注目于婚恋之外，提出了婚姻家庭生活中多被人忽略的翁婿不和问题，颇有意味。

《西僧》和《一员官》是很有教育意义的两个短篇。《西僧》写一位卓锡泰山的西域僧人讲述东游经历，其中讲到西域传说中国的泰山、华山、五台山和洛伽山上"遍地皆黄金，观音、文殊犹生。能至其处，则身便是佛，长生不死"②，犹如中土之人想象中的西方极乐世界。《西僧》篇幅虽然相当简短，但是犀利地指出了人们向西土礼佛求经的荒诞性，这在蒲松龄的时代是具有重要教育意义的。《一员官》写了两位地方官员刚正清廉的故事：一为济南同知吴公刚正不阿的故事，二为泰安知州张公的故事。张公在知州位上，坚决拒绝各路贵官大僚登岱者向地方勒索供给，维护泰安百姓的利益。多年未见的妻子来泰安看望他，见他为官而贫穷如昔，劝他为子孙着想，聚敛钱财。张公闻言大怒，对妻子横加鞭笞，虽致夫妻反目亦不顾惜。张公所作所为，真正让古今读者为之赞叹称奇。《一员官》赞美官员清正廉洁，对当今反腐倡廉具有重要的教育意义。

《布客》《柳氏子》《周三》和《鬼妻》等篇，谈鬼写狐，思想或艺术价值难及以上诸篇作品，不过亦全非无可称道之处。《布客》写长清某布商与蒿里山冥司鬼隶交情故事，就寓有劝人行善之义。还有一些作品所写虽为泰安之外的异地故事，但反映了泰

---

① (清)蒲松龄著，张友鹤辑校：《聊斋志异》(会校会注会评本)，上海古籍出版社1986年版，第1340页。

② (清)蒲松龄著，张友鹤辑校：《聊斋志异》(会校会注会评本)，上海古籍出版社1986年版，第356页。

山神信仰的内容。如卷一《鹰虎神》、卷九《岳神》、卷十一《鬼隶》所写分别为发生在济南、扬州两地的故事,透过故事可以看到当时较为普遍的东岳大帝主人生死的观念及其信仰。

七、老残游泰山故事

刘鹗《老残游记》主要写老残在山东的游踪,其中有两部分内容和泰安有关。其一是该书第二十回,老残从济南前往泰山深处的玄珠洞,寻访世外高人青龙子,求得返魂香,救活齐河县齐东村十三条人命。这个故事属于传统的侠义公案之类题材,在思想和艺术上均难以称道。其二是该书续集第一至第六回,写老残携环翠与德慧生夫妇同游泰安岳庙和斗姥宫、登泰山以及环翠出家等故事,重点刻画了斗姥宫的少年尼姑逸云的形象。续集以细腻流畅的文笔描写了斗姥宫尼姑的日常生活和精神风貌,反映出晚清时期泰安的官场状况和民俗风情,在这一点上,明清小说似无出其右者。因此,《老残游记》续集成为明清小说中写泰安故事艺术水准上乘之作,与前此较多写及泰安故事的《绿野仙踪》各擅胜场。

《老残游记》续集以老残游踪为线索,所写泰安故事主要有三个。一是老残等人到岳庙烧香,观看庙内壁画,欣赏庙内镇山之宝温凉玉和古树汉柏。老残还注意到一块嵌在西廊壁上的破石片,俗名为“泰山十字”的秦碣,这倒是真正的镇山之宝,可惜庙内道士对此不甚在意。二是游斗姥宫,结识逸云。老残等人在登山途中到斗姥宫打尖,受到热情接待,结识少年尼姑逸云。逸云陪同他们登山游览,讲说古迹,跑前跑后。在岱顶客店内,逸云敞开心扉,向德夫人、环翠讲述自己曾经痴情于任三公子以及超脱情魔、精研佛理的心路历程。老残和德慧生亦因逸云心性聪慧、人格超俗和佛理精深,对她产生了由衷的敬佩之意。泰安知县宋次安的儿子宋少爷仗势欺人,以封锁庙门相威胁,企图霸占斗姥宫小尼姑靓云。身为京官的德慧生仗义执言,震慑泰安知县父子,保护斗姥宫平安。三是环翠出家。环翠是老残在齐河县解救的妓女，经黄人瑞撮合操办而被老残纳为小妾。老残本是超脱于声色之外的人，看到环翠因仰慕逸云而有出家之意，便诚心支持她。逸云收环翠为徒，将她安置于一处观音庵内。诸事完毕，老残与德慧生夫妇乘车南去。

《老残游记》续集共九回，前六回写的是老残与其友人德慧生的泰安之行，是续集的主体内容。在这一部分，重点叙写的是尼姑逸云的故事。小说刻画出一位美丽善良、聪慧可人、飘逸洒脱、精研佛理的尼姑形象，出污泥而不染是这一形象的底色，其中显然贯注着小说作者刘鹗对人格美的赞赏和追求，带有作者本人的主观理想色彩。但是，逸云的气韵却又如此生动逼真，让读者觉得如在目前。可以说，刘鹗真正为明清小说的人物画廊贡献了一位独一无二的泰山美少女形象。

《老残游记》续集所写斗姥宫尼姑的生活状况和精神风貌，有其文学的渊源。清中叶曾衍东《小豆棚》卷七《常静莲》、晚清王韬《淞隐漫录》卷十一《妙香》，都以斗姥宫尼姑和书生的婚恋为题材。两个短篇的结局尽管都具有喜剧性，但客观上也反映了庙中尼姑虽尼而实妓的生存状态。《老残游记》续集叙写斗姥宫女尼生活时，对触犯空门戒规的尼姑书生之恋并没有回避。第二回逸云对德夫人说道："我们这个庙是从前明就有的，历年以来都是这样。您看我们这样打扮，并不是像那倚门卖笑的娼妓，当初原为接待上山烧香的上客：或是官，或是绅，大概全是读书的人居多。"[①]可知多有读书人流连于此。逸云一度痴情的任三爷就是一个"平常喜欢在山上跑跑"（第三回）[②]、流连于斗姥宫的读书人。相较于《常静莲》和《妙香》，《老残游记》续集还更为深入地叙写了官员、富商等眠宿斗姥宫尼姑的事情。然而，道貌岸然的官员们却更为不堪。逸云说："近来风气可大不然了，到是做买卖的生意人还顾点体面，若官幕两途，牛鬼蛇神，无所不

① （清）刘鹗：《老残游记》，中华书局2013年版，第139页。

② （清）刘鹗：《老残游记》，中华书局2013年版，第148页。

有，比那下等还要粗暴些！”（第二回）[①]

《老残游记》续集所写斗姥宫尼姑的生活并非完全出自作者的虚构。刘鹗之子刘绅《关于〈老残游记〉》一文曾写道：“泰山斗姥宫尼姑款接宾客，久为记载书所有。”[②]刘鹗创作《老残游记》时，尽管此风已熄，却是斗姥宫曾经存在过的事实，遂为刘鹗所取材。民国赵新儒《泰山小史注》还记载清末光绪时，斗姥宫幼尼皆通文字，衣裳华美，屋宇陈设、饮食供客等极其豪奢，游客至此多乐而忘返。《老残游记》续集第一、二回，靓云的居室布置华丽，周边景色美丽，引得环翠极为羡慕，说：“这屋子要让我住一天，死也甘心。”[③]连京城出来的官太太德夫人也感叹：“这地不要说他（按：环翠）羡慕，连我也舍不得去哩！”[④]逸云、靓云都是十五岁上下的美人，研读佛经，深通佛理，竟让德夫人爱恋有加，老残、德慧生佩服。结合《泰山小史注》等记载，可知《老残游记》续集比较真实地反映了当时斗姥宫尼姑的生活状态，是具有一定写实性的。

《老残游记》续集所写岳庙（岱庙）、斗姥宫的建筑和景致，岱顶建筑和碑刻的状况，对我们考察泰山文化的历史变迁也有不可忽视的价值。

八、泰安鸣凤乡惨案

李伯元《活地狱》原连载于《绣像小说》，1903 年 5 月至 1906 年 3 月出版。全书由一篇楔子和四十三回正文组成，其中，前三十九回为李伯元所作，李伯元去世后，吴趼人续作第四十、四十一、四十二回，欧阳钜源续作第四十三回。小说还有署名愿雨楼的评点文字。

① （清）刘鹗：《老残游记》，中华书局 2013 年版，第 140 页。

② 刘德隆、朱禧、刘德平编：《刘鹗及老残游记资料》，四川人民出版社 1985 年版，第 395 页。

③ （清）刘鹗：《老残游记》，中华书局 2013 年版，第 138 页。

④ （清）刘鹗：《老残游记》，中华书局 2013 年版，第 138 页。

《活地狱》有一条贯穿的主线，即揭露晚清极度黑暗腐败的司法制度和现实，将当时司法、官场的流弊暴露无遗。第三十五、三十六回所写为发生于“山东省第一个好缺”[①]——泰安县的一件惊天惨案。在山东抚台、藩台的昧心保举下，官声极为不堪的日照知县黄恩厚调补泰安知县。离县城四十里处有一个叫作鸣凤乡的大镇市，镇上有钮必达、范亦庄两位奉公守法的乡董。一班被裁撤的绿营兵痞穷极无聊，谋划造反起事。钮、范二人得知消息，赶紧去泰安县里报告。黄知县恬然不以为意，反而认为钮、范二人故意兴风作浪，将他们关押在捕厅，等自己派人下去查清情况后再回头收拾他们。二人担心家小被兵痞们杀害，请求黄知县允许他们回去，把家小接到县城躲避，但遭到黄知县的无情拒绝。

黄知县派往鸣凤乡查事的四个差人被兵痞们杀死，钮、范两家二十九口人也全部遇害，家产抢光，房屋烧光。事情到了这个地步，黄知县终于无话可说，只得放了钮必达和范亦庄。二人赶忙回乡，所见只有一片瓦砾，悲痛愤怒异常，跟乡邻借贷盘缠，到省城济南控告。山东抚台收到二人的状子，叫黄知县连夜赶往省城。黄知县面见抚台，一番密谈之后，就回泰安县里去了。钮、范二人在客店等了三四天，见不到省里的批文，此时一个叫郑有资的人从泰安来济南，找到钮、范二人，替黄知县说和，连吓带骗，用八千两银子摆平了他们。二人回乡变卖房产地基，搬到济南居住，以避后祸。在此期间，上海一家报纸报道了鸣凤乡惨案，黄知县派人到济南找到该报记者，用几百两银子搞定了他，记者便“登报更正”（第三十六回）[②]此前报道，黄知县从此安枕无忧。

黄知县何以有如此之大的能量？原来，黄知县是山东抚台的红人，在泰安县“这个缺的进款，是同抚台一家一半”（第三十

① （清）李伯元：《活地狱》，江西人民出版社 1989 年版，第 525 页。

② （清）李伯元：《活地狱》，江西人民出版社 1989 年版，第 535 页。

六回)[1]。鸣凤乡惨案发生后，黄知县用一年的官囊疏通了山东抚台、藩台及臬台，摆平了钮、范两位苦主，搞定了上海报馆驻济南的记者，竟将一件泼天大案消弭于无形。

第三十五回有愿雨楼评语云："此系事实，著者耳熟能详，故能言之有物，与凭虚结构者，正自不同。"[2]可知小说所写鸣凤乡惨案有当时事实的依据。

九、明清小说中的东平及肥城故事

关于东平的故事，以《水浒传》所写最为知名。在该书中，东平府一地而两称：一是称"郓州"，出现七次；二是称"东平府"，出现二十七次。之所以出现这种情况，与东平行政建置的历代变化有关。大略而言，郓州是隋唐至宋徽宗宣和元年(1119)以前部分时段的建置，东平府是北宋后期、金代和明代洪武八年(1375)以前的建置。这种情况反映出《水浒传》题材来源的历史性和复杂性。

《水浒传》所写东平府故事较多，有陈文昭轻判武松案、石秀火烧祝家店、宋江三打祝家庄、孙立卧底祝家庄、李应被赚上梁山、宋江攻打东平府、梁山泊李逵双献头等。其中，火烧祝家店、三打祝家庄、攻打东平府等属于全书的精彩关目。这些故事涉及的梁山好汉有五十九位[3]，其中从东平府管下地面落草梁山的好汉有李应、董平、扈三娘和杜兴等四人。还有东平府尹陈文昭的形象，被王利器先生称为《水浒传》中"唯一的好官"[4]。

《水浒传》写东平府故事时，写到两处所属城镇——安山镇和荆门镇。安山镇见于第六十九回，离东平府城四十里地，是宋江攻打东平府时的三军屯扎之地。考诸清《(康熙)东平州志》卷

---

① (清)李伯元：《活地狱》，江西人民出版社 1989 年版，第 533 页。

② (清)李伯元：《活地狱》，江西人民出版社 1989 年版，第 530 页。

③ 参见杜贵晨、王守亮主编：《〈水浒传〉中的山东镜像研究》，中国戏剧出版社 2010 年版，第 297—298 页。

④ 王利器：《耐雪堂集》，中国社会科学出版社 1986 年版，第 57 页。

一《方域志》、《(乾隆)东平州志》卷三《山川志》,确有安山镇,原属寿张县,元代至正年间(1341—1368)隶属东平府。荆门镇见于第七十三回,写李逵、燕青从东京大宽转到梁山泊北,“到寨尚有七八十里,巴不到山,离荆门镇不远”[①]。荆门镇在《水浒传》中虽仅此一见,但亦非小说作者虚构。刘华亭《〈水浒传〉中梁山附近的地理描述》对此有考证,指出“荆门镇现属阳谷县,《元史·河渠志》‘会通河阿城闸二,南闸南至荆门,北闸一十里,荆门闸二,北闸至南闸二里半,南闸南至寿张闸六十里’。荆门镇位于梁山北四十公里,同书中所说方位、距离相合”[②]。

在明清小说中,肥城是一个存在感较低的城市,虽然如此,但《老残游记》却有写及。第七回写在曹州府城,武城知县申东造请老残吃山鸡火锅。山鸡产自肥城县桃花山里头,桃花山里松树极多,这种山鸡喜食松花花实,故俗名“松花鸡”,鸡肉有红有白,涮火锅味道香美,可惜产量极少,在肥城当地也是不容易吃到的。

第四节 明清小说中的泰安民情风俗及商业

一、明清小说中的泰山进香风俗

明清小说中有关泰安的故事,往往写及泰安一地的民情风俗,从不同角度展示出一幅幅不同时代的风俗画卷,其中尤为引人注目的是泰山进香风俗。

这一风俗早在宋元讲史话本《大宋宣和遗事》中就有所叙写。《遗事》写“吴加亮向宋江道:‘是哥哥晁盖临终时分道与我:“从政和年间朝东岳烧香,得一梦,见寨上会中合得三十六数。

---

① (明)施耐庵、罗贯中著,李永祐点校:《水浒传》,中华书局1998年版,第970页。

② 刘华亭:《〈水浒传〉中梁山附近的地理描述》,《济宁师专学报》1998年第5期。

若果应数，须是助行忠义，卫护国家。”’……宋江统率三十六将，往朝东岳，赛取金炉心愿”[①]。在此，《遗事》写晁盖、宋江泰山进香之事虽仅具纲要，但反映出宋元时期泰山进香已成重要的民间风俗。在明清小说中，泰山进香的内容所在多有。《水浒传》是最早较多写到这一风俗的作品。例如，第五十六回，汤隆跟徐宁说自己曾去泰安州烧香；第六十一回，卢俊义为避免所谓“血光之灾”，要去泰安州烧香；第七十三回，一伙从凤翔府来的大汉经过梁山水泊，要去泰安州烧香，为此，宋江指示山寨：“今后遇有往来烧香的人，休要惊吓他，任从往过。”[②]第七十四回，泰安城内“只客店也有一千四五百家，延接天下香官”，燕青打擂那日三更前后，岱岳庙内众香官为天齐圣帝上寿，“烧香的人，真乃亚肩叠背”。[③] 这里有两点值得注意：一是卢俊义去泰安烧香的动机乃为求得平安。在今天，许多人去泰安烧香的目的也是求平安、保太平。由此可知，泰安烧香保平安是一项由来久远的民俗。二是劫掠客商本为梁山山寨的一项重要资财来源，宋江却下令不得劫掠过往的各路泰山进香人。这不仅是一个盗亦有道的问题，而且充分表明在当时各色人的心目中，泰山进香是一项神圣的事情，不得干扰。《水浒传》传达的这些信息在泰安民俗史的研究中是很有认识价值的。

《金瓶梅》《醒世姻缘传》《聊斋志异》和《老残游记》等明清小说，也写到泰山进香的情节，且较《水浒传》为详。《金瓶梅》第八十四回，吴月娘前往泰安州为西门庆还愿，先到岱岳庙进香，再登岱顶到碧霞宫进香。《醒世姻缘传》有较多笔墨写及泰山进香的民俗。第二十八回写春秋两季，经过济南炒米店“往泰安进香

① 朱一玄、刘毓忱编：《水浒传资料汇编》，南开大学出版社2002年版，第43—44页。

② （明）施耐庵、罗贯中著，李永祜点校：《水浒传》，中华书局1998年版，第978页。

③ （明）施耐庵、罗贯中著，李永祜点校：《水浒传》，中华书局1998年版，第982、985页。

的，一日成几十万人经过”[1]。第六十八、六十九回，明水镇的男男女女组成规模颇大的香社，在会首（也叫“香头”）带领下去往泰安州烧香。不但如此，“那云南贵州、川湖两广的男人妇女，不远几万里家都来烧香”[2]。其所以如此，既因“这泰山奶奶掌管天下人的生死福禄”[3]，也因泰山还有说不尽的景致，并且传说都是神仙的所在。可以说，泰山进香一可积福，二可看景，是一举两得的美事。薛素姐等一众香客来到泰安州，先到天齐庙（即岱岳庙）游玩参拜，然后登山至顶，拜瞻泰山奶奶。岱顶香客众多，历城县专门委派县丞在此管理香客，收取香税。香客进香下山后，所住客店一起摆酒唱戏，共同饯行。《聊斋志异》中也有数篇小说反映了泰山进香之俗。例如，卷五《柳氏子》写胶州村民组织香社，登岱朝拜；卷六《云翠仙》写农历四月初的泰安，朝拜泰山的香客络绎不绝，信仰佛教的男女居士们经常率领百十余人的香客队伍，杂跪于神座之下虔诚祈祷，祈祷时间以一炷香燃完为度，称为“跪香”。《老残游记》续集中，老残、环翠和德慧生夫妇进入泰安城内，德夫人和环翠先到岳庙正殿里烧香，然后登往岱顶。综而观之，从元末明初的《水浒传》，到晚清的《老残游记》，多部小说均写到泰山进香之俗，表明这是一项流行于明清、影响广泛而深远的民俗。

二、明清小说中的东岳庙打擂和东岳庙会

东岳庙打擂和东岳庙会曾经是名扬天下的一道泰安民俗风景。《水浒传》第七十四回中燕青智扑擎天柱的故事就生动地反

---

① （明）西周生辑著，李国庆校注：《醒世姻缘传》，中华书局 2005 年版，第 362 页。

② （明）西周生辑著，李国庆校注：《醒世姻缘传》，中华书局 2005 年版，第 877 页。

③ （明）西周生辑著，李国庆校注：《醒世姻缘传》，中华书局 2005 年版，第 877 页。

映了这一民俗。燕青是“小厮扑天下第一”“江湖上不曾逢着对手”[①]的好汉，从一伙凤翔府香客口中得知，在庆祝三月二十八日天齐圣帝降诞的东岳庙会上，绰号为擎天柱的太原府相扑高手任原，连续两年大摆擂台，无人能赢他，得了许多利物。燕青闻之技痒，经宋江同意，扮成一个山东货郎，与李逵一起进入泰安城内打擂。燕青先到岱岳庙上打碎任原的招牌，发出登台较量的通知，是为“劈牌放对”[②]。第三天一早，燕青来到岱岳庙内，在泰安州太守的见证下，立下生死状，登台挑战，终以鹁鸽旋的绝技撷翻任原，打破了任原企图三赢天下好汉的美梦。

还需注意的是，《水浒传》中不仅这一处笔墨写到东岳庙打擂。在前此第二十九回中，蒋门神自夸道：“三年上泰岳争交，不曾有对。”[③]就是这样一个连续三年在泰安州擂台打赢天下好汉的武林高手，却被武松打得告饶不迭。《水浒传》对蒋门神泰岳争交事以虚笔简要带过，对燕青泰安州打擂予以实笔详写，形成虚实相映、相得益彰的文字，从而在泰安州打擂的民俗背景上，凸显燕青“智扑”擎天柱、武松“醉打”蒋门神的好汉风采，刻画出两人不同的性格和勇武的形象，也从一个侧面透漏出泰安州打擂在《水浒传》成书时代的巨大影响。

借诸《水浒传》的描写，我们还可以了解当时东岳庙会的一些情况。首先，三月二十八日天齐圣诞之日，庙会上有两项前后衔接的重要活动：一是当天夜里三更，天下香客为天齐圣帝上寿；二是天明之后的嘉宁殿前打擂，其宗教目的是娱神，故称为“相扑献圣”[④]。其次，东岳庙打擂是庙会上最重要、最具吸引力

① (明)施耐庵、罗贯中著，李永祜点校：《水浒传》，中华书局1998年版，第967、980页。

② (明)施耐庵、罗贯中著，李永祜点校：《水浒传》，中华书局1998年版，第982页。

③ (明)施耐庵、罗贯中著，李永祜点校：《水浒传》，中华书局1998年版，第367页。

④ (明)施耐庵、罗贯中著，李永祜点校：《水浒传》，中华书局1998年版，第985页。

的一项活动。第七十三回，凤翔府香客向宋江恳求释放下山，道："小人……一者烧香，二乃为看任原本事……"①第七十四回，燕青所宿客店前的"那条路上，只见烧香的人来往不绝，多有讲说任原的本事"②。可知泰安州进香和东岳庙打擂两项活动，经香客递相煽扬，竟至名动天下。众香客在东岳庙内进香上寿之后，就去抢占有利位置，准备观看擂台相扑。第七十四回写道："偌大一个东岳庙，一涌便满了。屋脊梁上，都是看的人。朝着嘉宁殿，扎缚起山棚。棚上都是金银器皿，锦绣缎匹。门外拴着五头骏马，全副鞍辔。"③金银器皿、锦绣缎匹、全副鞍辔的骏马等，是打擂赢者的利物，都是众香客赞助的。所谓"好事香官恭敬圣帝，都助将利物来"④，可知赞助利物也是香客为天齐圣帝庆贺圣诞的一项虔诚之举。打擂规模和影响如此之大，以至泰安州太守不敢掉以轻心，带着七八十对皂衣公吏，坐镇嘉宁殿门外，维持现场秩序。总之，在《水浒传》的描写中，东岳庙打擂几乎成为泰安官民、天下香客所关心的头等大事。

三、明清小说中的泰安山轿

根据明清小说的描写，各地香客以及游人登泰山，往往会乘坐泰安当地的一种山轿。《醒世姻缘传》第六十九回中，薛素姐等人登山时乘坐的就是这种山轿，不过轿子相当简陋，是一顶"抖成一块半截没踏脚的柳木椅子的山轿"⑤，让薛素姐吃尽了晕

① (明)施耐庵、罗贯中著，李永祜点校：《水浒传》，中华书局 1998 年版，第 978 页。

② (明)施耐庵、罗贯中著，李永祜点校：《水浒传》，中华书局 1998 年版，第 982 页。

③ (明)施耐庵、罗贯中著，李永祜点校：《水浒传》，中华书局 1998 年版，第 985 页。

④ (明)施耐庵、罗贯中著，李永祜点校：《水浒传》，中华书局 1998 年版，第 986 页。

⑤ (明)西周生辑著，李国庆校注：《醒世姻缘传》，中华书局 2005 年版，第 891 页。

轿的苦头。《老残游记》续集第一回对泰安山轿的外形、构造与使用方式等有比较详细的描写：

> 轿子像个圈椅一样，就是没有四条腿。底下一块板子，用四根绳子吊着，当个脚踏子。短短的两根轿杠，杠头上拴着一根挺厚挺宽的皮条，比那轿车上驾骡子的皮条稍为软和些。轿夫前后两名，后头的一名先趱到皮条底下，将轿子抬起一头来，人好坐上去，然后前头的一个轿夫再趱进皮条去，这轿子就抬起来了。[①]

王韬《淞隐漫录》卷十一《妙香》还写到一种比较高级、名为“篮舆”的泰安山轿：

> 篮舆者，竹兜子也，二人舁之，中圆而洼，襆被其中，坐卧皆适；四隅建竹竿，围以布幄，有风则垂，否则卷，甚轻而便。舁之者以皮带挂诸肩，循坡而上，其高也以渐，始若不知登山者。[②]

这种山轿的主要材质是竹子，置有幞被、布幄等，在构造上更符合人体结构。这跟《醒世姻缘传》和《老残游记》所写椅子式的山轿相比，自然要轻便舒适得多。不过，两种山轿在使用方式上有相似之处，即轿夫都用皮带挂肩抬轿，有利于登山。

《醒世姻缘传》第六十八回还写了乘山轿下山的方式，薛如卞反对薛素姐随香社进香时说：“你没见坐着那山轿，往上上还好，只是往下下可是倒坐着轿子，女人就合那抬轿的人紧对着脸，女人仰拍着，那脚差不多就在那轿夫肩膀上。”[③]这是令坐轿人都感到相当尴尬的姿势了。再者，轿夫们抬轿下山要比上山快得多。《老残游记》续集第五回就有描写：“谁知下山比上山更

---

① (清)刘鹗：《老残游记》，中华书局2013年版，第133页。

② (清)王韬著，王思宇校点：《淞隐漫录》，人民文学出版社1983年版，第510页。

③ (明)西周生辑著，李国庆校注：《醒世姻缘传》，中华书局2005年版，第881页。

属可怕，轿夫走的比飞还快，一霎时十八盘已走尽。”[①]由《醒世姻缘传》和《老残游记》所写，我们可以想见乘坐山轿下山时的情形了。

四、明清小说中的泰安商业图景

根据明清小说的描写，泰山进香和东岳庙会吸引了全国各地的善男信女，带动了泰安及其周边一带的饮食业、住宿业的发展。《水浒传》第七十四回就写到东岳庙会带来的商业繁荣图景：“原来庙上好生热闹，不算一百二十行经商买卖，只客店也有一千四五百家，延接天下香官。到菩萨圣节之时，也没安着人处，许多客店都歇满了。”[②]据此可知元末明初之时泰安旅店行业繁荣的情形。《醒世姻缘传》更为详细地写了泰安的商业状况。第六十八回，四月十八日碧霞元君圣诞的泰山庙会，据多次去泰山进香的侯、张两道婆说：“哄动三十合属的人烟，天下的货物都来赶会，卖的衣服首饰、玛瑙珍珠，甚么是没有的？奶奶们都到庙上，自己拣着相应的买。”[③]此话或许有所夸张，但去事实想必亦不甚太远。第六十九回，泰安北部的小镇火炉[④]，是进香队伍的必经之地，薛素姐等人行经此地，但见“这火炉街上排门挨户都是卖油馃果子的人家。大凡香客经过，各店里的过卖都乱烘烘跑到街心，把那香头的驴子狠命的拉住，往里让吃果子，希图卖钱”[⑤]。泰安州校场内等待着各家客店的店主或者伙计，热情

---

① （清）刘鹗：《老残游记》，中华书局2013年版，第159页。

② （明）施耐庵、罗贯中著，李永祜点校：《水浒传》，中华书局1998年版，第982页。

③ （明）西周生辑著，李国庆校注：《醒世姻缘传》，中华书局2005年版，第876页。

④ 火炉为泰安北部附近的一个小镇，处于交通要道上。《梼杌闲评》第五回中，魏丑驴和侯一娘从临清去往泰安州，在火楼铺客店停驻。“火楼”与“火炉”音近，火楼铺当即《醒世姻缘传》所写的小镇“火炉”。

⑤ （明）西周生辑著，李国庆校注：《醒世姻缘传》，中华书局2005年版，第889页。

迎接香客;香客进香下山后,客店摆酒唱戏,盛情饯行,店家对香头还有礼物相送。像侯、张两个道婆,泰安州店家主人送的是"每人一把伞,一把藤篾子扇,一块腌的死猪子肉,一个十二两重的小杂铜盆"[①]。店家以此笼络香头,来年再带香客照顾自己的生意。《醒世姻缘传》所写为明末清初的泰安商业状况。

《老残游记》续集则对泰山上的商业活动有所描写。老残、环翠和德慧生夫妇登往岱顶,在天街的香铺元宝店过夜。元宝店为前铺后店的布局,前铺临街,发卖香烛等物,后店住人,店中有专备香客住宿的客房。这是岱顶商家专做的香客生意。在登山道上有饭篷子,卖大饼咸菜之类,没有桌椅板凳,吃饭的人都蹲着吃,饮食条件甚为简陋,轿夫们都在这样的地方吃饭。官员、士子或者生意人上山的话,一般会在斗姥宫吃饭,这里荤素俱备,饮食精洁。

① (明)西周生辑著,李国庆校注:《醒世姻缘传》,中华书局2005年版,第893页。

第五章　明清小说中的运河城市聊城

今之聊城市，明清时期称东昌府，下辖临清、聊城、武城、高唐、恩县、范县、堂邑等州县，辖域包括今聊城市全域以及周边部分区域。得益于京杭大运河漕运的兴盛，东昌府下辖的大运河沿岸州县商业经济普遍比较繁荣，明清小说对此也多有描写。聊城市人民政府门户网站“聊城简介”解说道：“这里人文故事流传，中国古典文学名著《水浒传》《金瓶梅》《聊斋志异》等书中的许多故事都发生在聊城。比如，宋江三打祝家庄、没羽箭张清镇守东昌府、李逵大闹高唐州、武松景阳冈打虎、老残海源阁借书等等。”解说词从一个方面道出了聊城与明清小说的深密关系。以下我们就明清小说中的聊城及其所属城镇映像作一简要研讨，所论仅限于今之聊城市辖域内各级各类城镇，史上隶属东昌府而今划归其他省份或者地市的城镇，不在本章的讨论范围。

第一节　明清小说中的临清故事

明清时期，在东昌府下辖州县中，商业最发达、社会最繁荣的是临清。当时的临清是京杭大运河的重要节点城市，闻名全国的商业都会。因此，以临清为地理背景的明清小说作品颇不乏见，临清成为明清小说中一个高频出现的城市。透过这些作品，我们可以看到明清时期临清的人情百态和社会图景。

一、《金瓶梅》中的临清故事

《金瓶梅》所写故事发生于清河、东京和临清等地。前八十回有十余次提及临清，主要和西门庆的生意有关。如第五十八回，韩道国从杭州置买缎绢货物，抵达临清钞关，需缴纳税钞银两，派人到清河县告知西门庆；第七十七回，崔本从湖州置买绸绢货物，抵达临清后，找西门庆取车税银两，并让他写信给钞关钱主事请其关照等。小说后二十回，随着西门庆死去，故事主要发生地从清河转到了临清。这里发生的故事有二。

一在第八十一回，韩道国、汤来保领着西门庆的本钱，从江南置买四千余两银子布货，到达临清码头。闻知西门庆已死的消息，韩道国就地卖掉一千两银子布货，携妻子远遁东京。汤来保是西门庆的家人，盗卖八百两银子布货，在临清开起了自己的杂货铺。这一回故事表现了西门庆死后树倒猢狲散、生意一败涂地的衰落之状。二在第九十二回至第九十九回，叙写陈经济在临清出家、开酒店、与春梅私情以及孙雪娥的不幸遭遇等，是后二十回着墨最多的内容。西门庆死后，庞春梅被卖给临清周守备为妾，深得宠爱；孙雪娥被卖到守备府，成了专管上灶的仆妇；陈经济不务正业，沦为乞丐，流落清河县街头。在父执王兴庵介绍下，陈经济在临清晏公庙出家做了道士，法名陈宗美。陈经济极不安分，将庙主任道士的金银细软偷盗殆尽，在临清码头包养娼妓。一日，陈经济在临清谢家大酒楼嫖妓事发，被抓到守备府过堂审讯，活活气死了任道士。事有凑巧，春梅已扶正为守备夫人，认出过堂的是陈经济，便对周守备谎称他是自己的姑表兄弟，从而被释。为与陈经济厮会，防备孙雪娥碍眼，春梅将她从守备府赶走，卖入娼门。不久，陈经济与春梅相会于守备府，亲密无间。靠了守备府的招牌，陈经济到临清码头寻生意，夺了谢家大酒楼，开张起来，生意红火。陈经济自此花天酒地，在谢家酒楼包养了从东京逃回来的韩道国的女儿韩爱姐。最后，陈经济在守备府上与春梅厮会时，被虞候张胜杀死，完了一生公案。

《金瓶梅》后二十回中，陈经济临清晏公庙出家是重要的关目。据程毅中、赵兴勤等先生考证，故事原型出自明人陶辅《花影集》卷四《丐叟歌诗》。为便阅读和比较，兹将《丐叟歌诗》前半部分文字迻录如下：

李自然者，临清县民家子也，七岁而孤，为晏公庙道士任某抚养以为弟子。既长，聪敏变通，甚为居人知爱。时运河初开，而临清设两闸以节水利，公私船只，往来住泊，买卖嚣集，商贾辐辏，旅馆市肆，鳞次蜂脾。游妓居娼逐食者众，而自然私一歌妓日久，情款甚厚，暗将其师资产盗费垂尽，皆不知也。一日，因醉与一游手争殴，被讼于官，其师始知，一气而没。自然亦因宿娼之愆，展转囚禁，经岁方已。然追牒为民，不得复其原业。无所依归，遂与前妓明为夫妇，于下闸口赁房卖米饼度日。

自然自念贫乏，夫妇勤苦生理，不舍昼夜。不半载自饼铺而为食店，自食店而开槽坊，生理日增，财本日盛，十数年中家业赫然。南庄东野，前店后宅，遂成巨富。止生一子，取名曰当。甫七岁，其母因疾而逝。自然未免再娶，虽得其宜，而自然念己幼孤，恐子为继母凌苦，百方防忌，子母之间反各疑避。是后李当既长，自然为择豪门为配。一自新妇入门，母子更加不睦，而李当恣意非为，其母绝言不告，亦不禁戒，所以至于败坏。实自然处不得其道也。初尚不知，后虽知之，亦无如之何。

不一二年，其李当或纵酒宿娼，游放赌博，无所不至。家业费耗，行藏极滥，或为贼盗攀指，或遭凶徒染累，或为人命干连，或作诓奸保证，或禁图圄，或奔逃避匿。而自然只得为其营救，赂上买下，补欠偿逋，不及数年，产业一空，衣食往往缺用。而李当狂肆无施，亦颇守分。止馀旧宅一区，尚直银数百。而自然有妻弟刘某者，谓自然曰："君今年老，别无生计。虑恐日后渐至难为。吾于两淮有盐若干，年久未支，今欲往卖。近观贤甥顿非前行。可将此宅变易，暨予同往。必得厚利。”而李当亦自奋励。父子同议，罄易家产，与刘某择日而去，而自然夫妇同新妇借房亲家暂居。

将二年，杳无音耗。一日，忽有人自淮而来，言刘某已死于途，两家财本尽为李当所掌，仍前不肖，任意非为。自然欲去而不能，欲托人而不得。未半年，老妻儿妇相继物故，孤身独处，人情久厌，资用不敷，东移西处，人皆不顾。遂复栖身于晏公庙之□厨。故人亲知，供饷不至，未免行丐于市。而自然素受安富，一旦行此，多为人憎，饥寒顿切。[①]

审李自然故事的立意、题旨与情节，虽与陈经济故事均有不同，但其中一些情节元素，如临清、晏公庙、任道士、故事主人公包养娼妓气死师父等，颇相类似。李自然故事含有造化弄人、人生无常的意味，主人公的人生遭遇让人同情。《金瓶梅》作者取材于这一故事，塑造了陈经济这样一个烂泥扶不上墙的堕落贵族子弟形象。

二、“三言”“二拍”中的临清故事

“三言”“二拍”写及临清故事的作品有《警世通言》第十一卷《苏知县罗衫再合》、《醒世恒言》第三十六卷《蔡瑞虹忍辱报仇》、《初刻拍案惊奇》卷十八《丹客半黍九还　富翁千金一笑》、《二刻拍案惊奇》卷三十八《两错认莫大姐私奔　再成交杨二郎正本》等。除此之外，还有不少作品在故事情节中提及临清。

《苏知县罗衫再合》写苏云一家悲欢离合的故事，以构思奇巧、情节曲折见长，其中有关临清的内容占了重要戏份。小说一开始就隐伏了与临清的关系：涿州新科进士苏云赴任金华府兰溪县大尹，中途在仪真县换乘徐能的客船。这条船是告老回乡、居住临清的一品尚书王贵的财产。小说写道：“王尚书初任南京为官，曾在扬州娶了一位小奶奶，后来小奶奶父母却移家于仪真

① （明）陶辅撰，程毅中点校：《花影集》，中华书局2008年版，第107—109页。

居住，王尚书时常周给。后因路遥不便，打这只船与他，教他赁租用度。船上竖的是山东王尚书府的水牌，下水时，就是徐能包揽去了。”[①]靠着这条船，徐能专干杀人越货的勾当，断送了苏云的前程，致使苏云妻离子散、家破人亡。后来，苏云之子苏泰为官，查办、严惩徐能及其同党，为民除害。徐能积年水贼一案，王尚书实有不可推卸的干系，但宅心仁厚的苏泰未予追究。深感此情的王尚书，在临清渡口驿盛情接待归乡省亲的苏云、苏泰父子，将女儿许配苏泰为妻。小说是大团圆的结局。

同涉临清故事，《蔡瑞虹忍辱报仇》与《苏知县罗衫再合》在主旨、结局等方面有所不同。本篇写水贼陈小四杀死去湖广赴任新职的淮安卫指挥蔡武及其家人，奸占小姐蔡瑞虹。为报父母血仇，蔡瑞虹忍辱偷生，几经辗转，被卖给朱源为妾。朱源考中进士，携蔡瑞虹赴任武昌知县，舟行运河，在临清雇船时，蔡瑞虹发现了当年的凶手陈小四，陈小四及其同党终被官府严惩。在报仇雪恨后，蔡瑞虹以死明志，报父母于地下。故事是悲剧性的结局。

《丹客半黍九还　富翁千金一笑》写松江潘富翁酷好丹术，屡被丹客所骗，家财损失惨重，仍然执迷不悟。后受丹客蛊惑，与他们同往山东，烧丹行骗，事发而沦为乞丐。潘富翁乞行至临清码头，偶遇一船中美人，认出是当年配合丹客设局骗走他巨金的女子。女子告诉他，自己实为河南娼妓，当年被丹客控制，设局骗人，这次陪一举子进京会试。她深感自己有负于潘富翁，怜悯他如此落魄，赠银助其回乡，并告诫“此后遇见丹客，万万勿可听信。妾亦是骗局中人，深知其诈”[②]云云。潘富翁自此终身不信丹术。本篇所写女子，既曾配合丹客诓骗潘富翁巨金，又在潘富翁落魄患难时出手相助，并诫其悔改，良心不泯，表现出人性

① (明)冯梦龙编著，(明)无碍居士点评，吴书荫校：《三言·警世通言》，中华书局2015年版，第69页。

② (明)凌濛初编著，(明)即空观主人点评，张明高校：《二拍·初刻拍案惊奇》，中华书局2015年版，第146页。

光辉的一面，是一个善恶兼具的真实可感的人物形象。

《两错认莫大姐私奔　再成交杨二郎正本》取材于明人王同轨笔记小说集《耳谈》卷三《徐德妇》，抑或《耳谈类增》卷三十二《徐德妇》[①]。故事发生地是大运河沿岸的张家湾和临清。张家湾徐德之妻莫大姐爱上邻居杨二郎，想与他寻机私奔。居心不良的郁盛探得消息，冒充杨二郎，趁黑夜将莫大姐拐到临清奸宿，不久又把她卖入临清渡口驿妓院。在张家湾，徐德认定莫大姐被拐是杨二郎的勾当，将他告到官府，投入监中。数年后，在同乡客人幸逢的帮助下，莫大姐被解救回乡。杨二郎也被释放出狱，与莫大姐结为夫妻，相伴终老。总体来看，本篇尽管表现出比较浓厚的道德劝惩意味，但对莫大姐因轻佻而失节也给予较大程度的宽容，显示了不同于传统女性贞节观的新观念。这一现象反映的是明代大运河沿岸商业经济发展带来的人们思想观念的变化与开明。

三、《梼杌闲评》中的临清故事

《梼杌闲评》提及临清有三十余次。小说共五十回，前二十回写魏忠贤入宫以前的故事。有关临清的内容集中于前二十回，写了魏忠贤的家世和魏忠贤贩麦临清的故事。

第二至四回主要写魏忠贤的身世故事。魏丑驴、侯一娘夫妇是表演鞦韆技的杂技演员，在临清演出时，与扮演小旦的苏州戏子魏云卿相识。侯一娘与魏云卿彼此有意，暗中同居，在临清王尚书家花园同宿时，一条大红蛇夜伏侯一娘身上，一娘有孕，生下一子。生子时大风拔木，飞沙走石，有九头鸟大叫数声飞去。孩子乳名辰生，进学堂后取名魏进忠，也就是后来的太监魏忠贤。

第十二回写魏忠贤贩麦临清的故事。魏忠贤在峄山村与傅如玉成婚后，闻知临清一带麦种涌贵，决定贩麦到临清去，回船

① 徐永斌：《凌濛初考证》，江苏人民出版社 2010 年版，第 214—215 页。

时顺便接母亲侯一娘来峄山村居住。到临清发完货物，魏忠贤访问母亲所住的王府，见到王老爷，得知母亲已于上年春间由魏云卿接到蓟州州同任上去了。在等待回收麦价期间，魏忠贤结识了到临清卖布的福建商人吴晴川。吴晴川因妻子去世，急于回乡，便把一千一百余两银子的布货转给魏忠贤，魏忠贤则用讨齐的麦价付清布货款。吴晴川告知蓟州布贵的讯息，魏忠贤即押布货前往蓟州贩卖，顺便寻找母亲。自此，魏忠贤走上抛妻舍子、游荡南北的道路，再也没有回到峄山村。

四、《女仙外史》中的临清故事

《女仙外史》多次写及临清，主要内容在第三十八回，写济南兵攻打临清事。月君唐赛儿建阙济南后，军师吕律和司马高咸宁审时度势，共议攻打济宁、兖州、临清和东昌，以图夺取战略要地，并取临清、济宁仓廪以供济南兵饷之需。经与吕律拈阄分兵，高咸宁率兵攻打临清和东昌。东昌望风而降，高咸宁遂率战将十二员、精兵六千，直取燕王派重兵把守的临清。济南兵先锋楚由基，首战大胜。高咸宁摆布阵法，大败企图劫寨的临清兵马。临清城内，由于知州竺石麒为官贪狠异常，官员腐败，一位擅使铁扁担的老好汉趁机率众起义，内应济南兵。在内外夹攻下，高咸宁很快攻克临清州，知州竺石麒被俘，因民愤极大，高咸宁下令将其腰斩于市曹。临清这一"南北冲要之区"[①]进入济南阙下的控制之中。同一时间，南部的济宁也被吕律攻克。由此，临清、济宁均成为济南阙下之地，截断了燕王与南京往来的运河通道。济南兵进而略取淮南、江北、河南、西楚等地，导致燕王国势甚是穷蹙，竟至只能由东部海道南北通使。

五、《型世言》《续金瓶梅》等小说中的临清故事

明清时期，临清作为南北冲要之区的运河码头，是各色人等

---

① （清）吕熊著，杨钟贤校点：《女仙外史》，百花文艺出版社1984年版，第431页。

舟行运河北上南下时的必经之地，商业贸易发达，成为四面八方商品的集散之地。因此，在明清小说中，写及临清一地的内容所在多有。除上述《金瓶梅》、“三言”“二拍”、《梼杌闲评》和《女仙外史》之外，其他作品如《型世言》《续金瓶梅》《醒世姻缘传》《聊斋志异》《鸳鸯针》《飞花咏》等，均有涉及或者主要以临清为地理背景的故事。《型世言》第九回《避豪恶懦夫远窜 感梦兆孝子逢亲》写王喜孤身流浪，要投奔定辽卫的表兄，到临清“顶了一个江西粮船的外水缺，一路扯绕到通湾。吃了他饭，又得几钱工银，作了路费”①。第二十回《不乱坐怀终友托 力培正直抗权奸》写秦凤仪进京赴考，受友人之托，顺路护送一扬州女子至临清钞关之事。《续金瓶梅》第八回写因临清布店生意极好，来安和张小桥商议去临清开布店。《醒世姻缘传》第十二回写临清道观察李纯治治理地方，兴利除害，是一位清正廉明、百姓爱戴的好官。《聊斋志异》卷八《画马》写一个关于临清曾家赵子昂骏马图的画妖故事，卷十一《任秀》写鱼台秀才任秀弃儒从商，夜泊临清码头的奇遇，旨在劝人做事不可昧良心，要有诚信。《鸳鸯针》第一卷《打关节生死冤家 做人情始终全佛法》共四回，主人公是杭州府仁和县秀才徐鹏子，第二至四回写落难的徐鹏子在临清得到卢翰林帮助，先后进学、中举、考中进士，并夫妻重逢团聚故事。《飞花咏》是一部十六回的才子佳人小说，第二至四回写年幼的昌谷被父母托付于临清唐希尧为义子，易名唐昌，及其与彩文因“飞花”诗而缔结姻缘等故事。

第二节 明清小说中的临清商业

临清一地高频出现于明清小说中，一般表现为三种情况：一是作为小说故事情节的主要地理背景，二是作为故事发展某一阶段人物活动的地理背景，三是在故事情节中作为点缀的因素

---

① （明）陆人龙：《型世言》，浙江古籍出版社2016年版，第87页。

被提及。无论哪种情况，常常和临清的商业活动有关，从不同的点或面上反映出临清商业的繁荣图景。

一、明清小说中的商业都市临清

《金瓶梅》对明代临清商业繁荣的情形多有描写。第九十二回写道："这临清市上，是个热闹繁华大马头去处，商贾往来之所，车辆辐辏之地，有三十二条花柳巷，七十二座管弦楼。"[①]《梼杌闲评》亦有类似描写，如第二回写道："却说临清地方，虽是个州治，到是个十三省的总路，名曰大马头。商贾辏集，货物骈填。更兼年丰物阜，三十六行经纪，争扮社火，装成故事。更兼诸般买卖都来赶市，真是人山人海，挨挤不开。"[②]清代的临清也是一片繁荣景象，不负"大马头"的声誉。《聊斋志异》卷十一《任秀》写任秀跟随表叔张某从鱼台去往北京经商，舟行大运河，"至临清，泊舟关外。时盐航舣集，帆樯如林。卧后，闻水声人声，聒耳不寐"[③]，再现了临清关夜晚帆樯林立、人声喧哗的热闹情景。

根据明清小说的描写，临清商业发达，在这里集散的商品有粮食、布匹、丝绸、药材以及日用百货等，吸引了周边和远方的行商坐贾纷纷来此贸易。在《金瓶梅》中，西门庆从江南购进缎绢、布货等，都是从临清关上岸运往清河县，甚至有时就直接在临清码头发售出去。《梼杌闲评》第十二回中，魏进忠(魏忠贤)雇六条船装载三千石麦子到临清发卖，五六天时间就发完了货；他结识的福建布客吴晴川，是到临清发卖布货的。明代话本小说《孔淑芳双鱼扇坠传》写商人将南方绸缎贩运到临清的情形："(徐)大川促子(按：徐景春)经商，辏积银两，置买丝绵段绢等样，往临清货卖。命僮仆于新宫桥侧泊船装载，吉日启程，冒雨迎风，不

① 秦修容整理：《金瓶梅》(会评会校本)，中华书局1998年版，第1346页。

② 刘文忠校点：《梼杌闲评》，人民文学出版社1983年版，第17页。

③ (清)蒲松龄著，张友鹤辑校：《聊斋志异》(会校会注会评本)，上海古籍出版社1986年版，第1474页。

辞辛苦。一路迤逦，径抵彼处东门停歇。”[①]清代话本小说集《照世杯》第二回中，徽州商人江秋雯“有两个典铺，开在临清。每年定带些银两去添补”[②]。

临清商业氛围浓厚，不仅吸引了专事贸易的商人，而且出家人、读书人、致仕官员也加入这场商业的盛宴之中。《金瓶梅》第九十三回中，晏公庙庙主任道士，广收官民布施的钱米、馈送的香油和纸烛等，“将常署里多余钱粮，都令家下徒弟在马头上开设钱米铺，卖将银子来，积攒私囊”[③]。《醒世姻缘传》第十八回中，临清秦参政宅上秦夫人的弟弟——秦舅爷，“是临清州学的一个秀才，在道门前开店治生”[④]，开的是一家客店。第二十五回中，远在济南府明水镇的薛教授，在明水开起了梭布店，货源来自临清。这位致仕的衡王府纪善也从临清的商业盛宴中分得了一杯羹。此外，一些游民也从临清的商业盛宴中寻找个人的生计与出路。如《二刻拍案惊奇》卷三十八《两错认莫大姐私奔再成交杨二郎正本》所写，郁盛拐带莫大姐去往临清，他的想法是：“临清是个大马头去处，我有个主人在那里，我与你那边去住了，寻生意做。”莫大姐受到鼓舞，因说道：“我衣囊里尽有些本钱，哥哥要营运时，足可以生发度日的。”[⑤]支撑这一对从张家湾私奔的男女在临清落脚的希望，便是可以在此地做生意生活下去。

在繁荣的商贸中，临清所产商品销往四方。明清小说对此虽然没有较多描写，但某些作品中的细节描写仍给读者示其一

① (明)熊龙峰刊行，石昌渝校点：《熊龙峰刊行小说四种》，江苏古籍出版社1990年版，第56页。

② 王巍等校点：《中国古代珍稀本小说》(9)，春风文艺出版社1994年版，第239页。

③ 秦修容整理：《金瓶梅》(会评会校本)，中华书局1998年版，第1368页。

④ (明)西周生辑著，李国庆校注：《醒世姻缘传》，中华书局2005年版，第233页。

⑤ (明)凌濛初编著，(明)即空观主人点评，吴书荫校：《二拍·二刻拍案惊奇》，中华书局2015年版，第339页。

斑。《喻世明言》第一卷《蒋兴哥重会珍珠衫》，所写为发生于湖广襄阳府枣阳县的故事，小说人物之一薛婆子道："失落了一条临清汗巾儿。"[①]《初刻拍案惊奇》卷十二《陶家翁大雨留宾　蒋震卿片言得妇》写绍兴府诸暨村女子陶幼芳的穿戴："头扎临清帕，身穿青绸衫。"[②]这两个短篇所谓"临清汗巾"和"临清帕"，应是临清制造的商品，销往南方地区，已为当地女性日常所用。《剪馀余话》卷五《贾云华还魂记》有云："阁前临清小瓦盆养的瑞香花一株。"[③]瓦盆是旧时人家的日常用品，这里的"临清小瓦盆"应当是临清的产品。以上三个短篇反映的是明末的情况。清代小说《醒世姻缘传》第七十五回则有文字写到临清商品在京城销售的情况。和童寄姐订婚时，狄希陈"走到东江米巷临清店内，买了一连头机银花喜字首帕"[④]，可知清初的京城出现了主营或者专卖临清商品的店铺。值得注意的是临清帕，上述《初刻拍案惊奇》和《醒世姻缘传》的故事情节都写到它，虽然文字极简，但透露出的信息是比较明确的，即它应该是深受南北各地人们欢迎的临清商品，从而有了冠以地名的专有名称。

临清商业繁荣，吸引了周边地方家境富厚的消费者。以《醒世姻缘传》第十八回为例，晁源给父亲和计氏出殡，"差人往临清买干菜、纸张、磁器、衫篙、孝布、果品之类……又在临清定了两班女戏，请了十二位礼生"[⑤]。又如第四十四回，狄员外置办儿子狄希陈的婚聘彩礼，托人"往临清顺买尺头等物"[⑥]；第九十回，晁

① (明)冯梦龙编著，(明)绿天馆主人点评，陈熙中校：《三言·喻世明言》，中华书局2015年版，第9页。

② (明)凌濛初编著，(明)即空观主人点评，张明高校：《二拍·初刻拍案惊奇》，中华书局2015年版，第94页。

③ (明)瞿佑等：《剪灯新话(外二种)》，上海古籍出版社1981年版，第276页。

④ (明)西周生辑著，李国庆校注：《醒世姻缘传》，中华书局2005年版，第974页。

⑤ (明)西周生辑著，李国庆校注：《醒世姻缘传》，中华书局2005年版，第237页。

⑥ (明)西周生辑著，李国庆校注：《醒世姻缘传》，中华书局2005年版，第565页。

夫人舍药救人，央请胡无翳到临清买地头生药。晁夫人、晁源母子是武城县的官宦人家，狄员外是济南府绣江县明水镇的大财主，他们在婚丧嫁娶等大事上是绝不含糊的，购买物品时都到临清这一个商业都市。

明清小说的有关描写也表现了临清餐饮行业的繁荣。以《金瓶梅》第九十三回为例，本回写有一处大酒楼"乃是临清第一座酒楼，名唤谢家酒楼。里面有百十座阁儿，周围都是绿栏杆，就紧靠著山冈，前临官河，极是人烟闹热去处，舟船往来之所"[①]。这座酒楼位置优越，规模很大，陈经济便依仗守备府的势要，"把谢家大酒楼夺过来，和谢胖子合伙。春梅又打点出五百两本钱，共凑了一千两之数，委付陆秉义做主管，从新把酒楼妆修，油漆彩画。阑干灼耀，栋宇光新，桌案鲜明，酒肴齐整。……从正月半头，这陈经济在临清马头上大酒楼开张，见一日也发卖三、五十两银子"(第九十八回)[②]。由此可见酒楼生意之红火。

二、明清小说中的临清布货与布行生意

明清小说常常写到临清的布货和布行生意，如《金瓶梅》《梼杌闲评》《醒世姻缘传》和《续金瓶梅》等作品都有相关描写，这是一个比较突出的现象。《金瓶梅》第八十一回，韩道国和来保领着西门庆的本钱，到江南置办了四千两银子的布货，运到临清码头。本回进而写道：

> 不想那时河南、山东大旱，赤地千里，田蚕荒芜，不收棉花，布价一时踊贵，每匹布帛加三利息，各处乡贩都打着银两远接，在临清一带马头迎着客货而买。韩道国便与来保商议："船上布货，约四千余两，见今加三利息，不如且卖一半，又便益钞关纳税，就到家发卖，也不过如此。遇行市不

① 秦修容整理：《金瓶梅》(会评会校本)，中华书局1998年版，第1370页。

② 秦修容整理：《金瓶梅》(会评会校本)，中华书局1998年版，第1427—1428页。

卖，诚为可惜。"……来保强不过他，就在马头上，发卖了一千两布货。[①]

韩道国侵吞了这一大笔银子，来保有样学样，"往临清马头上，将封寄店内布货尽行卖了八百两银子"[②]。《梼杌闲评》第十二回中，福建布客吴晴川带了一千余两银子的布货到临清发卖。《续金瓶梅》第八回写道："这临清三行生意，布行是上等，不拘有几千几万布来，不消几日，就发脱了。"[③]《金瓶梅》等明清小说的描写表明，临清的布行生意是相当红火的。

临清作为大宗布货的集散地，布货分销的去向在《金瓶梅》《梼杌闲评》《醒世姻缘传》和《续金瓶梅》中也有相关描写。一是销往临清附近和以东的地区，如清河、明水、青州等地。《金瓶梅》第九十二回写陈经济离开西门庆家以后，自谋生路，凑了五百两银子去临清贩布，运到清河县销售。《醒世姻缘传》第二十五回中，一伙青州布客去临清贩布，一般二十天贩运一次。狄员外从青州布客口中了解布行生意的信息后，告知有意开店治生的亲家薛教授。青州布客允诺带挈，薛教授便"兑足了五百两买布的本钱，又五十两买首帕、汗巾、暑袜、麻布、手巾、零碎等货，差了薛三槐、薛三省两个同去，往后好叫他轮替着走"[④]。薛教授在明水镇开起布店，生意红火，一日能卖二三十两银子。二是销往临清以北的边关地方。《梼杌闲评》第十二回中，福建布客吴晴川将打算在临清发卖的一千余两银子布货，转给魏进忠，销往蓟州，蓟州有专做布行生意的商人孙月湖。又据《续金瓶梅》第八回来安所说，临清的布货"不拘有几千几万布来，不消几日，就发脱了。却是两京、三边上的大客人凑来总收，各边关上去卖，

① 秦修容整理：《金瓶梅》（会评会校本），中华书局1998年版，第1213页。

② 秦修容整理：《金瓶梅》（会评会校本），中华书局1998年版，第1219页。

③ （清）丁耀亢著，孔一标点：《续金瓶梅》，上海古籍出版社1993年版，第45—46页。

④ （明）西周生辑著，李国庆校注：《醒世姻缘传》，中华书局2005年版，第330页。

还要挣钱哩”[①]。

临清布货何以畅销呢？根本原因在于明清时期南北方地区农业和手工业生产的差异。长江以南是当时的棉布主产区，在明清小说描写中，北方地区的棉布大都来自南方。如《金瓶梅》第八十一回写西门庆四千余两银子的布货就是从江南扬州购进的。《二刻拍案惊奇》卷三十七《叠居奇程客得助　三救厄海神显灵》也写“辽东远在塞外，地不产布”[②]，当地的棉布是苏州商人长途贩运过去的。再如《续金瓶梅》第八回所写：

> 张小桥先说道：“这银子还好零使，只这金子不敢这里卖，不是临清，就上东京去。卖了这三百两金，少也要七八换，值二三千银子。治下货来，咱就在临清只开青布店。咱兄弟二人，一个上南治货，一个坐店开张，不消二年，连本三合。这布货是算得出来的，又不零碎，又没剩货。”[③]

这是张小桥勾结来安偷盗吴月娘的金银后，商量如何用作本钱到临清开布店的事。虽然事出邪恶，但他们所说在临清开布店，到南方置办货物的打算，却透露出临清布货来自南方的信息。将此与《金瓶梅》等小说的相关描写结合起来看，就知明清时期临清乃至北方地区棉布来自江南的事实。

临清在大运河上的重要地理位置，也使它成为北方地区布货集散地的不二之选。《梼杌闲评》第二回写道，临清“虽是个州治，到是个十三省的总路，名曰大马头”[④]。因此，临清成为北方地区的布货交易中心，如《续金瓶梅》第八回所说，这里的布货

---

① (清)丁耀亢著，孔一标点：《续金瓶梅》，上海古籍出版社1993年版，第45—46页。

② (明)凌濛初编著，(明)即空观主人点评，吴书荫校：《二拍·二刻拍案惊奇》，中华书局2015年版，第332页。

③ (清)丁耀亢著，孔一标点：《续金瓶梅》，上海古籍出版社1993年版，第45—46页。

④ 刘文忠校点：《梼杌闲评》，人民文学出版社1983年版，第17页。

“却是两京、三边上的大客人凑来总收，各边关上去卖，还要挣钱哩”[①]。棉布作为商品，具有按尺寸售卖、损耗小、利润可期的特点，深受商人青睐，这也是临清布货畅销的一个原因。《醒世姻缘传》第二十五回中，青州布客说道：“这是大行大市的生意，到我们青州，稳稳的有二分利息；若止到这里，三分利钱是不用讲的。这梭布行又没有一些落脚货，半尺几寸都是卖得出钱来的。”[②]《续金瓶梅》第八回写张小桥之所以要开布店，原因之一是“这布货是算得出来的，又不零碎，又没剩货”[③]。青州布客和张小桥的说法，道出了布货生意的优势。

三、明清小说中的临清码头

临清商业之所以繁荣，与大运河码头的交通要道位置这一地理因素密切相关。这反映到明清小说中，就是无论长篇还是短篇，往往都会写到临清车船云集的情形。《聊斋志异》卷十一《任秀》中“盐航舣集，帆樯如林”[④]八字，差不多已经写尽临清码头的盛况。从明清小说的描写来看，靠泊临清的船有客船、货船、粮船和盐船等，其中，明清小说故事情节涉及最多的是客船。如《醒世姻缘传》第八十七回，狄希陈和郭总兵出京赴任新职，“童寄姐合郭总兵的两只座船到了临清，在浮桥口湾住”[⑤]，等候狄希陈。《儿女英雄传》第二十一回中，人在茌平县的安老爷，叫梁材到临清雇船，“梁材从临清雇船回来，雇得是头二三三号太

---

① （清）丁耀亢著，孔一标点：《续金瓶梅》，上海古籍出版社 1993 年版，第 46 页。

② （明）西周生辑著，李国庆校注：《醒世姻缘传》，中华书局 2005 年版，第 330 页。

③ （清）丁耀亢著，孔一标点：《续金瓶梅》，上海古籍出版社 1993 年版，第 46 页。

④ （清）蒲松龄著，张友鹤辑校：《聊斋志异》（会校会注会评本），上海古籍出版社 1986 年版，第 1474 页。

⑤ （明）西周生辑著，李国庆校注：《醒世姻缘传》，中华书局 2005 年版，第 1116 页。

平船，并行李船、伙食船，都在离此十余里一个沿河渡口靠住”[①]。进出京城的粮船也有从临清顺带载客的，如《醒世恒言》第三十六卷《蔡瑞虹忍辱报仇》写道：“大凡吴、楚之地作宦的，都在临清张家湾雇船，从水路而行，或径赴任所，或从家乡而转，但从其便。那一路都是下水，又快又稳；况带着家小，若没有勘合脚力，陆路一发不便了。每常有下路粮船，运粮到京，交纳过后，那空船回去，就揽这行生意，假充座船，请得个官员坐舱，那船头便去包揽他人货物，图个免税之利，这也是个旧规。”[②]所写即是进京粮船回空，搭载客人，船主赚取营运之利；如果揽得官员乘坐，则行船甚为方便，还可免去关税，这已经成为当时惯例了。进京的粮船同样从临清揽载客人。如《鸳鸯针》第一卷《打关节生死结冤家　做人情始终全佛法》第四回，卢翰林对徐鹏子和卢公子说：“我意，这边粮船甚便，雇了一个舱口，又宽敞，又安稳。”[③]于是，徐鹏子和卢公子趁过路的粮船，从临清进京，准备会试。这个情节反映了从临清进京粮船顺便搭载客人的情形。

总之，在明清小说的描写中，临清是一个商业氛围浓厚、商业经济繁荣的城市，在这样的氛围之下，人们的思想观念也发生了明显变化，经商与追逐利润成为一种广为社会所认可的行为。《金瓶梅》第九十三回临清晏公庙庙主任道士开店、《醒世姻缘传》第十八回临清州学秦秀才开店等，颇可表明这一点。最具代表性的则是西门庆。清河县与临清临近，西门庆的商业活动离不开临清码头，这使他对资本和利润形成了自己独到的理解。在第五十六回，他对应伯爵说道：“兀那东西，是好动不喜静的，怎肯埋没在一处。也是天生应人用的，一个人堆积，就有一个人

① (清)文康著，弥松颐校注：《儿女英雄传》，人民文学出版社 2014 年版，第 388 页。

② (明)冯梦龙编著，(明)可一居士点评，张明高校：《三言·醒世恒言》，中华书局 2015 年版，第 407 页。

③ (明)华阳散人：《鸳鸯针》，黑龙江美术出版社 2015 年版，第 33 页。

缺少了。因此积下财宝,极有罪的。”[①]对此,《金瓶梅》崇祯本有眉评云:“不以施予为功,而反以积财为罪,虽不可为败子借口,然自是千古名言至理。西门庆始终用财,不出此意。”[②]西门庆已然认识到,金钱只有流通才能产生利润。在临清商业氛围的浸润下,西门庆这一人物形象的出现就有了其合理性。

第三节 明清小说中的临清社会

一、明清小说中的临清社会生活

在明清小说中,临清作为一个商业繁荣的运河沿岸城市,不但吸引了各方行商坐贾,而且各行各业都藏龙卧虎,不乏高人,这可从小说的一些细节描写中窥见一斑。《醒世姻缘传》第六十七回中,狄希陈刀伤严重,济南府城的医生艾前川不用心治疗,狄家的觅汉常功便道:“俺往临清另请好明医去了,不用你治。”[③]常功说这话的目的是敲打艾前川,让他好好给狄希陈疗伤;但“临清……好明医”之说也表明,在当时人们心目中,临清才有医术更高明的医生。《飞花咏》第三回写临清前街上唐希尧是祖代名医,医德高尚,医术高明。在时人的意识中,不只临清的医生水平更高,即使僧尼也是如此。比如在《醒世姻缘传》第九十回,武城的晁梁便“去临清访了两位有德行的尼僧,来与晁夫人奉祀香火”[④]。

临清作为运河沿岸的大码头和繁荣的商业城市,吸引着八方客商,在产生巨量商业利润的同时,容纳着三教九流,难免泥

---

① 秦修容整理:《金瓶梅》(会评会校本),中华书局1998年版,第748页。

② 秦修容整理:《金瓶梅》(会评会校本),中华书局1998年版,第748页。

③ (明)西周生辑著,李国庆校注:《醒世姻缘传》,中华书局2005年版,第864页。

④ (明)西周生辑著,李国庆校注:《醒世姻缘传》,中华书局2005年版,第1168页。

沙俱下，鱼龙混杂，在社会上形成一些黑恶势力。明清小说对临清的这类黑恶势力就多有涉及，其中有几个可作为代表的人物。一个是《金瓶梅》后二十回所写陈经济。陈经济先到临清贩布，不得已在晏公庙出家，最终时来运转，靠上守备府，强取豪夺，把临清生意第一的酒楼——谢家大酒楼，从铁指甲杨光彦手中抢夺了去。陈经济的手段，是靠着守备府的招牌，勾结官府，黑吃黑，霸占优质商业资源，大发其财。等而下之的还有第九十四回所写刘二，"他是帅府周守备府中亲随张胜的小舅子，专一在马头上开娼店，倚强凌弱，举放私债，与巢窝中各娼使用，加三讨利。有一不给，捣换文书，将利作本，利上加利。嗜酒行凶，人不敢惹他"①。另一个是《梼杌闲评》第四回所写姓牛名金的牛三。此人是临清地头蛇，"目不识丁，专好同那起破落户泼皮们终日在花柳中闲串。只是悭吝，一文不出，在姊妹家专一撒酒风，赖嫖钱，睡几夜临去撒个酒风，打一场走路。市上开店的并那小本营生的都被他骗怕了，见好东西便要，只是不还钱。这些泼皮只好图他些酒食，要一文也赚不动他的。小民畏之如蛇蝎，士夫恶之如狗屎"②。

商人内部也有坑蒙拐骗的问题。明人叶权（1522—1578）《贤博编》云：

> 今天下大马头，若荆州、樟树、芜湖、上新河、枫桥、南濠、湖州市、瓜州、正阳、临清等处，最为商货辏集之所，其牙行经纪主人，率赚客钱。架高拥美，乘肥衣轻，挥金如粪土，以炫耀人目，使之投之。孤商拼性命出数千里，远来发卖，主人但以酒食饵之，甚至两家争扯，强要安落。货一入手，无不侵用，以之结交官府，令商无所控诉，致贫困不能归乡里。商中有奸黠者，又为之引诱后至之人，使那前趱后，己得脱去，俗谓之做移夫。如此不数年，主人亦以奢败，固所

① 秦修容整理：《金瓶梅》（会评会校本），中华书局1998年版，第1373页。

② 刘文忠校点：《梼杌闲评》，人民文学出版社1983年版，第40页。

甘心，而不知曾坑几商矣。为民上者，当知此弊。[①]

这段文字就写及临清，大意是说无良牙行主人勾结地方官府，设计引诱远来客商入住本商号，然后侵用客商货物，以致有的客商沦落他乡，滞留难归。个别被牙行坑害的客商又为虎作伥，勾结牙行经纪主人，引诱其他客商入驻牙行，用后至者的货物弥补自己的亏空，脱身而去，是谓“做移夫”。这就形成了牙行坑害客商、受害客商勾结牙行再坑害其他客商的社会问题，竟至最后无一赢家。难怪《梼杌闲评》第二回有云：“这临清马头是乌豆换眼睛的地方。”[②]奸诈之徒横行，成为商业社会的毒瘤。

临清商业社会中的毒瘤，令民间呼唤清正廉洁、公正执法的官员成为必然。《醒世姻缘传》第十二回就推出了一位临清好官员：

> 那时山东东昌府有一个临清道，是个按察司佥事官衔，姓李，名纯治，河南中牟县人，庚辰进士。……这东昌巡道衙门住扎临清。因临清是马头所在，有那班油光水滑的光棍，真是天高皇帝远，晓得怕些甚么，奸盗豪横，无日无天。兼那势宦强梁，欺暴孤弱，那善良也甚是难过的紧。自从他到了任，穿了豸服，束了花银带，拖了印绶，冷铁了面孔，说什么是张纲，又什么是温造，倒恰似包龙图一般。出了告示，再三劝人自新。只除了歇案的人命强盗，其外杂犯，在他到任以前的，俱免追论；但他到任以后，再有武断暴横的，十个倒有九个不得漏网。那一个漏网的毕竟是恶还不甚。他又不时戴了顶巾，骑了骡子，跟了一两个人，在那巡属十八州县里边不歇的私行，制伏得那些州县也不敢十分放肆。[③]

---

① （明）叶权撰，凌毅点校：《贤博编》，中华书局1987年版，第22页。

② 刘文忠校点：《梼杌闲评》，人民文学出版社1983年版，第21页。

③ （明）西周生辑著，李国庆校注：《醒世姻缘传》，中华书局2005年版，第151—153页。

李纯治的形象表达了民间期盼清官治理临清码头的愿望。

明清小说还写到了临清的民情风俗。在《梼杌闲评》第二回中，临清的迎春是冬尽春回时节的一项颇具轰动性的盛大民俗活动，官民同乐。迎春活动在临清郊外和天妃宫举行。先是知州率领众官到郊外迎春，临清万民轰动，载歌载舞："当街鲍老盘旋，满市傀儡跳跃。……合城中旗旛乱舞，满街头童叟齐喧。"[①]次是天妃宫内官员看春，临清知州"具春花、春酒并迎春社火，俱到宫里呈现"[②]。天妃宫内搭建有四十余座平台，请来五十余班戏子并诸般杂戏到此演出。迎春活动的次日是新春佳节，临清"家家俱放爆竹烧利市"，而且"时节忌讳，不许生人进门"。[③]《梼杌闲评》所写的这些是明末清初临清的社会风俗。此外，根据《鸳鸯针》第一卷第二、三回的描写，靠泊临清的船只，因为这里是个大码头，所以有一个风俗是船上人总要上岸烧些神福，热闹热闹。这也成为一道别具特色的码头风景线。

二、明清小说中的临清建筑

在明清小说中，临清的一些建筑物经常成为故事情节展开的地理背景，有的于史可考，有的为作者虚构，两种情形在小说中交错穿插，呈现出虚实相间的特点。下面以《金瓶梅》和《梼杌闲评》为例，考察两书写到的一些临清建筑。

首先是《金瓶梅》十多次写到的临清钞关。例如第四十七回："这苗青另搭了船只，载至临清马头上，钞关上过了，装到清河县城外官店内卸下。"[④]第五十八回："胡秀递上书帐，说道：'韩大叔在杭州置了一万两银子段绢货物，见今直抵临清钞关，缺少税钞银两，未曾装载进城。'"[⑤]第七十七回："崔本治了二千两湖

---

① 刘文忠校点：《梼杌闲评》，人民文学出版社1983年版，第17页。
② 刘文忠校点：《梼杌闲评》，人民文学出版社1983年版，第17页。
③ 刘文忠校点：《梼杌闲评》，人民文学出版社1983年版，第21页。
④ 秦修容整理：《金瓶梅》（会评会校本），中华书局1998年版，第625页。
⑤ 秦修容整理：《金瓶梅》（会评会校本），中华书局1998年版，第767页。

州绸绢货物，腊月初旬起身，雇船装载，赶至临清马头。教后生荣海看守货物，便雇头口来家，取车税银两。……西门庆陪崔本吃了饭，兑了五十两银子做车税钱，又写书与钱主事，烦他青目。”[①]第八十一回，来保对韩道国说道：“你到家，好歹讨老爹一封书来，下与钞关钱老爹，少纳税钱，先放船行。”[②]这几处写的都是临清钞关以及过往客商在此纳税的情形。西门庆的店铺经常从江南进货，所以到了临清码头钞关，需要缴纳车税钱。

临清钞关为史上实有，设于明宣德年间，钞关建筑至今仍存，位于临清市城区青年路西首南侧，会通河南支西侧。《（乾隆）临清直隶州志》卷九《关榷志》记载，明宣德四年（1429）设临清关，“差御史及户部主事监收船料商税”，在“河内为铁索，直达两岸，开关时则撤之”。清沿明制，关卡设衙署，由巡抚派员管理。[③] 清人赵慎畛（1761—1825）《榆巢杂识》上卷“始设钞关”条亦云：“宣德五年，户部尚书郭资言，钞法不行，由商贾居货不税，请行纳钞法。于是置郭县、济宁、徐州、淮安、扬州、上新河、浒墅、九江、金沙洲、临清、北新诸钞关，量舟大小、修广而差其额，谓之‘船料’，不税其货。惟临清、北新则兼收税课。此各处钞关所自始。以其纳钞，故曰‘钞关’。”[④]综合两段资料记载可知，临清钞关的关卡上，最醒目的是一条大铁索，可以横贯运河两岸，开关时则撤去。载货船只过往此地，钞关丈量其长宽、大小，据以确定征税数额，此谓之“船料”。一般情况下，货船缴纳船料税后，不再征收货物税，但临清钞关和江南的北新钞关还有一项税收特权，不仅征收船料税，还要再征收货物税。

其次是晏公庙，见于《金瓶梅》第九十三回。陈经济流落清河县街头，王兴庵叹其落魄，介绍他去临清码头上晏公庙出家做

① 秦修容整理：《金瓶梅》（会评会校本），中华书局1998年版，第1140页。

② 秦修容整理：《金瓶梅》（会评会校本），中华书局1998年版，第1213页。

③ 临清市人民政府编：《临清州志》，山东省地图出版社2001年版，第878—880页。

④ （清）赵慎畛撰，徐怀宝点校：《榆巢杂识》，中华书局2001年版，第26页。

道士。该庙在码头广济闸大桥附近,离清河县七十里地。第九十三回有一段韵散相间的文字状写晏公庙:

> 只见青松郁郁,翠柏森森,两边八字红墙,正面三间朱殿,端的好座庙宇。但见:"山门高耸,殿阁崚层。高悬敕额金书,彩画出朝入相。五间大殿,塑龙王一十二尊;两下长廊,刻水族百千万众。旗竿凌汉,帅字招风。四通八达,春秋社礼享依时;雨顺风调,河道民间皆祭赛。万年香火威灵在,四境官民仰赖安。"①

这段文字描写了晏公庙的建筑规模、庙内塑绘等,表明它是一座和水神有关的庙宇。晏公庙香火颇盛,小说写道:"不拘官民,船到闸上,都来庙里,或求神福,或来祭愿,或讨卦与筶,或做好事。也有布施钱米的,也有馈送香油、纸烛的,也有留松篙芦蓆的。"②临清码头本是车船辐辏之地,航经临清的官船和民船,必到此进奉香火,布施钱物,故庙中香火盛极。

临清晏公庙亦为史上曾有的一处建筑。《(乾隆)临清州志》卷十一《寺观志》记载:"晏公庙,在临清闸西浒。"③该庙供奉的晏公是一位水神。关于这位神灵的职司,李渔《连城璧》卷一《谭楚玉戏里传情　刘藐姑曲终死节》有具体描写:"晏公所职掌的,是江海波涛之事,当初曾封为平浪侯,威灵极其显赫。他的庙宇就起在水边,每年十月初三日是他的圣诞。"④传说晏公姓晏名戍仔。《三教源流搜神大全》第七卷《晏公爷爷》云:"公姓晏名戍仔,江西临江府清江镇人也。浓眉虬髯,面如黑漆,平生疾恶如探汤。人少有不善,必曰:'晏公得无知乎?'其为人敬惮如此。"晏公死后,"父老知其为神,立庙祀之,有灵显于江河湖海。凡遇风波汹涛,商贾叩投,即见水途安妥,舟航稳载,绳缆坚牢,风恬

① 秦修容整理:《金瓶梅》(会评会校本),中华书局1998年版,第1366页。
② 秦修容整理:《金瓶梅》(会评会校本),中华书局1998年版,第1368页。
③ 临清市人民政府编:《临清州志》,山东省地图出版社2001年版,第467页。
④ (清)李渔:《连城璧》,上海古籍出版社1992年版,第7页。

浪静，所谋顺遂也。皇明洪武初诏封显应平浪侯”。[①] 商贾漂泊湖海，晏公是保佑商贾水行平安的神灵，难怪临清码头会建有晏公庙了，惜今已不存，仅有遗址。

第三是谢家大酒楼，见于《金瓶梅》第九十三至一百回所写。第九十三回有一段状写酒店的文字，道：

> 这座酒楼乃是临清第一座酒楼，名唤谢家酒楼。里面有百十座阁儿，周围都是绿栏杆，就紧靠着山冈，前临官河，极是人烟闹热去处，舟船往来之所。怎见得这座酒楼齐整？但见：
>
> 雕檐映日，画栋飞云。绿栏杆低接轩窗，翠帘栊高悬户牖。吹笙品笛，尽都是公子王孙；执盏擎杯，摆列着歌姬舞女。消磨醉眼，倚青天万叠云山；勾惹吟魂，翻瑞雪一河烟水。楼畔绿杨啼野鸟，门前翠柳系花骢。[②]

谢家酒楼前临运河，舟船必经，人流密集，地理位置佳，生意极好。陈经济找到守备府的靠山后，把这座酒店抢到自己手中，大发其财。金兵进犯中原，杀到山东地界，谢家大酒楼倒闭。

第四是天妃宫，见于《梼杌闲评》第二回所写。总理河务的工部侍郎朱衡，在天妃宫宴请临淮侯李言恭和礼部尚书徐阶，请他们看春——观看临清官员和百姓迎春的民俗活动。临清知州准备了春花、春酒和迎春社火，到天妃宫呈献于朱衡等三位朝廷高官。宫内搭建了四十余座平台，供戏曲和杂技演出之用，可知天妃宫面积阔大。

天妃宫所奉祀主神天妃，一般认为就是源于东南沿海的海神妈祖，传播到明清时期的北方地区后，妈祖和泰山碧霞元君的信仰互相融合了。明清时期的临清曾建有泰山行宫碧霞元君祠。据《（康熙）临清州志》卷二《庙祀》记载：“碧霞宫在大宁寺

---

① 佚名：《绘图三教源流搜神大全》，上海古籍出版社 2012 年版，第 344 页。

② 秦修容整理：《金瓶梅》（会评会校本），中华书局 1998 年版，第 1370 页。

左。”[①]《(乾隆)临清州志》卷十一《寺观志》记载同此，唯改称碧霞宫为泰山行宫。由此来看，《梼杌闲评》所写之天妃宫，或以临清碧霞元君祠为原型。

第五是飞盖园，见于《梼杌闲评》第三回所写，妖蛇托孕侯一娘发生于此。飞盖园是临清王尚书府上的花园，在城外清幽之处。小说写花园“门前一道涧河，两岸都栽着桃柳，一带白粉墙。走过石桥，一座三沿滴水磨砖门楼，上横着玉石匾额，三个石青大字，乃是‘飞盖园’。后写着‘郓城吴宽题’。原来就是吴益之写的。下马进来，只见一带长廊，大厅前便是一座假山，从山洞里穿进去三间卷篷”[②]。花园内栽植各种花卉，建有凝香阁、青蛾阁、解酲阁、金粟亭、披香亭、四照亭、洒雪轩、玉照轩、望云轩等楼台亭阁，以及浴鹤池、印月池、濯缨池、翠屏山、小英山、苔藓山、太湖石、紫英石、锦川石等池沼山石。此园颇为奢华。

此外，《金瓶梅》还写到的广济闸大桥、临清闸等，虽为一笔带过，但史上实有，在临清至今仍有遗迹。比较特殊的是永福寺，在《金瓶梅》中出现于第一回，直贯第一百回，是一座见证了西门庆一家兴衰的寺院。根据小说前半部分的描写，这是清河县的一座寺院；但后二十回的某些情节又写永福寺坐落于临清，是守备周秀家的香火院。因此，永福寺在《金瓶梅》中是一座扑朔迷离的寺院。而《金瓶梅》作者笑笑生之所以在书中设置永福寺，是需要它承担结构全书的功能。第一回写谢希大道：“咱这里无过只两个寺院，僧家便是永福寺，道家便是玉皇庙。”张竹坡评语云：“玉皇庙、永福寺，须记清白，是一部起结也。”[③]第一百回写道：“且说吴月娘与吴二舅众人，在永福寺住了十日光景。”张竹坡评云：“永福寺，真是众水归源之所，与玉皇庙对。呜乎！谁能不死于此户也哉？”[④]由张竹坡评语可以看出，《金瓶梅》中的永

① 临清市人民政府编：《临清州志》，山东省地图出版社 2001 年版，第 64 页。
② 刘文忠校点：《梼杌闲评》，人民文学出版社 1983 年版，第 31 页。
③ 秦修容整理：《金瓶梅》(会评会校本)，中华书局 1998 年版，第 18 页。
④ 秦修容整理：《金瓶梅》(会评会校本)，中华书局 1998 年版，第 1467 页。

福寺其实是小说作者笑笑生抒心写意的一个意象性建筑,承担着结构全书的功能。

第四节　明清小说中的东昌、高唐等

一、明清小说中的东昌

明清时期的东昌即今聊城。明代设东昌府,清代沿置。明清时期,京杭大运河漕运兴盛,作为东昌府治的聊城成为运河沿岸重要商埠之一,因此在明清小说中也多有描写,一般称为"东昌"。《水浒传》《女仙外史》《醒世姻缘传》《聊斋志异》《好逑传》《合浦珠》以及《老残游记》等,部分章回或篇目即以东昌为地理背景而展开。

《水浒传》第七十回《没羽箭飞石打英雄　宋公明弃粮擒壮士》所写为梁山好汉攻打东昌府的故事。战事起因是卢俊义捉得用药箭射杀晁盖的史文恭,根据晁盖遗言,当为梁山泊主;宋江意欲让位于卢俊义,众人不服,于是提议与卢俊义分兵攻打东平府和东昌府,先打破城池者做梁山泊主。两人通过抓阄形式决定各自出兵方向,卢俊义拈得东昌府,遂率领二十七名好汉与一万军兵前往攻打。东昌府守将张清和副将龚旺、丁得孙齐心协力,两败卢俊义人马。先已打破东平府城的宋江,前来支援卢俊义,张清奋其飞石打人的绝技,再败梁山人马。最终,吴用以诱敌劫粮之计,加上公孙胜的道法,活捉了张清,攻下了东昌府城,张清归顺宋江,并举荐兽医皇甫端入伙梁山。

在《水浒传》中,东昌府之战对梁山山寨有特殊意义。这次战事的结果不但最终决定了梁山泊主之位归于宋江,而且使梁山好汉人数达到了"上符天数,下合人心"(第七十一回)的一百零八人。从此,在宋江带领下,梁山山寨的任务重心由攻城借粮、扩张壮大,逐步转变为追求招安、为国效力。东昌府之战还是梁山大聚义之前调动好汉人数最多的一次对外战事,共有六十八名好汉参与此战以及因此战事入伙梁山。其中，天罡组好汉二十八名：宋江、卢俊义、吴用、公孙胜、关胜、林冲、呼延灼、花荣、朱仝、鲁智深、武松、董平、张清、杨志、徐宁、索超、刘唐、史进、雷横、李俊、阮小二、张横、阮小五、张顺、阮小七、解珍、解宝、燕青。地煞组好汉四十名：黄信、孙立、宣赞、郝思文、韩滔、彭玘、单廷珪、魏定国、欧鹏、邓飞、燕顺、杨林、凌振、吕方、郭盛、皇甫端、王英、扈三娘、樊瑞、孔明、孔亮、项充、李衮、马麟、童威、童猛、龚旺、丁得孙、施恩、李立、石勇、孙新、顾大嫂、张青、孙二娘、王定六、郁保四、白胜、时迁、段景住。

燕王朱棣靖难之役中的东昌之战在明清小说中也多有叙写。如《二刻拍案惊奇》卷三三《杨抽马甘请杖　富家郎浪受惊》入话部分，写燕王朱棣靖难之兵初起时，让少师姚广孝（法名道衍）预测战事成败利钝如何。姚广孝说："事毕竟成，不过费得两日工夫。"后来，燕王败于东昌，方晓得"两日"是个"昌"字。姚广孝又说道："此后再无阻了。"燕王自此果然屡战屡胜，直正大位。[①] 故事涉于神怪，当出自民间街谈巷语。再如《型世言》卷一《烈士不背君　贞女不辱父》写总兵盛庸、参政铁铉与燕王朱棣大战于东昌，燕王兵败，退守北平。《女仙外史》第十六、十七回叙写燕王挥兵南下，与盛庸、铁铉遭遇于东昌，铁铉摆布三才阵，兵围燕王，燕王第一爱将张玉力战而死。因建文帝有命不能杀死燕王，所以铁铉指挥兵马，力图活捉他。燕王幸得部下舍命保护，杀透铁铉兵马重围，落荒而逃，退守北平。铁铉乘胜进兵，收复德州、真定。燕王心中愤懑，召姚道衍责问他当初鼓动自己起兵之事。姚道衍答道："我曾说过，师行必克，但费两日，两日者，'昌'字也，从此势如破竹矣。"[②]燕王闻言心喜，再次出兵南下。《女仙外史》所写东昌之战与《二刻拍案惊奇》《型世言》所写大略

① （明）凌濛初编著，（明）即空观主人点评，吴书荫校：《二拍·二刻拍案惊奇》，中华书局2015年版，第292页。

② （清）吕熊著，杨钟贤校点：《女仙外史》，百花文艺出版社1984年版，第188页。

相同。燕王朱棣的东昌之战在明清时期应是流播众口的,因而为多篇小说所写。

《醒世姻缘传》有十数回写及东昌,并集中于前五十回。第十二、十三回写晁源和珍哥因逼死计氏,从武城县解往东昌府刑厅受审故事,所写案件审讯的情形比较详细,读者从中可以了解当时的司法和审判流程。第四十六回所写是晁梁到东昌府城参加童生考试并进学的故事。

《聊斋志异》中有关东昌府的篇目有卷五《鸭头》、卷九《王子安》以及卷十二《薛慰娘》《纫针》《人妖》等,最具思想和艺术价值的是《鸭头》《王子安》和《纫针》。《鸭头》写狐女鸭头与东昌府书生王文的婚恋故事。鸭头一家都是狐类,幻化为人,开设青楼。鸭头不甘为妓,与王文私奔,但好景不长,已有身孕的鸦头被母亲发现行踪,抓回并遭软禁,自此与王文音问隔绝。七八年后,王文在京中偶遇一名叫王孜的小男孩,竟是自己和鸦头所生的儿子。长大后的王孜擅长杀狐,闻知母亲下落,救母而回,一家得以团圆。《鸭头》是《聊斋志异》中婚恋题材的佳作之一。《王子安》叙写东昌府秀才王子安醉梦自己考中举人、进士、殿试翰林后的狂悖举止,以及酒醒后的自我解嘲。这个短篇以颇为夸张的笔墨对科场和士人心态作了形象描写,刻画出科举制度下落拓士子的可悲、可怜之态,是《聊斋志异》中批判科举的佳作之一。《纫针》叙写东昌小商人虞小思之妻夏氏,无私帮助陷入被要挟以女还债困境的小商人王心斋夫妇,王氏之女纫针感恩图报,归依虞家为义女,虞小思夫妇终得善报故事。这个短篇表现了社会底层小商人互相帮助、共度难关的美德,表达了作者"彰善瘅恶"的思想。

《好逑传》和《合浦珠》都是才子佳人题材的小说。《好逑传》主体所写虽然是发生于济南府历城县的故事,但第十二、十三回有一部分情节发生于东昌府。强娶水冰心图谋未成的过其祖,与水运合谋,纠集几名官宦公子,企图寻隙殴打铁中玉,反遭铁中玉强力回击。为防恶人先告状,在水冰心的支持下,铁中玉前往东昌府,向出巡到此的冯御史递呈申明实情。过其祖与水运等人后至东昌,诬告铁中玉谋反,企图颠倒黑白。冯御史严审水运,问出实情,驳回过其祖的状子,过其祖等人只好灰溜溜地回到历城,破坏铁中玉、水冰心婚恋的图谋再次失败。《合浦珠》题槜李烟水散人编次,四卷十六回,清初作品。书叙姑苏书生钱兰(字九畹)与赵友梅、范梦珠和白瑶枝的恋爱婚姻之事,第九回以后多写及主人公钱兰在东昌府的故事。钱兰前往东昌,省视任东昌府知府的叔父钱一鹤并访故友申屠丈,与酒肆主人白云峰之女瑶枝相识,订婚姻之盟。后钱兰春闱及第,官至山东巡按,因故左迁东昌府司李,终以吏部侍郎致仕。第十二回写瑶枝因思念钱兰成疾,四十九日之后还魂复活,此乃模仿《牡丹亭》杜丽娘还魂之事。

《老残游记》第七、八回写老残到东昌府访书的故事。老残从济南起身到曹州,又从曹州前往东昌府访书,在东昌城内找一家干净车店住下后,次日上街寻觅书店。在一家三间门面的小书店,老残与掌柜聊天,掌柜道:"我们这东昌府,文风最著名的。所管十县地方,俗名叫做'十美图',无一县不是家家富足、户户弦歌。"[①]话中充满对家乡的自豪感。关于东昌府藏书极多的柳小惠家,书店掌柜告诉老残,如今柳家主人是少爷柳凤仪,"听说他家书多的很,都是用大板箱装着,只怕有好几百箱子呢,堆在个大楼上,永远没有人去问他"[②]。老残访知:"这柳家书,确系关锁在大箱子内,不但外人见不着,就是他族中人,亦不能得见。"[③]老残为此闷闷不乐,于客店题诗一首,道其感慨:"沧苇遵王士礼居,艺芸精舍四家书。一齐归入东昌府,深锁嫏嬛饱蠹鱼!"[④]诗中充满访书不得的遗憾。清光绪十七年(1891)冬,刘鹗到东昌

① (清)刘鹗:《老残游记》,中华书局2013年版,第41页。
② (清)刘鹗:《老残游记》,中华书局2013年版,第42页。
③ (清)刘鹗:《老残游记》,中华书局2013年版,第44页。
④ (清)刘鹗:《老残游记》,中华书局2013年版,第44页。

府访杨氏海源阁藏书,不得见而返①,可知刘鹗以亲身经历为素材,敷衍而成《老残游记》中东昌访书故事。

二、明清小说中的高唐

在明清小说中,以高唐为地理背景的故事主要是《水浒传》第五十二、五十四回所写高唐州之战,战事的导火索是李逵打死恶霸殷天锡。高唐州知府高廉的小舅子殷天锡看中柴皇城家后花园,意欲强行霸占。柴皇城写信给侄子柴进,请他给自己撑腰、伸冤,柴进遂带了李逵赶到高唐州。殷天锡依仗姐夫的势要,根本不把柴进叔侄和保护柴氏家族的丹书铁券放在眼里。李逵见状大怒,出手打死了殷天锡。高廉公报私仇,严刑拷打柴进,将其下在死囚牢中。李逵逃回梁山,报告了打死殷天锡的经过,梁山山寨决定营救柴进。宋江率领二十二位头领和马步军兵八千人出战,在高唐城外与高廉对阵。高廉擅使妖法,双方各有胜负。宋江派戴宗、李逵去蓟州九宫县二仙山请来公孙胜,以破高廉妖法。双方再战,宋江大败高廉,打破高唐城池,从一口枯井中救出柴进,随后率领人马,满载战利品返回山寨。通过高唐州之战,公孙胜复回梁山山寨,柴进、汤隆入伙梁山,进一步壮大了好汉队伍。此战是三打祝家庄之后梁山山寨的再次主动对外出击,是宋江作为主帅的第一次远距离军事行动,锻炼了宋江的统率和指挥能力,在梁山山寨的发展过程中具有重要意义。

在《水浒传》中,还有一位祖籍高唐州的梁山好汉——绰号"鼓上蚤"的时迁。时迁以其精明机警的性格和飞檐走壁的绝活,为梁山和朝廷屡屡立下重大功劳。概而言之,时迁有七大战功,分别是东京盗甲、火烧大名府翠云楼、曾头市探路、火烧济州城楼、火烧蓟州宝严寺、独松关活捉方腊守将卫亨、火烧昱岭关。这些战功都是时迁作为主力或者独当一面完成的,其贡献远超

① 参见刘德隆、刘瑀编著:《刘鹗年谱长编》,上海交通大学出版社2019年版,第253页。

大多数的梁山好汉。不过，在梁山好汉的交椅座次上，时迁却屈居一百零七位，实在是亏待这位大功臣了。

三、明清小说中的寿张

明清小说中有关寿张的故事，以《水浒传》所写最为精彩。第七十四回说："这寿张县贴着梁山泊最近。"[1]在小说描写中，梁山好汉两次光顾寿张县：一次是宋江计捉董平，另一次是李逵乔坐衙、闹学堂。前一故事发生于第六十九回宋江攻打东平府期间。东平府守将董平善使双枪，武艺高强，多才多艺，宋江爱惜将才，定下活捉董平之计。在双方交战时，宋江佯输诈败，从东平城下一路退到寿张县城附近的一处村庄。村庄中间有一条驿道，宋江跑马在前，董平纵马后追，早已在此设伏的王英、扈三娘、张青和孙二娘，拉起绊马索，绊倒董平战马，活捉了董平。感于宋江义气，董平献出东平府城，投降梁山山寨。后一个故事发生于第七十四回燕青、李逵泰安州打擂之后。从泰安州返回梁山途中，李逵开了小差，闯到寿张县衙，高喊："梁山泊黑旋风爹爹在此！"[2]岂料吓跑了知县老爷。兴致勃勃的李逵穿上知县公服，模仿知县升堂断案，引得百姓们欢颜大笑。随后，李逵穿着公服离开县衙，闯入一处学堂，结果吓跑了先生，吓哭了学生。见此情景，李逵大笑而出，与前来寻他的穆弘恰巧相遇，遂同离寿张县，回到梁山。李逵寿张县乔坐衙、闹学堂是《水浒传》中少有的喜剧性关目，故事蓝本可能是元人杨显之《黑旋风乔断案》和高文秀《黑旋风乔教学》杂剧，唯两部剧目均已失传，仅见于元人钟嗣成《录鬼簿》著录。

---

① (明)施耐庵、罗贯中著，李永祜点校：《水浒传》，中华书局 1998 年版，第 989 页。

② (明)施耐庵、罗贯中著，李永祜点校：《水浒传》，中华书局 1998 年版，第 989 页。

四、明清小说中的阳谷及张秋镇

明清小说中有关阳谷的故事，以《水浒传》所写最为有名，见于第二十三至二十七回，有武松景阳冈打虎、西门庆潘金莲偷情与武松斗杀西门庆等故事。首先，武松打虎是以阳谷县景阳冈为地理背景的著名故事。武松从沧州横海郡返回家乡清河县，行经离阳谷县治不远的景阳冈，在冈下酒店豪饮透瓶香酒十八碗，吃掉四斤熟牛肉。在景阳冈上，武松遭遇猛虎，酒壮英雄胆，肉增豪杰力，武松施展神威，赤手空拳打死猛虎，轰动了整个阳谷县。阳谷知县佩服武松神勇，留他做了步兵都头。一日，武松巧遇迁居于阳谷县城的哥哥武大郎，兄弟团圆。其次，西门庆和潘金莲偷情是发生于阳谷县紫石街的故事。潘金莲婚姻不幸，在武松前往东京干事期间，在王婆撮合下，与西门庆勾搭成奸。奸情事发，王婆、西门庆和潘金莲三人合谋，用药毒死了武大郎。武松从东京干事回来，访知武大郎死亡实情，哭祭哥哥，杀死潘金莲。最后，武松斗杀西门庆是发生于阳谷县狮子桥下大酒楼的故事。武松杀嫂后，访得西门庆在狮子桥下大酒楼与朋友吃酒，立即直奔大酒楼，要杀西门庆。在搏斗中，西门庆将武松手中尖刀踢落到楼下街心上。武松则趁势捉住西门庆，左手抓头提肩，右手捽住其左脚，将他扔下楼去。武松杀死西门庆后，到阳谷县自首，阳谷知县念及武松是个义气烈汉，而且东京干事有功，有意将招状文案作轻，押往东平府审理。以上即为发生于阳谷县的三个故事，都是《水浒传》中的精彩关目，明清以来流播广泛，脍炙人口，豪饮美酒、拳打猛虎的武松形象几乎成为山东大汉的文化标签。明代兰陵笑笑生则以武松打虎、西门庆与潘金莲的奸情故事为引子，敷衍生发，创作出著名的长篇小说《金瓶梅》。

有的明清小说作品还写到阳谷县的一个镇市——张秋。《醒世恒言》第十卷《刘小官雌雄兄弟》主要人物之一的刘奇，乃山东张秋镇人氏，自京归葬父母，在河西务镇遭遇洪水，差点淹死，幸亏刘德老人无私救助，得保性命。刘奇回到张秋，所见满目苍凉：因上年深秋时一场大风大雨，“黄河泛滥，张秋村镇尽皆漂溺，人畜庐舍荡尽无遗。举目遥望时，几十里田地，绝无人烟”①。刘奇举目无亲，无所依傍，只得返回河西务镇刘德家中，与刘德先前收养、家乡济宁的刘方共同奉养刘德夫妇，极尽孝心。再如《野叟曝言》第二十三回，白又李（文素臣）尾随司礼太监靳直的“载花船”，意图寻机救出许鹣鹣。从济宁开始，白又李沿运河大堤跟随至张秋、东昌等地。“载花船”是十艘大船组成的船队，张秋是“载花船”途中停泊的码头之一。小说写船队从张秋开行时的情景：

> 几百纤夫在堤扯曳，许多水手在船撑驾，无数兵役手里拿着红棍往来，催趱打喝开人，在堤上走道的人都不敢傍着河沿，也不敢停留窥伺，河里小船也在四远，不敢依傍，连接交过的船只都收在对岸而行，没一只敢靠近大船的。②

这是官船在运河中耀武扬威的情形。文中所写纤夫拉纤、水手撑驾船只的情景，我们可与《小豆棚》卷三《李五》的有关描写参照阅读，借以了解明清时期大运河沿岸纤夫的生存状态。另外，在清代小说的描写中，张秋镇亦有地方特产，《歧路灯》第七十七回就写到张秋镇出产的细绒毡。总体来看，张秋镇是大运河沿岸的一个码头，易遭水灾，亦有地方特产，这是明清小说留给读者的印象。

五、明清小说中的茌平、青云堡及能仁寺

明清小说中有关茌平的故事，主要见于《醒世恒言》和《儿女英雄传》。《醒世恒言》第五卷《穷马周遭际卖䭔媪》写唐时茌平

---

① （明）冯梦龙编著，（明）可一居士点评，张明高校：《三言·醒世恒言》，中华书局 2015 年版，第 104 页。

② （清）夏敬渠撰，黄克校点：《野叟曝言》，人民文学出版社 2006 年版，第 302 页。

人马周发迹变泰的故事。马周早年嗜酒如命，穷困潦倒，但富有才学，爱才的博州刺史聘其为本州助教，他却多次因酗酒误事，以致屡被刺史呵责。心高气傲的马周自觉无颜，辞去助教之职，西去长安，希得进身之路。经新丰市上客店主人王公介绍，马周借寓长安卖馅的王媪家中。王媪识得马周是个人才，将他推荐到武将常何门下，马周由此富贵发达，遂娶寡居的王媪为妻，并厚报客店主人王公。

《儿女英雄传》是清代文康创作的一部长篇小说，全书四十一回，约四分之三的章回和山东有关，而且主要和茌平有关，另有不少涉及德州的内容。书叙出任淮安河工令的安学海被上司陷害，革职拿问，带罪陪修河工，其子安骥从京城家中携银前往淮安救父。所雇骡夫见财起意，有意误导安骥行至茌平县黑风岗能仁寺附近，企图寻机下手劫财，岂料寺中和尚亦欲图财害命，且手段更为毒辣。侠女十三妹施展神威，杀尽寺中恶僧，不但救下安骥，而且救出了陷于寺中的民女张金凤与其父母。十三妹义赠黄金，帮助安骥救父，又为安、张二人执柯作伐。十三妹本名何玉凤，原中军副将何杞之女，何杞遭大将军纪献唐陷害而死，何玉凤化名十三妹，携母避居茌平县青云山，拜当地豪侠邓九公为师，意图他日为父报仇。安学海出狱后，弃官北上，前往茌平寻找十三妹，在邓九公庄上访知其踪迹。在邓九公陪同下，安学海前往青云山，向十三妹告知纪献唐已被朝廷正法，讲说了自己与何家的累代交情。安学海、安骥父子与十三妹等告别邓九公，从茌平回到北京。因杀父仇人已死，母亲也得到安葬，十三妹遂决意出家。在安学海等人百般劝解下，十三妹最终打消出家念头，嫁给了安骥。安骥春闱及第，后来官至山东学政，颇有政绩。

《儿女英雄传》中十三妹何玉凤的形象，是作者文康用心塑造的一个理想人物，书中多次借他人之口赞美十三妹。比如，第十二回安骥谓之“不但是个正道人，竟是一副儿女情肠，英雄本领，更兼一团的圣贤学问"[①]；第十五回邓九公称赞十三妹："不但算得脂粉队里的一个英雄，还要算英雄队里一个领袖。说起来，天下的男子汉都该愧死"[②]；第十六回安学海评价十三妹"一团至性，一副奇才"[③]；如此等等，文康对十三妹这一人物不吝赞美之词。邓九公本名邓振彪，是一位从淮安迁居茌平的职业镖客，闻名江湖的豪侠人物，年老歇马，退出镖行，居住邓家庄。年高好胜，为人粗豪尚义，是其性格的突出特点。邓九公是小说作者文康塑造的另一个理想中的豪侠人物。

《儿女英雄传》作者文康是满洲镶红旗人，故在小说中写茌平属于"外省"。小说所写茌平地方有三处，一是茌平县城，再是青云堡，还有一处能仁寺。根据小说的描写，茌平位于沟通南北的陆路通道上。安骥从北京去往淮安，行走陆路，茌平是必经之地。第三回写店家主人说有"一起子从张家口贩卖皮货往南京去的客人"[④]，这些客商也是经过茌平的。得益于陆路交通要道的地理位置，茌平县城成为一个颇为繁华的镇市。第四回写茌平县城：

> 果然好大一座镇市！只见两旁烧锅当铺、客店栈房，不计其数。直走到那镇市中间，路北便是那座悦来老店。那店一连也有十几间门面，正中店门大开，左是柜房，右是厨灶，门前搭着一路罩棚，棚下摆着走桌条凳，棚口边安着饮水马槽。那条凳上坐着许多作买作卖单身客人，在那里打尖吃饭。旁边又歇着倒站驴子，二把手车子，以及肩挑的担

---

① (清)文康著，弥松颐校注：《儿女英雄传》，人民文学出版社2014年版，第190页。

② (清)文康著，弥松颐校注：《儿女英雄传》，人民文学出版社2014年版，第257页。

③ (清)文康著，弥松颐校注：《儿女英雄传》，人民文学出版社2014年版，第271页。

④ (清)文康著，弥松颐校注：《儿女英雄传》，人民文学出版社2014年版，第54页。

子，背负的背子，乱乱烘烘，十分热闹。[1]

由此可见茌平县城商业的繁华。

在《儿女英雄传》中，青云堡也是茌平县的一个颇具规模的镇市。综合第三回、第十四回和第十六回的描写可知，茌平县城向南不远，有一个地方叫二十八棵红柳树，本是豪侠邓九公居住的邓家庄，因邓家庄大门“左右两边排列着那二十八棵红柳树”[2]而得名。从邓家庄东去八里之处就是青云堡，这是一个“大镇店”，镇上有五里长街，“街口有座小庙，竖着一根小小旗杆，那庙门挂一块‘三圣祠’的匾……一进街来，街上南北对面都是些栈房店口，也有烧锅、当铺、杂货店面”[3]。在青云堡的周边，西有金家村，东有青村，北边是黑家窝铺，往北再远一点儿是小邓家庄，因邓九公的女婿褚一官居住于此，故此处又叫褚家庄。从青云堡再走十来里地，有个岔道口连通去往茌平的车道，当地人“赶买卖运粮食都走这股道”[4]，亦即车道。这是《儿女英雄传》中的茌平县青云堡。

第五回至十一回所写为发生在能仁寺的故事。能仁寺在茌平县西北乡的黑风岗下，是一座规模颇大的古刹，却被一群强盗出身的凶僧占据，打着安寓过往客人的招牌，暗中劫财害命，导致寺庙败落。十三妹杀死庙中凶僧后，乡约地方另请僧人在庙募化焚修，几年后，能仁寺的香火重新兴盛。

作为故事发生和情节进展的社会背景，《儿女英雄传》还描写了茌平一带的民情风俗。第十四回写茌平当地的二把手小车载客：客人向前伸腿坐在车的一边，另一边“载上行李，前头一个

---

① (清)文康著，弥松颐校注：《儿女英雄传》，人民文学出版社2014年版，第56—57页。

② (清)文康著，弥松颐校注：《儿女英雄传》，人民文学出版社2014年版，第228页。

③ (清)文康著，弥松颐校注：《儿女英雄传》，人民文学出版社2014年版，第231页。

④ (清)文康著，弥松颐校注：《儿女英雄传》，人民文学出版社2014年版，第276页。

拉，后面一个推"[1]。二把手小车载重行路是一个特别消耗体力的活儿，车夫和脚夫需要在途中暂为歇息，加餐补充体力。小说写他们途中加餐的情景："两个车夫、三个脚夫，每人要了一斤半面的薄饼，有的抹上点子生酱，卷上棵葱；有的就蘸着那黄沙碗里的盐水烂蒜，吃了个满口香甜。……须臾吃毕，车夫道：'这可走罢，管走得快了。'"[2]饼卷大葱加酱，就着咸蒜，这种吃法至今都让我们觉得有满满的山东味道。邓九公家的待客饮食也很有地方特色。第十六回写邓家招待安学海的饭菜："有厨下打发的整桌鸡鱼菜蔬，合煮的白鸭子白煮肉；又有褚大娘子里边弄的家园里的瓜菜，自己腌的肉腥，并现拉的过水面，现蒸的大包子。"[3]待客饭菜具有山东特色，颇显主人盛情。

除了对茌平一带民情风俗的描写，第三十八回还写到了山东的一些土产。本回写邓九公派人进京给安学海送礼贺喜，礼物有孔陵蓍草、尼山石砚、《圣迹图》、莱石文玩、蒙山茶、曹州牡丹根子、山东棉绸大布、恩县白面挂面、耿饼、焦枣儿、巴鱼子、盐砖，还有名为"鹤鹿同春"的礼物，就是"东海边一对仙鹤，泰山上一对梅花小鹿儿"[4]。由此来看，对作为"外省"的山东，小说作者文康的了解还是比较深入的。

---

① (清)文康著，弥松颐校注：《儿女英雄传》，人民文学出版社 2014 年版，第 227 页。

② (清)文康著，弥松颐校注：《儿女英雄传》，人民文学出版社 2014 年版，第 228 页。

③ (清)文康著，弥松颐校注：《儿女英雄传》，人民文学出版社 2014 年版，第 277 页。

④ (清)文康著，弥松颐校注：《儿女英雄传》，人民文学出版社 2014 年版，第 792 页。

第六章　明清小说中的其他山东城市

本书前五章讨论的济南、青州、济宁、泰安、聊城等城市及其所属的城镇等，都是高频次见于明清小说的城市。除此之外，在广大的山东地面上，还有许多城市进入了明清小说作者的视野，本章一并予以讨论。

第一节　明清小说中的登州

登州作为行政区划始于唐代。明洪武九年(1376)置登州府，辖宁海州与蓬莱、黄县、福山、栖霞、文登、招远、莱阳等七县。清沿明制，置登州府，辖宁海州与蓬莱、黄县、福山、栖霞、文登、招远、莱阳、荣成等八县。明清时期，登州府治所蓬莱。

在明清小说中，以登州为地理背景的相关作品有《水浒传》《水浒后传》《女仙外史》《聊斋志异》以及《老残游记》等。以下分为述之。

一、《水浒传》中的登州

《水浒传》所写登州内容集中在第四十九、五十回。基本情节是：登州恶霸毛太公父子混赖两头蛇解珍和双尾蝎解宝射杀的大虫，送去官府领赏，解氏兄弟找上门来讨要大虫，被毛氏父子勾结官府，强扭作贼，投入登州府死囚牢，并准备“做翻”他们。看守解氏兄弟的牢子是铁叫子乐和，知道解氏兄弟蒙受冤案，而且性命危在旦夕，于是向顾大嫂通风报信，请求营救解氏兄弟。

参与营救的有登州兵马提辖孙立、孙新和顾大嫂夫妇、邹渊邹润叔侄与乐和等。参与营救的诸人，乐和是孙立的内弟，孙立、孙新兄弟是解氏兄弟的姑舅表哥，孙新之妻顾大嫂是解氏兄弟姑娘的女儿，邹渊、邹润叔侄是孙新的好友。基于辗转相连的姻亲、朋友关系，尤其是对毛太公父子作恶多端的愤怒，孙立等人劫牢，救出解氏兄弟，杀死毛太公父子，一起投奔梁山水泊。投奔途中，恰逢吴用率兵下山支援两打祝家庄失利的宋江，孙立抓住这一机会，与登州好汉一起参加作战，作为入伙山寨的投名状。孙立利用自己与祝家庄教师栾廷玉是师兄弟的关系，冒称是由登州调防郓州的官军，骗过栾廷玉，带领登州好汉进入祝家庄卧底，最终与梁山人马里应外合，打下祝家庄，宋江取得了三打祝家庄战事的胜利。

祝家庄之战后，登州的解珍、解宝、孙立、孙新、顾大嫂、邹渊、邹润与乐和等八名好汉落草梁山。梁山人马征辽回京后，乐和因善能歌唱，被驸马王都尉留到府中听用，得以善终。在征方腊之战中，解珍、解宝兄弟殒身于乌龙岭，邹渊战死于清溪县。战胜归来，孙立、孙新、顾大嫂和邹润在朝廷封赏后回到登州。

在上述故事中，《水浒传》写到的登州地方有登州山、登云山和登州城、十里牌。登州山位于海边，距离登州城不远，山下有毛太公庄，其后园紧贴西山边。解氏兄弟是登州山下的猎户，武艺高强，善能攀山度岩。解氏兄弟射虎、毛太公父子赖虎的故事就发生在登州山。登云山是邹渊、邹润叔侄曾经聚众打劫的地方，征方腊归来后，邹润不愿为官，仍回登云山。登州城内发生的事情主要是解氏兄弟身陷牢狱、孙立等人劫牢营救解氏兄弟。十里牌在登州城东门外，顾大嫂在此开了一家酒店，沽酒卖肉，解氏兄弟被毛太公父子投入牢狱后，孙立、孙新、顾大嫂、乐和、邹渊、邹润等人准备营救事宜，就是在此进行的。

二、《水浒后传》中的登州

陈忱《水浒后传》是《水浒传》续书之一，故事起始于济州石碣村，拓展于登州府。前四回所写主要是发生于登州的故事。弃官归居石碣村的阮小七杀死诬蔑梁山好汉的济州张通判，携母连夜出逃，逃到登州府十里牌附近，遇上海外归来的扈成，两人到十里牌一家酒店吃饭，店主正是孙新、顾大嫂。因毛太公之孙毛豸抢去扈成的一担海外货物，孙新等人与登云山的邹润联合，杀了毛豸，夺回财物，同到登云山落草。由于此案牵连，登州太守杨戬把孙立投入狱中，并派统制栾廷玉围剿登云山。扈成利用与栾廷玉的师徒旧谊，前往官军营中，取得信任，分兵三百回登州城守卫城池，太守杨戬亦信之不疑。扈成与顾大嫂、孙新、阮小七里应外合，打破登州城池，杀了杨戬，救出孙立，去往登云山。栾廷玉被邹润、顾大嫂等人用空城计杀败，走投无路，只得落草登云山，坐了第一把交椅。山寨竖起“替天行道”大旗，日益兴旺。一日，孙立、阮小七下山劫夺一过路客商，押货的碰巧是鬼脸儿杜兴，杜兴被邀上山寨，次日辞行时，孙立请他带信给东京的乐和，让他回乡一趟。由此引出杜兴在东京的遭遇等一系列有关梁山好汉的故事。

金大坚、萧让、安道全、穆春、蒋敬等原梁山好汉也先后投奔登云山。众好汉打败了前来围剿登云山的登、青、莱三府官军，将蒙冤的黄信救上登云山。第三十回中，登云山和饮马川人马会合，聚得原梁山天罡地煞好汉二十八员：关胜、呼延灼、公孙胜、李应、柴进、朱仝、戴宗、阮小七、燕青、朱武、黄信、孙立、樊瑞、裴宣、安道全、萧让、金大坚、皇甫端、孙新、顾大嫂、蒋敬、穆春、杨林、邹润、蔡庆、凌振、宋清、杜兴；新入伙好汉四员：扈成、栾廷玉、王进、闻焕章；梁山好汉子侄辈三人：宋安平、呼延钰、徐晟；共计三十五筹豪杰。根据安道全的建议，大家决定去暹罗国金鳌岛与李俊会合，关胜等遂到登州城抢了一百号海鳅船，装载人马、辎重，开洋去了。

三、《女仙外史》中的登州

《女仙外史》写登州进入月君唐赛儿麾下的义军视野，是在

第二十回的故事中。吕律到青州卸石寨投奔月君唐赛儿，提出“目下先取青州，次拔登莱，再定济南”[①]的战略规划。但义军内部将领有不同意见，认为登、莱两地边海凋瘠，取之无用。唐赛儿赞同吕律建议，认为“登州总兵张信，为燕心腹，是我肘腋之寇，岂不可预为除之”[②]。义军夺取青州后，旋即发兵登、莱二府。第二十八回中，军师吕律率兵进攻登州府，途中遭遇登州总兵张信的官军人马。官军战败，退守登州城池，坚壁清野。官军将领、满家峒指挥卫青有勇有谋，巡海归来，夜袭义军营寨，重创义军。张信雪夜设酒蓬莱阁，为卫青庆功，吕律则趁雪夜袭城，拔取登州城池，活捉了张信。卫青率部下数百人，从登州水城逃走，浮海而去。此战杀死者甚众，小说写道：“街道上尺余的雪，都被热血浸入，冻结成片，竟是下了一天的绛雪。”[③]战事之惨烈，触目惊心。第三十回与第三十一回所写为月君巡行登州故事。月君在登州城犒赏攻城将士，与众仙子、刹魔公主相会于蓬莱阁，赋有十八仙诗。

蓬莱阁是登州城的地标性建筑，《女仙外史》作者对此尤为注目。第二十八回叙写登州战事时，间写蓬莱阁雪夜美景：

> 卷起重帘，四周一望，见楼台城郭，都是镂晶琢玉的一般，平沙之上，纷纷滚滚，无异梅花乱舞，海面上雪浪翻腾，真个有千百条玉龙争斗。阁外的寒林枯木，就是三岛的珠树琪葩，也没有这样光辉皎洁，端的好个海天雪景。[④]

第三十一回描写规模宏丽的蓬莱阁：

---

① (清)吕熊著，杨钟贤校点：《女仙外史》，百花文艺出版社1984年版，第225页。

② (清)吕熊著，杨钟贤校点：《女仙外史》，百花文艺出版社1984年版，第225页。

③ (清)吕熊著，杨钟贤校点：《女仙外史》，百花文艺出版社1984年版，第315页。

④ (清)吕熊著，杨钟贤校点：《女仙外史》，百花文艺出版社1984年版，第313页。

登州府蓬莱阁，规模宏丽，为天下第一名胜。正中一阁，直碍云霄，曰蓬莱。左与右复有二阁，体势稍亚，上通复道，参差联络，屹立沆瀣之中，宛如三岛，洋洋渤澥，阴晴变换，诚然大观，乃尘界之五城楼也。①

以上两段写景状物的文字，文笔凝练优美，富于意境，描摹出一幅超凡脱俗的蓬莱阁美景图。这其中明显有小说作者写意的成分，蓬莱阁实际并无如此宏丽。另外，小说作者对蓬莱阁周边形势也有比较深入的了解，像第二十八回写卫青借以逃走、浮海而去的水城，即在蓬莱阁不远处，通连海上，至今仍存。

四、《聊斋志异》中的登州

《聊斋志异》中写及登州人事的作品有卷一《成仙》，卷二《海公子》，卷三《鲁公女》《霍生》和《阿霞》，卷八《司文郎》。《成仙》基本内容是：文登周生家富，成生家贫，但两人为至交好友。周生蒙冤入狱，问成死罪，成生锐意自任，入京叩阙鸣冤，使周生冤案终得昭雪。虽然救友成功，但成生自此对世事万念俱灰，遂出家崂山，学道成仙。周生贪恋娇妻幼子，不愿出家。成生复归世间，施展法术，引导周生悟道成仙。《成仙》既赞颂了成生、周生的深厚友谊，也揭露了司法黑暗。《海公子》写登州张生游览海岛遇蛇精海公子袭击而成功自救的故事。《鲁公女》所写有两部分内容：一是招远书生张于旦和知县鲁公之女的人鬼恋情，二是鲁公女转世为卢公之女后，张于旦与她再续前缘的婚恋故事。小说赞美了张于旦和鲁公女生死不渝的恋情。《霍生》写文登霍生逞口舌之快，跟好友严生狎谑无度，致严生夫妻死亡，自己遭到报应的故事。小说题“霍生”，谐音“祸生”，寓含祸从口出之意，告诫人们不可信口开河，不可滥开玩笑，说话要注意分寸。《阿霞》写文登书生景星休掉发妻，欲另娶狐仙阿霞，看到景星负

① （清）吕熊著，杨钟贤校点：《女仙外史》，百花文艺出版社1984年版，第339页。

心休妻之举，阿霞极度失望，另嫁郑氏为继室，景星亦因休妻致遭天报，损其禄秩。这个短篇告诫男子不可做负心郎，深含道德教化意味。《司文郎》是《聊斋志异》中批判科举的力作之一。小说写王平子、余杭生与登州宋姓书生相识于京城，宋生善衡文，认为王平子文章为上，余杭生文章欠佳，市上一位最能知文的神奇瞽僧，评判结果亦如宋生，但最终中举的却是余杭生。宋生为王平子落第悲伤痛哭，并告知王平子，他实为漂泊的游魂，生前久负才名，却屡困于场屋，罹难于李自成攻陷北京之时，他想帮助和激励王平子中举，一吐自己生前块垒，岂料王平子也为科场所困，因此痛哭。不久，宋生被上帝命为梓潼府司文郎，王平子后来也考中举人、进士，但绝意仕进。

以上有关登州的各篇作品中，除《海公子》侈言神怪，《成仙》《鲁公女》《霍生》《阿霞》和《司文郎》等篇目均具一定的思想和艺术价值。

五、《老残游记》中的登州

《老残游记》第一回起笔即写“山东登州府东门外有一座大山，名叫蓬莱山。山上有个阁子，名叫蓬莱阁”[①]云云，然后笔锋一转，叙写老残在千乘黄瑞和家午睡时所做的一个梦。梦中，老残和好友文章伯、德慧生同往登州府访蓬莱阁胜景，三人在蓬莱阁吃酒谈心，欣赏海上日出，发现一艘远航而来的大船，船体破损，载人众多，随时有沉没危险，遂搭乘一只轻快渔船前去营救，结果发现船上众人内讧，全然不以船只安危为意，只得跳上大船去营救众人，反被船上众人砸下海去，沉至海底，梦境结束于此。这是《老残游记》作者刘鹗以梦境寄意的一则寓言，寄寓了他对晚清中国时局的观察和忧心。在刘鹗看来，时局正如老残梦境中那艘远航而来、船上众人内讧的破船，内忧外患两面夹攻，已经岌岌可危，但志在救时者却惨遭打击，无可施展身手。

---

① （清）刘鹗：《老残游记》，中华书局2013年版，第1页。

《老残游记》第一回描写蓬莱阁和阁上观赏日出的情景，颇为生动。本回首段写道：

> 山东登州府东门外有一座大山，名叫蓬莱阁。山上有个阁子，名叫蓬莱阁。这阁造得画栋飞云，珠帘卷雨，十分壮丽。西面看城中人户，烟雨万家；东面看海上波涛，峥嵘千里。所以城中人士往往于下午携尊挈酒，在阁中住宿，准备次日天未明时，看海中日出。①

本回写阁上观日出的情景，云：

> 到了阁子中间，靠窗一张桌子旁边坐下，朝东观看。只见海中白浪如山，一望无际，东北青烟数点，最近的是长山岛，再远便是大竹、大黑等岛了。那阁子旁边风声呼呼价响，仿佛阁子都要摇动似的，天上云气一片一片价叠起。只见北边有一片大云，飞到中间，将原有的云压将下去，并将东边一片云挤的越过越紧，越紧越不能相让，情状甚为谲诡。过了些时，也就变成一片红光了。②

结合第一回全篇来看，这段文字明显寄寓着作者忧患国家时局的深意。单独来看，这段描写登州海上日出的文字，富于艺术表现力，与《女仙外史》第二十八回写蓬莱阁雪夜美景的文字，都属于明清小说中描写蓬莱阁景观的美文。

第二节　明清小说中的德州、武城等

今之德州所辖行政区域，在明清时期大都分属于周边州府，行政区划的沿革比较复杂。例如，今属德州的武城县，在《醒世姻缘传》《赛红丝》等明清小说中往往称为“东昌府武城县”，就是这一历史实际的反映。本节以下所谈明清小说中的德州及武城

---

① （清）刘鹗：《老残游记》，中华书局 2013 年版，第 1 页。

② （清）刘鹗：《老残游记》，中华书局 2013 年版，第 2 页。

等，依据的是当今的行政区划。

一、明清小说中的德州

德州既是京杭大运河沿岸的一座重要码头，也是南北陆路交通要道上的重要城市，无论舟行还是车载，北上京城或者从京城南下，德州为必经之地。因此，德州在明清小说中也成了一座高频出现的城市，《女仙外史》《绿野仙踪》《儿女英雄传》《聊斋志异》《野叟曝言》《阅微草堂笔记》等作品，都不同程度地写到发生于德州的故事，或对德州的地理风情有所描写。

在《女仙外史》中，德州是建文朝廷、济南阙下和燕王朱棣三方反复争夺的城市。其所以如此，乃在于“德州系由南入北三路总要之地”[①]。小说写德州首战发生于建文朝廷和燕王朱棣之间。建文帝派李景隆率兵五十万讨伐燕王，双方交战于北平城外。燕王一战杀败李景隆，再战拿下德州。铁铉、盛庸与燕王交战，收复德州。德州后复落于燕王之手，燕王委派庶子朱高煦驻守此地。济南阙下建立后，遭到德州朱高煦的有力牵制。月君以刘璟为大元帅北上讨伐燕王，先与朱高煦交战于德州，但朱高煦固守德州城池；刘璟后与城内守备葛进里应外合，拿下德州，继续挥师北上，兵临北平。在《女仙外史》中，上述发生在德州的故事贯穿于第十六回至九十三回中，几乎与全书相始终，这从一个方面反映了德州的重要战略位置。

《绿野仙踪》所写发生于德州的故事，主要围绕着金不换和沈襄展开。第二十二回中，金不换从山西怀仁县前往杭州寻找冷于冰，要出家学道修仙，途经德州地界，在运河大堤上暂为休息时，瞧见一头戴旧儒巾、身穿破布氅、面皮黄瘦的年轻书生，投河自尽，遂跳入河中，将书生救起。书生原来是沈炼之子沈襄，沈炼因得罪严嵩父子而遭到迫害，沈襄亦被牵连进去。幸得江

① （清）吕熊著，杨钟贤校点：《女仙外史》，百花文艺出版社 1984 年版，第405—406 页。

南董公施救，沈襄逃得一命，流落河南、山东等地避难，但在德州陷入衣食无着的绝境，意欲跳水自尽。金不换知情后，与沈襄到德州城内找客店住下，给他更换全身衣物，又将银子一百余两并自己所骑毛驴赠送沈襄，资助他去江西万年县投奔胞姐。本回还写了严嵩父子及其同党迫害沈炼之事，可与《喻世明言》中的《沈小霞相会出师表》对读。

《儿女英雄传》所写发生于德州的故事，主要在第二十回和第二十二回。第二十回写仆人戴勤护送何玉凤之父何杞的灵柩停靠德州码头时，梦见何杞为神。第二十二回写安学海夫妇、安骥、张金凤、何玉凤等人从临清乘船沿运河北上，途中停泊德州，安太太等女眷与岸上的村庄妇女闲聊，听她们讲说了本地孝子村的来历和德州城隍爷佑护百姓的灵验故事。当天夜间，何玉凤梦见父母，两人做了德州城隍，父亲何杞给她留下了“天马行空，名花并蒂；来处同来，去处同去”[①]的隐语。何玉凤醒后，悟出这是父亲对自己未来婚姻的预言，暗示她与张玉凤同做安骥之妻。悟出此意后，何玉凤反而有了身入空门的想法。以上《儿女英雄传》所写孝子村和德州城隍故事侈言神怪，在立意上不免迂腐，但其出发点在于褒忠扬善，赞扬何杞敢于蔑视权贵、绝不屈身辱节的风骨，这一点也是应予肯定的。

《聊斋志异》中《新郎》和《武孝廉》两篇所写为发生于德州的故事。卷一《新郎》侈言神怪，思想内容无足称道。卷五《武孝廉》所写为武孝廉石某与狐女的婚变故事。石某赴都求取官职，舟至德州时暴病殆死。一位四十余岁、衣饰华美的女子将石某接到自己船上，用丸药为其治病，不久，石某痊愈，与女子结为夫妇。女子把自己的积蓄交给石某，助他进京求取官职，石某在京中贿赂权要，谋得本省司阃之职。石某得官变心，聘王氏女为妻，绕过德州，前去赴任。女子打听到石某情况，前往官衙，因石

① (清)文康著，弥松颐校注：《儿女英雄传》，人民文学出版社 2014 年版，第 396 页。

某下跪悔过，便宽恕了他。女子与王氏女相处友好，一日，两人饮酒至醉，女子现形为狐，石某便要杀死她。女子酒醒之后，施法从石某腹中取回当年给他治病的丸药，愤然出走，石某当夜发病，半年后死去。这篇作品意蕴略如上一节所论《阿霞》，旨在谴责负心汉、薄情郎，深含道德教化意味。

德州作为运河沿岸城市的景致和水陆码头的地位，在明清小说中也有反映。首先，相关作品写出了德州作为运河沿岸城市的优美景色和民情风俗。《儿女英雄传》第二十二回写安学海一行停泊德州码头所见：

> 这日靠船甚早，那一轮红日尚未衔山，一片斜阳照得水面上乱流明灭，那船上桅杆影儿一根根横在岸上，趁着几株疏柳参差，正是渔家晚饭，分明一幅画图。……那运河沿河的风气，但是官船靠住，便有些村庄妇女赶到岸边，提个篮儿，装些零星东西来卖，如麻绳、棉线、零布、带子，以至鸡蛋、烧酒、豆腐干、小鱼子之类都有，也为图些微利。[①]

斜阳、船桅、疏柳、乱流明灭的大运河，构成一幅颇有意境的码头夕照美景图。村庄妇女赶趁小生意的描写，则让我们看到一幅运河码头的民情画面。

其次，相关作品写出了德州作为水陆码头的交通要地特点。《醒世姻缘传》第七十七回写狄希陈从济南府明水镇去往京城，先从明水走旱路到德州，再从德州搭了座船走水路去京城；第一百回，薛素姐等人从通州回明水，“雇了大船，由了河路，从德州起旱回家”[②]。由这些描写可知，明清时期的德州处在沟通山东和北京的水陆转换关键节点上，位置特别重要。进而我们也就不难理解，为什么《女仙外史》第三十五回说“德州系由南入北三

① （清）文康著，弥松颐校注：《儿女英雄传》，人民文学出版社2014年版，第393页。

② （明）西周生辑著，李国庆校注：《醒世姻缘传》，中华书局2005年版，第1296页。

路总要之地”[①]、第九十三回说“那德州是南北第一要道”[②]等。在居于北平的燕王朱棣同济南阙下月君唐赛儿的两相对峙之中，由于德州既是大运河水运的大码头，又是进出京城时水陆交通转换的关捩，失德州则北平危，因此，燕王派第三子朱高煦率强兵三万镇守于此。另外，《绿野仙踪》第二十二回写金不换道：“此地（德州）是个水路马头，各省来往人俱有。”[③]《儿女英雄传》第二十二回写道：“这德州地方是个南北通衢人烟辐辏的地方。”[④]两书的描写也表明，德州作为南北交通要道上的重要节点，人员流动量大，人烟稠密，城市繁荣。

《儿女英雄传》第二十二回写德州码头附近有一个孝子村，村名的由来和一个感人的孝子故事有关。南直隶某人为官后，寻找早年客死于德州的父亲无果，竟在此地一病不起，村人感其为孝子，专门盖了一座庙祭祀他，村子因名孝子村。本回所写孝子村的来历故事，并非作者文康杜撰，而是有所依傍。今河北省故城县城东北不远，有五个以“孝子”命名的村庄。当地故老相传，以“孝子”名村始于明代洪武年间，由初始的一个村庄逐渐发展成为后来的五个村庄。明清时期，故城曾经是重要的运河码头，与德州隔运河相望，两地距离颇近，文康应当知晓孝子村的掌故，因而在《儿女英雄传》中用作故事素材。

二、明清小说中的武城

武城，明代属东昌府高唐州，清代属东昌府临清州，今属德州市。明清时期的武城是大运河沿岸城市之一，因而与其他运

---

① （清）吕熊著，杨钟贤校点：《女仙外史》，百花文艺出版社1984年版，第405—406页。

② （清）吕熊著，杨钟贤校点：《女仙外史》，百花文艺出版社1984年版，第1019页。

③ （清）李百川著，冯伟民校点：《绿野仙踪》，人民文学出版社2002年版，第190页。

④ （清）文康著，弥松颐校注：《儿女英雄传》，人民文学出版社2014年版，第393页。

河沿岸城市一样,较高频次出现于明清小说。清代小说《赛红丝》《醒世姻缘传》《隔帘花影》[①]、《野叟曝言》以及《歧路灯》等,都不同程度地写到以武城为地理背景的故事或者武城人的故事,其中尤为突出者是《赛红丝》和《醒世姻缘传》。

《赛红丝》是清代才子佳人小说,十六回,不题撰人。小说以东昌府武城县书生宋古玉、寓居河南汝宁的武城人贺秉正为主要人物,分叙武城和汝宁两地发生的故事,故事最后收结于京城。大略言之,武城秀才宋古玉豪爽多才,经常邀集同学秀才到岳父家做诗文酒会,引起妻弟皮象的不满。一年秋天,皮象拒绝宋古玉引人来自家作诗吃酒,宋古玉认为丢了自己颜面,就在皮家破口大骂。皮象的朋友屠才是武城府堂捕役,为他出主意,让他将宋古玉诬为强盗的窝家,借此收拾宋古玉。府官袁耀糊涂断案,酷刑拷打,宋古玉被屈打成招,下狱监禁,武城众秀才为他鸣冤无果。宋家生活陷入困顿,皮象拒绝接济并殴打前来借贷的外甥宋采。屠才则替皮象买嘱牢中禁子,要在狱中害死宋古玉。新任武城知府蔺楷夜梦舜时掌刑狱的皋陶,知狱中有弊,赶紧夜查牢房,救下了性命危在旦夕的宋古玉,审明他的冤情,将他释放回家,皮象、屠才等俱各问罪。

贺秉正任汝宁知府,与吏部给事中裴楫是好友,受其临终之托,照料其寡妻与一双儿女,结果遭裴楫在朝中的仇人忌恨、诬陷,左迁广西。贺秉正辞却官职,寓居汝宁,写信让宋古玉来此做裴楫之子裴松的塾师。宋古玉没有答应贺秉正,仍留武城,结果蒙受冤狱。出狱后的宋古玉家中贫困,遂携家投奔贺秉正,做了裴松的塾师,儿子宋采与裴松同学。宋古玉之女宋萝、裴楫之女裴芝皆美而有才。贺秉正执柯作伐,宋、裴两家互结亲事:裴芝配宋采,宋萝配裴松。

宋、裴两家订亲后,宋古玉、宋采父子回原籍山东武城,分别参加乡试和童生考试。宋古玉考中举人,会试中进士,选授翰林

---

① 此书为丁耀亢《续金瓶梅》之改写本,四十八回,作者题四桥居士。

院庶吉士;宋采进武城县学,裴松进汝宁府学。贺秉正见托孤之责完成,便携家回到武城故里,旋被朝廷命为武昌知府。汝宁秀才常莪草在宋古玉之前曾做过裴松塾师,不学无术,被辞,一直怀恨在心,遂与学中好友白孝立合谋,往来汝宁与武城之间,破坏宋、裴两家儿女婚事,导致两家互相猜疑,但彼此没有说破,面上仍然维持旧谊。后来,宋采、裴松同年考中进士,同入翰林院。贺秉正在武昌任上破湖寇有功,擢升京城尚宝寺少卿,向宋古玉父子询问宋、裴两家姻事,访知常莪草、白孝立等小人从中作梗,致使两家彼此误会。宋采、裴松最终奉旨各成婚姻,宋、裴两家在京中结百年秦晋之好。以上即《赛红丝》故事大略。

书中第十回通过贺秉正之口提出了颇具新意的婚姻观念,他说:“择婿一事,要得其人,不在门第;要看终身,莫认眼前”;“虽女子无才,亦不为短;然毕竟有才,更觉出类”。[①] 较于“父母之命,媒妁之言”和“女子无才便是德”的传统婚姻观念,贺秉正的见解无疑具有一定进步性。在艺术上,《赛红丝》亦有其优长。郑振铎《巴黎国家图书馆中之中国小说与戏曲》一文评价《赛红丝》,认为“这是佳人才子小说中的一部‘白眉’,不仅叙述是别开生面,即文章亦清秀可诵”[②]。

《醒世姻缘传》是一部清初小说,与《赛红丝》大约同时问世。全书一百回,前二十二回所写为发生于武城县的故事,主要人物是晁夫人、晁源母子;后七十八回所写为发生于济南府绣江县明水镇的故事,主要人物是狄希陈、薛素姐,间有章回插叙晁夫人在武城县积德行善的故事。总体来看,全书所叙系以晁源—狄希陈为主人公的两世姻缘、轮回报应的婚姻与家庭故事。前二十二回大意:武城县晁乡宦之子晁源,性格浮浪好杀,外出打围时射死一只千年仙狐。晁源好色,买戏子珍哥为妾,两人虐待正妻计氏,致其自缢身亡,计氏娘家告官。晁源上下贿赂,不但本

① (清)佚名编次,天花藏主人序:《赛红丝》,中国经济出版社2011年版,第97、99页。

② 郑振铎:《中国文学论集》,岳麓书社2011年版,第286页。

人逍遥法外，而且给判绞罪的珍哥在狱中起盖独门小院、大开寿宴等。晁源不时进入狱中与珍哥作乐，在外则与皮匠妻子通奸，终被仙狐引领皮匠杀死在床。晁源死后，晁氏族人妄图赶走其母晁夫人，抢夺家产，被武城县徐县尹严惩。不久，晁乡宦之妾生下遗腹子晁梁，晁夫人善为看视，并在武城广行善事，受到徐县尹悬匾旌表。第二十三回至第一百回，写晁源、仙狐、计氏及珍哥分别托生为狄希陈、薛素姐、童寄姐及韩珍珠，冤家聚头，狄希陈极端惧内的婚姻家庭故事，插叙晁夫人在武城县积德行善、寿考而终、死后为仙故事。最终，高僧胡无翳说破狄希陈的两世姻缘，狄希陈得以善终。

《醒世姻缘传》前二十二回与后七十八回中涉及武城的故事，广泛描写了武城县的官场、社会、民俗等。小说先后写到武城县的三个县尹：第一个是第十、十一回所写作威枉法的无名县尹，背发大痈，死于任上；第二个是徐县尹徐文山，明断晁氏族人企图强抢晁夫人家产案，严惩凶徒，旌表晁夫人善行，后来提督山东学政，是一位清官和能员；第三个是第四十六回写的谷县尹谷器，刚愎自用，虽非贪酷之辈，但是审案时脑子一根筋，后来升任南京刑部主事。这三个武城县尹的形象，各有特点，应当是小说作者西周生深入观察地方官场现实的结果，抑或有现实的人事依据。

小说还通过计氏自缢身亡的官司，描写了武城县刑狱的废弛与腐败。如第十回中，计氏娘家人状告晁源和珍哥，县尹首先指使心腹向晁源索取贿赂，晁源财大气粗，"里里外外把钱都使得透了，那些衙门里的人把他倒也不象个犯人，恰象是个乡老先生去拜县官的一般，让到寅宾馆里"①。再如第十四回，珍哥判绞罪入监，晁源贿赂典史，为她在监中起盖独立院落、明窗暖炕的房子，时常进监与她过夜，甚至为她大开寿宴。总体来看，明清

① (明)西周生辑著，李国庆校注：《醒世姻缘传》，中华书局2005年版，第126页。

小说描写吏治刑狱之腐败，多为屈打成招、狱中谋害等故事，《醒世姻缘传》则开辟了一个新颖角度，生动描绘出地方刑狱废弛与腐败的状况，系一个特出之处。

小说较多地写到武城一带的民俗风情。如第二、三回写晁家腊月准备年节：晁源"在家打点浇蜡烛、煠果子、杀猪、央人写对联、买门神纸马、请香、送年礼、看着人榨酒、打扫家庙、树天灯杆、彩画桃符"[①]。还写到正月的一些风俗：正月初一早起到天地灶前烧纸，家庙里磕头；正月十四是上灯的日子，晁家赏灯吃酒，一连三日，正月十七到家堂烧疏送神。再如第二十一回写武城县洗三风俗：晁梁出生三日，晁家亲眷都来送粥米，看着与孩子洗三。小说写道："东昌的风俗，生子之家，把那鸡蛋用红麯连壳煮了，赶了面，亲朋家都要分送。看孩子洗三的亲眷们，也有银子的，也有铜钱的，厚薄不等，都着在盆里，叫是'添盆'。"[②]《醒世姻缘传》所写武城县隶属东昌府，故所说"东昌的风俗"即指包括武城县在内的地方风俗。

三、明清小说中的平原

平原在明代隶属山东布政使司济南府德州平原县，清代分属山东布政使司济南府平原县、东昌府恩县，今属德州市。《三国志通俗演义》《石点头》《聊斋志异》等明清小说，都写及与平原县相关的故事。

在《三国志通俗演义》中，刘备早年以破黄巾义军之功，经公孙瓒表奏，守平原县令，关羽、张飞在刘备手下充马、步弓手，刘备由此立下了日后起家的根基。小说写道："玄德在平原，颇有

---

① (明)西周生辑著，李国庆校注：《醒世姻缘传》，中华书局2005年版，第27页。

② (明)西周生辑著，李国庆校注：《醒世姻缘传》，中华书局2005年版，第276页。

钱粮军马，重整旧日气象。”[1]刘备跟随公孙瓒讨伐董卓，与关羽、张飞在虎牢关杀败吕布，凭借战绩受到各路诸侯重视。公孙瓒与袁绍交恶，兵戎相见，败于袁绍，危殆之际，刘备从平原领兵赶到救援。因此战功，公孙瓒向朝廷表奏刘备为平原相。刘备此战最大的收获则是结识了赵云。黄巾军围攻北海郡，北海相孔融慕刘备乃当世英雄，向其求援。刘备从平原县引兵前往，与孔融里应外合，打败黄巾军，旋从孔融之请，引兵救援被曹操大兵围困的徐州牧陶谦。救援陶谦时，刘备向公孙瓒处借得赵云引兵参战，两人惺惺相惜，赵云更加坚定了将来投奔刘备之意。曹操兵退后，从陶谦之请，刘备与关羽、张飞屯兵小沛。陶谦死后，刘备领徐州牧，势力进一步壮大。总体来看，在《三国志通俗演义》中，平原县是刘备日后与魏、吴三分天下的起步之处。

除刘备之外，《三国志通俗演义》第一百三十七回《曹操试神卜管辂》所写是平原人管辂的故事。太史许芝向曹操推荐管辂，讲述管辂善于占卜，预言休咎，灵验无比，当世有神卜之名。曹操召至，令卜天下之事。管辂答以两段隐语，云：“三八纵横，黄猪遇虎；定军之西，伤折一股”；“狮子宫中，以安神位；王道鼎新，子孙贵极”。[2] 前者预言曹操心腹夏侯渊于建安二十四年(219)正月战死于定军山，后者预言曹操死于洛阳，曹魏取代刘汉。第一百三十八回《耿纪韦晃讨曹操》写曹操欲兴兵讨蜀，令管辂占卜。管辂占得许都来年春天必有火灾，曹操因管辂占卜屡屡灵验，遂息动兵念头，下令许都严防火灾。建安二十三年(218)正月十五，许都大张灯火，耿纪、韦晃等同情汉天子的旧臣，趁机放火起事，被曹操部下镇压。事后，曹操方悟管辂的火灾预言应验，重赏管辂，管辂不受。

《石点头》是明代白话短篇小说集。书中第三卷《王本立天

---

① (明)罗贯中著，沈伯俊校注：《三国志通俗演义》，文汇出版社 2008 年版，第 17 页。

② (明)罗贯中著，沈伯俊校注：《三国志通俗演义》，文汇出版社 2008 年版，第 535 页。

涯求父》写北直隶文安县王原，长大成家后，辞别母亲与妻子，外出寻找早年出走的父亲王珣，踪迹几乎遍及山东，其中即有平原县。王原最后在河南辉县梦觉寺找到了父亲，全家团圆。

《聊斋志异》卷一《王成》、卷九《乔女》所写为平原县人物故事。《王成》主人公王成，平原故家之子，性格耿直，但极其懒惰。在其狐仙祖母的督促和帮助下，王成进京贩卖葛布，偶然购得一只善斗鹌鹑，转售大亲王，得值六百金，由此致富。这个短篇虽写王成因其好运而致富，但赞美的其实是王成耿直大度、贫而不贪的性格，寓含好人必有好报的美好愿望。《乔女》写平原县乔氏女子的奇行义举。乔女容貌丑陋，性格刚直，嫁给贫穷的穆生为继室，穆生死后，以纺织自给，抚育幼子。家境富裕的孟生丧偶，遗有幼子乌头，企慕乔女之德，向她求婚被拒。不久，孟生暴病而死，乌头成为孤儿，村中无赖侵夺孟家家业与田产殆尽。乔女不忿，向县官状告无赖，替乌头讨回被人侵夺的财产，抚养乌头如同己出。但在自己儿子的抚育需费上，乔女不沾孟家锱铢之财，仍艰苦度日。乌头长大，乔女为其聘名族之女成家。乔女之所以如此作为，乃在视孟生为精神知己，心许于孟生。在《聊斋志异》中，婚恋题材作品的主角多为倜傥书生与殊色娇娃，比较而言，《乔女》是一篇颇显另类的作品，它赞美完全超越形体与容貌的精神之恋，表现了强烈的超世俗色彩。小说重点刻画了乔女形象，她虽容貌丑陋但有德有智。汉代刘向《列女传·辩通传》载有两则齐国丑女故事，主角一为齐无盐邑丑女钟离春，一为齐东郭宿瘤女，两者均凭借女德和才智被立为王后，内助齐王，齐国大治。《乔女》中乔女与无盐女、宿瘤女的形象内涵是完全相通的。

另外，《三国志通俗演义》第四十五回《祢衡裸体骂曹操》写平原处士祢衡(今德州临邑人)故事。孔融向曹操推荐祢衡去荆州说服刘表。祢衡才学极高，但性不能容人，曹操召至，他出语不逊，骂尽其手下人物。为辱折祢衡，曹操令他充任鼓史。当曹操大宴宾客时，祢衡裸体击鼓骂曹，不堪其辱的曹操欲借刘表之手杀之，遂遣其出使荆州。刘表识破曹操奸计，转令祢衡去见性急无文的江夏黄祖，祢衡醉骂黄祖，被斩。曹操闻知祢衡被斩，语云："舌剑反自诛矣！"[①]祢衡的遭际与命运，令人叹惋！

《镜花缘》第七回写林之洋"乃河北德州平原郡人氏，寄居岭南，素日作些海船生意"[②]。林之洋是唐敖妻舅，唐敖被革去探花后，看破红尘，随林之洋海外漫游，历经二十余殊方异国，最后登小蓬莱山出世成仙。唐敖之女唐小山执意寻父，跟随林之洋按前次路线出海寻访，至小蓬莱山，得到唐敖亲笔信，抄录泣红亭碑文，乘船回国。

四、明清小说中的陵县

陵县即今德州市陵城区。明清小说中关于陵县的故事主要见于《水浒传》，不过，书中称为"凌州"，实乃"陵州"之误。按《元史》卷五十八《地理一》记载，陵州本为将陵县，元宪宗三年(1253)升陵州，隶属济南路，至元二年(1265)改隶河间路。[③] 陵州在明初降为陵县，清沿置。

《水浒传》中关于凌州的故事，一是关胜、李逵双打凌州城，二是梁山两打曾头市。第六十七回写道："凌州一府城池，许多军马在彼。"[④]凌州应当是与小说中济州、青州等级别相同的行政建置。梁山人马与驻守此城的官军将领单廷珪、魏定国发生了战事，起因是梁山人马为营救卢俊义和石秀，"打破北京，杀损人民，劫掠府库，赶得梁中书等离城逃奔"[⑤]，朝中蔡京震怒，举荐凌

① (明)罗贯中著，沈伯俊校注：《三国志通俗演义》，文汇出版社 2008 年版，第 185 页。

② (清)李汝珍著，张友鹤校注：《镜花缘》，人民文学出版社 1955 年版，第 40 页。

③ (明)宋濂：《元史》，中华书局 1976 年版，第 1365 页。

④ (明)施耐庵、罗贯中著，李永祜点校：《水浒传》，中华书局 1998 年版，第 897 页。

⑤ (明)施耐庵、罗贯中著，李永祜点校：《水浒传》，中华书局 1998 年版，第 893 页。

州团练使单廷珪、魏定国清剿梁山水泊。新降梁山的关胜主动请缨，带领宣赞与郝思文，率兵去凌州路上邀截单、魏二将。双方首战，宣赞、郝思文被俘，关胜大败输亏，幸得林冲、杨志后援，杀散凌州官军。李逵本想与关胜一起打凌州，被宋江阻止，便偷偷下山，要独自去打凌州，在途中遇投奔寇州枯树山鲍旭的好汉焦挺，两人遂一同前往枯树山，约鲍旭同打凌州。宣赞、郝思文被凌州太守派人押赴东京，恰巧途经枯树山，李逵、焦挺、鲍旭救下二人，于是以李逵为首，五筹好汉组成一支队伍，从枯树山出发，前去攻打凌州。梁山方面，关胜整兵再打凌州，收降单廷珪。魏定国出战，用火攻法大败关胜，回兵时却发现凌州城内烈焰一片，原来是李逵等枯树山人马打破凌州北门，城池失陷。魏定国只好退守中陵县，固守不出。单廷珪单人匹马入城，说服魏定国归降梁山，凌州之战结束。

《水浒传》第六十回、第六十八回写梁山两打曾头市。曾头市位于凌州西南地面，是一处规模很大的镇市。晁盖一打曾头市含恨身亡，宋江再打曾头市大获全胜。一打曾头市起因是金毛犬段景住偷得大金王子的照夜玉狮子马，打算献给宋江作为入伙梁山的投名状。行经曾头市时，曾家兄弟五人不但强夺了宝马，而且对梁山好汉出言不逊。段景住投奔梁山，将此事报告了晁盖和宋江。梁山派戴宗到曾头市探知此马已成曾府教师史文恭的坐骑，而且曾头市做好军事准备，要消灭梁山人马。晁盖听后大发雷霆，不顾宋江劝阻，率领林冲、呼延灼等二十名头领与五千人马，前去攻打曾头市。梁山人马与曾家军马交战，接连失利，晁盖中了史文恭的药箭，遗言“若那个捉得射死我的，便叫他做梁山泊主”[①]，含恨而死。晁盖攻打曾头市以失败告终。

梁山再打曾头市的直接起因仍然和马匹有关。段景住、杨林和石勇去往北地，为梁山买得二百余匹好马，返程行经青州地

① （明）施耐庵、罗贯中著，李永祜点校：《水浒传》，中华书局1998年版，第804页。

面，被地方强人郁保四尽数夺走，送到了曾头市。宋江闻之大怒，激起为晁盖出兵报仇的念头。为此，吴用派时迁和戴宗前往曾头市打探消息，时迁将敌情探知备细报告了宋江和吴用。曾头市在史文恭指挥下设了五处寨栅，梁山山寨分兵五路攻打。双方交战数日，各有输赢。曾头市曾长官因曾涂、曾索两子先后战死，有心息战，便叫史文恭下书议和，于是双方互派人质，准备讲和。宋江、吴用趁机策反了郁保四，郁保四返回曾头市，与宋江派往市内作讲和人质的李逵、时迁等人一起，内应梁山人马。最终，梁山人马打破曾头市，卢俊义活捉落荒而逃的史文恭。史文恭被押上梁山杀死，祭奠了晁盖。由此进而引发梁山主位由宋江还是卢俊义来坐的问题。这作为一个直接诱因，促使梁山方面发动了东平府和东昌府之战。

另外，《水浒传》第七十三回写李逵、燕青寻找假宋江，从梁山出发，往北寻去，“直到凌州高唐界内”[①]。李逵、燕青行迹所至，实为凌州(陵州)、高唐州两地。《聊斋志异》中还有题为“陵县狐”的篇目，侈言神怪，兹不赘述。

第三节　明清小说中的济州、曹州等

明清小说作品数量宏富，内容缤纷多彩，其中写及许多山东城镇，从西部大运河两岸，到半岛东部的海滨，从南北通衢的德州到孔孟之乡的济宁，都进入了明清小说的书写范围。如果对照山东的行政区划，可见所写这些城市基本涵盖了今日山东的所有地市。因此，在本书有限的篇幅之内，对明清小说写及的这些山东城市均予个案考察，是一项难度较大的工作，这有待以后继续展开研究。在此，本节就前此各章节没有论及的明清小说所写的一些山东城市作概括介绍。

---

① (明)施耐庵、罗贯中著，李永祜点校：《水浒传》，中华书局1998年版，第975页。

一、明清小说中的济州与郓城

济州作为行政建置或城市的名称，已不见于现代山东。大略而言，明清时期的济州辖境包括今日济宁市以及菏泽市的巨野、郓城等县。在明清小说中，《水浒传》所写发生于济州的故事最为引人注目，因为济州辖下有梁山水泊。第十三回郓城知县时文彬对巡捕都头朱仝、雷横说："我自到任以来，闻知本府济州管下所属水乡梁山泊，贼盗聚众打劫，拒敌官军。"[①]金圣叹在时文彬的话后面有二字评语，云："提纲。"[②]应该说，《水浒传》前八十回梁山招安之前的故事情节，基本没有超出时文彬这一段话的范围。因此，金圣叹的二字评点确为眼光独到，由此亦可见济州在《水浒传》思想内容与艺术结构上的重要分量。要而言之，除了有关郓城县的故事，《水浒传》前八十回所写发生于"济州"的故事有吴用说三阮撞筹，三阮大闹石碣湖，黄泥冈智取生辰纲，吴用济州城参见宿太尉等；发生于"济州管下所属水乡梁山泊"的故事最多，重要者有林冲逼上梁山，晁盖夺泊，戴宗传假信，大破连环马，好汉排座次，两赢童贯，三败高俅，梁山全伙受招安等，这些故事累累如贯珠，在全书都是精彩关目，占据全书内容的主体部分。

在《水浒传》中，济州管下的郓城县也是精彩故事的发生地，主要关目有晁盖认义东溪村，东溪村七星聚义，宋江飞马救晁盖，宋江怒杀阎婆惜，宋家庄朱仝义释宋江，还道村玄女授书，雷横枷打白秀英，等等。这些故事的主角是郓城人晁盖、宋江和吴用，三人后来成为梁山山寨的决策性人物。可以说，《水浒传》就是一部发生于济州的江湖好汉的故事集，故事中起决定性作用的人物则是以宋江为代表的郓城好汉。

① （明）施耐庵、罗贯中著，李永祜点校：《水浒传》，中华书局1998年版，第162页。

② （明）施耐庵著，（清）金人瑞评：《金圣叹批评水浒传》，齐鲁书社1991年版，第257页。

二、明清小说中的曹州及所属城镇

曹州与济州相邻。在明清小说中，曹州一地较早见于《水浒传》的描写。第七十二回写宋江一行从梁山水泊前往东京的路线："抹过济州，路经滕州，取单州，上曹州来，前望东京万寿门外。"[①]在《金瓶梅》和《醒世姻缘传》中，则有数条以"曹州"为谜面的歇后语，如《金瓶梅》第四十二回："你老人家'曹州兵备——管事宽'。"[②]《醒世姻缘传》第三回："各家门，各家户，你倒也'曹州兵备'！"[③]这表明曹州在明清时期是颇为知名的城市。在罗贯中《残唐五代史演义传》、俞万春《荡寇志》等明清小说中，多有关于曹州人、事的故事情节。不过，以曹州为故事地理背景的明清小说，当以《聊斋志异》卷十《葛巾》和《老残游记》为佳。

《葛巾》写曹州牡丹名甲齐鲁，癖好牡丹的洛阳书生常大用慕名而往，流连忘返，其痴情感动牡丹仙子葛巾，双方缔结美好姻缘，同归洛阳。经葛巾作合，大用之弟常大器与葛巾之妹玉版也缔结良缘。葛巾、玉版各生一子。时间既久，常大用怀疑葛巾是花妖，遂以言语试探，葛巾闻之不快，呼出玉版，各将孩子遥掷于地，母子即双双消失不见。数日后，孩子堕地处生出两株牡丹，洛阳牡丹自此繁盛，天下无双。小说所写常大用因痴情而缔结的姻缘是美好的，终却因其疑心而演为悲剧，故异史氏慨叹："以花当夫人，况真能解语，何必力穷其原哉？惜常生之未达也！"[④]在《葛巾》中，蒲松龄实际提出了夫妻之间应当互相尊重隐私、不应彼此猜疑的婚姻幸福之道，这在当时是颇为超前的意识，即使对当今现实生活也富有启示意义。另一方面，《葛巾》以

---

① (明)施耐庵、罗贯中著，李永祜点校：《水浒传》，中华书局1998年版，第955页。

② 秦修容整理：《金瓶梅》(会评会校本)，中华书局1998年版，第569页。

③ (明)西周生辑著，李国庆校注：《醒世姻缘传》，中华书局2005年版，第37页。

④ (清)蒲松龄著，张友鹤辑校：《聊斋志异》(会校会注会评本)，上海古籍出版社1986年版，第1443页。

书生与花妖婚恋的浪漫故事，娓娓讲说从“曹州牡丹甲齐鲁”[①]到“牡丹之盛，洛下无双”[②]的因由，为曹、洛牡丹蒙上了一层瑰丽色彩，增强了曹、洛牡丹吸引世人的魅力。

《老残游记》所写发生于曹州的故事在第四至七回，“万家流血顶染猩红”的曹州府太守玉贤是故事的主角，此人名为清官，实乃草菅人命的酷吏。小说以入木三分之笔，揭露玉贤等“清官”之恶，描述曹州府百姓在其治下噤若寒蝉的生存状态，成为全书最具深刻性和批判力度的文字。第四回写到曹州府的董家口，这是位于曹州府到大名府大道上的一处镇市，镇上有几家车马店，专供过往行人住宿。第五回写到的马村集，离曹州府城有四五十里地，只有三家车马店，是一处比董家口规模略小的镇市。明清与民国时期，曹州北部有四大集，董家口、马村集属于其中两个大集，董家口即今菏泽市鄄城县董口镇，晚清、民国时期曾是黄河沿岸的重要码头，马村集今属菏泽市牡丹区。在《老残游记》中，老残从济南雒口沿黄河上行，经齐河、平阴、寿张，至董家口下船，经马村集，去往曹州府城，这是一条至今于实地仍然可考的旅行线路。

三、明清小说中的莱州

莱州在明清时期建置为府，治所掖县，与青州、登州并称为山东的“东三府”。《水浒传》是最早写到莱州的明清长篇之作。梁山好汉燕顺、邹渊、邹润都是莱州人氏。第七十四回写燕青泰安州打擂，登台自报家门称：“小人姓张，排行第一。山东莱州人氏。”[③]第七十一回，梁山喽啰捉得来自莱州的一行人，因“年例东

---

① (清)蒲松龄著，张友鹤辑校：《聊斋志异》(会校会注会评本)，上海古籍出版社1986年版，第1436页。

② (清)蒲松龄著，张友鹤辑校：《聊斋志异》(会校会注会评本)，上海古籍出版社1986年版，第1443页。

③ (明)施耐庵、罗贯中著，李永祜点校：《水浒传》，中华书局1998年版，第987页。

京着落本州要灯三架，今年又添两架，乃是玉棚玲珑九华灯”[①]，他们驾着五辆车子，解灯上东京去。此事勾起了宋江前去东京赏灯的欲望，由此引出“柴进簪花入禁院，李逵元夜闹东京”的故事。《二刻拍案惊奇》卷二十七《伪汉裔夺妾山中　假将军还姝江上》入话部分，写山东莱州府掖县豪侠邵文元故事，一是保护曾经屈打过自己的知县入京，二是只身勇斗白日抢劫的强盗，使失物归还原主。邵文元豪侠义举几如梁山好汉。

在清代小说中，《聊斋志异》卷五《彭海秋》以莱州书生彭好古为主人公，故事发生地为莱州、扬州。小说写彭好古于中秋之夜在莱州别业中招待丘生，不速之客彭海秋光临，施展神技，召扬州名妓娟娘侑酒，并以仙舟载彭好古、丘生和娟娘夜游扬州西湖，又为好古与娟娘做媒，订下让他们三年后相见之约。三年后，彭好古省亲扬州，遇娟娘于朋友宴席之中，遂偕归莱州。在中国古代小说中，凡人遇仙的模式一般为世间男子邂逅女仙而成眷属，《彭海秋》则为男性仙人下凡为媒，让世间有情人成其眷属，故事构思独出机杼，别具一格，有学者赞其为“古代遇仙故事的奇葩”[②]，甚是。

《女仙外史》也有较多内容写及莱州，大都涉及战事，一为青州义军拔取莱州城，二为剑仙聂隐娘等莱州城灭倭。第二十回写吕律投奔青州卸石寨，面见月君唐赛儿，献开基之策，云：“先取青州，次拔登莱，再定济南。”[③]这类似《三国志通俗演义》中的隆中对策，是关乎义军事业全局的战略性决策。义军占领青州城池后，吕律统率大军前取登、莱，监军高咸宁为前锋，直取莱州府。莱州府有术士仝淳风，与高咸宁里应外合，攻占莱州府城。

① (明)施耐庵、罗贯中著，李永祜点校：《水浒传》，中华书局 1998 年版，第 952 页。

② 马瑞芳：《诗意灵珑　隽美优雅——〈彭海秋〉赏析》，《蒲松龄研究》2006 年第 2 期。

③ (清)吕熊著，杨钟贤校点：《女仙外史》，百花文艺出版社 1984 年版，第 225 页。

义军乘胜进发，很快又拔取登州府城。青、莱、登三府均为青州义军占领，奠定了月君唐赛儿日后于济南建阙的基础。

莱州灭倭之战发生于济南建阙之后，起因于早前的登州府之战。在登州府之战中，燕兵都指挥卫青兵败逃走，浮海而去，向日本国大将军借倭兵十万，企图夺回登州。因卫青葬身于向登州进发的海途之中，倭兵驾海鳅船从登州转至莱州上岸。月君唐赛儿命令义军大开莱州城门，诱敌深入，倭兵中计，窜入城内烧杀抢掠。义军方面，剑仙聂隐娘、公孙大娘和女将范飞娘、满释奴等，就莱州城中歼灭倭兵七八万人，战事大捷。不过，在第二十七回月君就说过："我等法力，不可与凡人计较。"[①]她为何又派剑仙歼灭倭兵呢？这在月君实属不得已之举，因为一是燕王为心腹之患，二是济南阙下建立不久，根基未牢。至第四十四回军师吕律明确道出了这两层因由："大约倭兵有十万之众，必须调遣各处人马与之对垒，那时燕兵乘虚而入，四面交攻，又将何以御之？且行阙系是新造，安保人心不惶惧耶？今惟严饬兵备，静镇如山，燕军虽有管、乐，亦无所施其技矣。"[②]

《女仙外史》中的莱州灭倭之战艺术地反映了明代山东沿海深受倭害和官民反击倭寇的史实。洪武、永乐年间，明政府在山东沿海地区组织了几次大规模的反击倭寇的军事行动，沉重打击了倭寇，直至嘉靖之前，没有再出现大的倭寇祸乱。[③]《女仙外史》作者吕熊基于这一史实，捏合古今，融汇剑仙传说，作此一段关于莱州的"戏文"[④]。

四、明清小说中的沂州及其属县

沂州及其属县也较多见于明清小说的描写。沂州为明清时

① (清)吕熊著，杨钟贤校点：《女仙外史》，百花文艺出版社1984年版，第306页。

② (清)吕熊著，杨钟贤校点：《女仙外史》，百花文艺出版社1984年版，第501页。

③ 王克奇：《山东政治史》，山东人民出版社2011年版，第399页。

④ 《女仙外史》第四十四回梅坡评语。

期山东州府之一（治所在今临沂市），原为散州，清雍正后升为府。在明清小说中，《水浒传》是最早写到沂州的名著，所写“沂州沂水县”人物有李逵、朱贵、朱富和李云等四位好汉。李逵是全书最为出彩的好汉形象之一。他在沂州的故事，一是在从梁山回乡取母途中，杀死冒充其本人拦路抢劫、不思悔过从新的李鬼；二是在沂岭为母亲取水时，母亲不幸被老虎吃掉，悲痛的李逵杀死四虎，为母报仇。李逵沂岭杀虎与武松景阳冈打虎、解氏兄弟登州山射虎，成为《水浒传》所写发生于山东的三大精彩的打虎故事。《水浒传》中另一个重要的沂州人物是朱贵。他是梁山山寨的创始人之一，掌管梁山下的酒店，为人机警，作为山寨耳目，迎接投奔梁山的各路好汉。宋江、吴用等人对李逵的回乡之行颇不放心，因朱贵和李逵的同乡关系，派他暗中随行，以防李逵造次。李逵杀虎后，因大意而被曹太公首报沂水县。朱贵与兄弟朱富一起，救下被押赴沂水县的李逵，说服押解的沂水县都头李云同投梁山。梁山好汉排座次时，朱贵的位次并不靠前，但他对山寨事业的发展作出了重要贡献，这是毋庸置疑的。以上这些是《水浒传》中发生于沂州沂水的故事。那么，沂州、沂水何以能够进入《水浒传》的描写之中呢？根本原因在于北宋时期的沂州曾是宋江起义所及之处。宋人张守《毗陵集》卷十三《左中奉大夫充秘阁修撰蒋公墓志铭》云：“公讳圆，字粹仲，蒋氏。……徙知沂州。宋江啸聚亡命，剽掠山东一路，州县大震，吏多避匿。公独修战守之备，以兵扼其冲。贼不得逞，祈哀假道。公旿然阳应，侦食尽，督兵鏖击，大破之。馀众北走龟蒙间，卒投戈请降。”[①]蒋圆知沂州，面对来势凶猛的宋江义军，沉着应战，抓住战机大败义军。义军败走“龟蒙间”，即今沂水、蒙阴一带，最后投降。这一史实是《水浒传》叙写沂州、沂水人物故事的根本原因。

《聊斋志异》卷二《莲香》是一篇以沂州书生桑子明为男主人

① 朱一玄、刘毓忱编：《水浒传资料汇编》，南开大学出版社2002年版，第6页。

公、狐女莲香和女鬼李氏为女主人公的婚恋故事，题材乃蒲松龄得之于沂州旅次。小说写孤身寓居红花埠的桑生，与莲香热恋，李氏女趁间侧入，与桑生情意绸缪。李氏女向桑生告说莲香实为狐女，莲香则发觉桑生身患鬼症，进而察知李氏女为女鬼。桑生不听莲香劝告，与李氏女频密交往，终至身体羸弱，卧床不起。莲香对此早有预见，采药于海外神山，救回桑生一命。李氏女为莲香的深情大义所感动，魂附张氏女子尸身而复活，嫁给桑生。莲香为桑生产下一子后，得病身亡，转世为韦氏女，十四年后再嫁桑生。《莲香》塑造了两位执着于爱情的美丽女子，李氏女为爱情而复活，莲香为爱情而转世为人，将人与狐、鬼婚恋的题材与女子还魂故事巧妙融合，情节新奇生动，笔致摇曳多姿，是《聊斋志异》中婚恋题材的佳作。

《女仙外史》也有不少章回写及沂州。月君唐赛儿建阙济南后，分兵攻打临清和济宁。军师吕律拔取济宁、进占兖州后，派遣监军景星攻打泰安、蒙阴和沂州。沂州是“由山东入淮紧要的路，所以淮安都督拨马步兵八千屯驻于此。……城池坚固，守御严整”(第四十一回)[①]，景星战事受挫。吕律从兖州调兵遣将，帮助景星拿下沂州。战后，吕律举荐景星开府沂州，镇守于此。

《莲香》故事和《女仙外史》沂州战事都写到一处镇市——红花埠。《莲香》中桑生与莲香、李氏女婚恋故事的发生地为红花埠。《女仙外史》第四十一回写吕律派兵协助景星攻打沂州城池，“便唤雷一震、俞如海二将统领精兵一千，仍由济宁出南阳夏镇，抄至红花埠”[②]。红花埠是从淮安去往沂州的运饷要地，因此，吕律派一路兵马抄至此地。《莲香》和《女仙外史》所写红花埠实有其地，即今之临沂市郯城县红花镇。明清时期，红花埠是一个重要驿站，也是郯城县南部的最大商埠。因此，它进入了明

---

① (清)吕熊著，杨钟贤校点：《女仙外史》，百花文艺出版社1984年版，第472页。

② (清)吕熊著，杨钟贤校点：《女仙外史》，百花文艺出版社1984年版，第472页。

清小说家的视野之中。

五、晚清小说中的山东沿海和胶济铁路沿线城市

晚清时期，山东沿海城市和胶济铁路沿线城市更多地进入小说家的视野。胶州、潍县、诸城等城市，在明代与清代前期小说中存在感很低；青岛、烟台两个沿海港口城市，兴起于晚清，更罕见于清代前期的小说书写。随着英、德、日等国侵略者的入侵并不断占领山东沿海地方，以及1899年胶济铁路的修建，外国侵略势力沿着铁路向山东内地扩张和渗透，这些港口城市和铁路沿线城市渐次进入晚清小说的书写。

《文明小史》第三十二回、第三十三回前半所写为发生于潍县的故事。冯主事在潍县筹资办新式学堂，结果引起商人罢市，自家也被人纵火烧毁。从小说描写中，我们还可以看到与西方近代科技、文化有关的新事物，像自来火（火柴）、教堂、电报等，在潍县均已出现。第三十八回，外国统兵官擅自带兵驻扎到诸城北门外，对前来交涉的诸城县令武强蛮横地说道："我们本国的兵，扎到那里，算到那里，横竖你们中国的地方是大家公共的，现在山东地方就是我们本国势力圈所到的去处，那个敢挡我们？"[①]继任的钱县令来到诸城，居然给这些外国兵发军饷，企图笼络他们，不给自己添麻烦找事情。这个故事艺术地反映出晚清山东乃至中国积贫积弱、任人宰割、官员媚外辱国的事实。《官场现形记》第六、七回写山东巡抚到胶州兵营阅兵情况及其宴请外国总督的故事，揭露胶州兵营的腐败与训练的不堪之状："武营里的习气，所有的兵丁平时是从不习练；而且还要克扣粮饷，化公为私。"[②]为应付山东巡抚例行故事的检阅，武营官兵仓

---

① （清）李伯元：《文明小史》，百花洲文艺出版社2010年版，第228页。

② （清）李宝嘉著，张友鹤校注：《官场现形记》，人民文学出版社1957年版，第78页。

促训练，全是花架子，“真正比要猴还要好看”[1]。小说将晚清山东海防的黑幕与废弛暴露无遗。

德国侵占胶州湾后，青岛开埠，青岛港口的国际、国内海运航线陆续开通，这一现实在《文明小史》和《官场现形记》等小说中有所反映。《文明小史》第二十四回写黎定辉、万华甫从上海出发，乘海轮到青岛上岸，再到济南。《官场现形记》第七回中，陶子尧从济南动身到潍县，在此乘火车去青岛，再转乘轮船去上海。这些情节都表明青岛已是山东沿海客运的重要港口。

至于烟台，《孽海花》较多写及。第三回写到金雯青和烟台妓女梁新燕有一段情缘。第八回金雯青有诗云：“忽忆灯前十年事，烟台梦影浪痕淘。”[2]诗句暗寓当年自己和梁新燕的情缘。第二十四回写金雯青受傅彩云风流韵事的刺激，发了疯，将傅彩云误认作当年赠他盘费进京赶考、因他负心而上吊自杀的梁新燕。实际上，在《孽海花》最初版本中，傅彩云是悬梁自尽的梁新燕再世为人，因而颈上有一条红圈，只是作者后来作了删改。由此来看，痴情的烟台妓女梁新燕与负心的江南才子金雯青的情缘才是《孽海花》叙事的伏线。此外，在《官场现形记》《二十年目睹之怪现状》及《近十年之怪现状》等晚清小说中，烟台也是多次出现的港口城市。《近十年之怪现状》第一回写乔子迁和李老三偷了金矿石，从济南雇船到烟台，再附轮船去往上海。这一情节表明烟台也是山东沿海的客运港口。

六、明清小说中的其他山东城市概说

除以上各章节探讨的山东城市之外，还有不少山东城镇在明清小说中留下踪影。如《醒世姻缘传》第十三回，晁源和珍哥被计家告上官府，官府循三驳方好成招的故例，往东昌府投了官文，点过名去，次日领文，“批了聊城县。聊城审过，转详本府，又

---

① (清)李宝嘉著，张友鹤校注：《官场现形记》，人民文学出版社1957年版，第79页。

② (清)曾朴著，张明高校注：《孽海花》，人民文学出版社2006年版，第106页。

改批了冠县。一干人犯又跟到冠县……审过，又详本府，仍未允详，又改批了茌平县”[①]；第四十七回，徐宗师按临夏津县，晁夫人派晁凤来此上呈，控告无赖魏三故意冒认晁梁为子、讹诈晁家事。这两回故事连串写及聊城、冠县、茌平、夏津等县。再如《聊斋志异》，这是一部诞生于淄川的名著，多有与淄川和周边博山、周村、长山、新城、益都、临朐、蒙阴、沂水、莒县、阳信、利津等县有关的故事。再如《女仙外史》第二回写到，唐赛儿出生于“山东济南府蒲台县”[②]。又如《绿野仙踪》第一回，冷松“由举人选授山东青州府昌乐县知县，历任六年，大有清正之名。只因他赋性古朴，不徇情面，同寅们都厌恶他”[③]，给他起一个绰号“冷冰”。冷松认为这个绰号是自己“生前的好名誉，死后的好谥法”[④]，就此给儿子取名为冷于冰。至于《老残游记》，所写除登州、济南、曹州三府故事外，还有发生于千乘、平阴、城武、齐河等县的故事。

① (明)西周生辑著，李国庆校注：《醒世姻缘传》，中华书局 2005 年版，第 177 页。

② (清)吕熊著，杨钟贤校点：《女仙外史》，百花文艺出版社 1984 年版，第 13 页。

③ (清)李百川著，冯伟民校点：《绿野仙踪》，人民文学出版社 2002 年版，第 1 页。

④ (清)李百川著，冯伟民校点：《绿野仙踪》，人民文学出版社 2002 年版，第 2 页。

结语　明清小说中山东城市映像的当代价值

明清小说写到的山东城市几乎涵盖了整个山东地域。总体来看，明清小说中出现的山东城市群像大致呈现为“两纵一横”的三条城市链。

两纵之一是京杭大运河山东段沿岸的城市。这一链条的北端是德州，往南依次有武城、临清、东昌、阳谷、东平、汶上、嘉祥等城市，济宁居于此线南端。大运河是明清时期沟通京城与江南的黄金水道，文人赶考、官员公干和商贸往来等，大都舟行运河，这为沿岸山东城市较多进入明清小说家的创作视野提供了有利条件。

两纵之二是连接山东南北陆上交通沿线的城市。这一线路的远端起自北京，经过山东的德州、济南、泰安、曲阜、邹县等地，出山东之后延伸至南京及其以远。德州位居山东北端，地近京城，既是大运河沿岸又是南北陆路交通的双重节点性城市，《女仙外史》谓之“由南入北三路总要之地”[①]。作为省城的济南，是明清时期山东政治和文化的中心。泰安是五岳之首泰山的所在，帝王封禅，四方百姓进香，往往注目于此。曲阜、邹县为孔孟故里，是齐鲁文化的高地、文人士大夫的精神家园。这些城市在明清时期的山东乃至国家政治、社会和文化生活中如此重要，高

---

① (清)吕熊著，杨钟贤校点：《女仙外史》，百花文艺出版社1984年版，第405—406页。

频次进入明清小说的书写自是理之当然。

明清小说所呈现的山东城市链的“一横”，沟通山东东西方向，重心在西端。大运河沿岸的临清以及东昌，凭借繁荣的商业贸易，成为这一链条的龙头城市。由此向东，经济南、明水、青州、莱州等城市，延伸到滨海的登州、胶州等。明水临近省城济南，明清时期进出济南的行人客商经常投宿于此。青州历史悠久，明清两朝是府治所在，人文荟萃。登州、胶州是明清时期海防重地，莱州位于青州沟通登州、胶州的中间节点上，与青州府、登州府并称山东的“东三府”。这些城市具有政治、经济、交通或者军事等不同的重要性，因而在明清小说中有了高频次的显示。

明清小说对山东城市的书写，为我们勾画出明清时期山东城市丰富多彩、缤纷绚丽的文学映像。这是一笔珍贵的文化遗产，具有经济、社会、历史、文学、文化等多方面的价值和意义，在当代山东城市建设和城市群的发展壮大中，应当发挥其积极的作用，使之产生应有的效益。我们认为有以下几个方面可以考虑。

首先，明清小说中的山东城市映像可以作为一种必要的文学史资源助益相关学术研究。近年来，随着中国现当代文学研究的不断深化，学术界提出了“城市文学”乃至“文学济南”的概念，这两个概念是基于中国现当代文学与城市的相互关系而产生的。其中存在的缺憾，正如有学者指出的那样：中国现当代尤其是当代城市文学研究的话语体系，主要建构在西方现代城市理论基石之上，西方城市文学理所当然地成为中国学者研究的主要甚至唯一参照系；与重视横向移植形成鲜明对比的是，纵向比较的环节显得十分薄弱，这是因为在当代学者的研究观念里，古代中国是一个乡土文学的国度，因而使现当代城市文学研究缺少了历史的纵向座标与具有本土特色的理论资源。[1] 从这个

① 参见周晓琳：《中国古代城市文学研究的文学史意义》，《北京化工大学学报》（社会科学版）2008 年第 4 期。

意义上说，明清小说中的山东城市映像就需予以关注。它们既是中国现当代城市文学在本土的历史源头，又是现当代城市文学研究的“历史的纵向座标”与“具有本土特色的理论资源”。就“文学济南”这一概念来说，其内涵主要指向现当代山东小说创作中的济南书写[1]，但作为一种历史源流的追溯，或者说这一概念内涵的“前史”探寻，自应接入明清小说中的济南城市映像。

其次，明清小说中的山东城市映像具有一定的历史认识价值。这种价值涵盖城市的经济、历史、文化以及民俗等多个方面。例如，《金瓶梅》《醒世姻缘传》和《老残游记》等，广泛反映了明清时期临清、武城、明水、济南等山东城市的城市布局、商业经济、民情风俗等，其历史认识价值，长期以来已为学界所肯定。再如《梼杌闲评》中关于山东东阿、邹城的内容，对研究白莲教起义也有一定参考价值。交通是城市发展和繁荣的基础条件，明清小说所写山东城市自然涉及交通问题。从明代和清代前期小说中，我们可以看到，京杭大运河是沟通南北的交通大动脉。《官场现形记》《文明小史》《二十年目睹之怪现状》《近十年之怪现状》和《孽海花》等晚清小说，多次写到火轮船、火车等近现代交通工具，山东沿海的青岛、烟台已然成为重要港口，透露出胶济铁路沟通青岛和山东内地的历史信息。因此，在山东城市发展史的研究中，明清小说具有的史料价值也是不能忽视的。

再次，明清小说中的山东城市映像可以作为山东文旅的资源予以开发和建设。20世纪80年代以来，随着经济与社会不断发展，人民群众物质生活水平日益提高，假日旅游、休闲旅游等已经成为人民生活的重要内容。无论中外游客，其旅游的过程和目的，不仅是观览美丽的山水风光，还会关注地方文化、民情风俗等，感受体验地域文化。地方各级政府和旅游业界人士早已认识到，文化旅游是旅游业的灵魂所在。因此，各地大都重视

---

① 参见张丽军：《“文学济南”：百年济南文学的空间现代性审美建构》，《济南大学学报》(社会科学版)2014年第4期。

区域历史文化的研究，力图把研究成果转化、融合到地方旅游业发展中，大力开发人文旅游资源。在齐鲁大地上，以“山水圣人”为标识的文化旅游资源积淀深厚，“山水圣人”旅游线已成为享誉国内外的山东省黄金旅游线。2020年6月8日，山东省政府新闻办召开发布会，提出要“以文旅合作为切入点，加快济南、泰安、曲阜三地文旅合作，联合各市打造‘山水圣人’中华文化枢轴”。由此来看明清小说中的济南、泰安与济宁映像，其对于打造“山水圣人”中华文化枢轴就有一定的参考价值。

进一步说，山东省正在打造的“鲁风运河”品牌，也可以适当融入明清小说中山东城市映像的元素。2020年3月31日，山东省人民政府办公厅发布《山东省大运河文化保护传承利用实施规划》，提出打响“鲁风运河”品牌，打造领略运河风情、增强文化自信的旅游目的地。大运河（山东段）文化带规划的核心区包括运河主河道流经的十八个县（市、区），有德州市德城区、武城县、夏津县，聊城市临清市、茌平县、东昌府区、阳谷县，泰安市东平县，济宁市梁山县、汶上县、任城区、嘉祥县、鱼台县、微山县，枣庄市滕州市、薛城区、峄城区、台儿庄区。在这些县（市、区）中，除枣庄市薛城区、峄城区和台儿庄区在现当代小说中多有书写之外，其他十五个县（市、区）都不同程度地见于明清小说的书写（具体可见本书各章节所论）。在“鲁风运河”文旅品牌中融入明清小说的相关元素，是可操作的，这样可进一步充实“鲁风”的文化内涵，凸显运河风情的历史深度。

又次，明清小说写到的某些山东城市名产或特产，具有一定的经济开发价值。在这一方面，酒类应属捷足先登者。山东省内就有酒厂基于《水浒传》中武松豪饮透瓶香、拳打猛虎的故事，开发出深受地方欢迎的白酒品牌，经济效益可观。《醒世姻缘传》第二十四回所写“青州白丸子”，作为一味地方名药，具有深入开发的价值；第三十七回写到的济南江家池凉粉与烧饼，可以考虑创为济南地方小吃的一个品牌。有意思的是，《醒世姻缘传》写到的这两种地方名产，又都各自关联一处名泉：青州白丸子乃汲取范公泉水制作，江家池凉粉、烧饼则与江家池相关。无论范公泉还是江家池，至今都是青州、济南的名胜。故此，在具体的开发实践中，不妨考虑将两处名泉与相应的地方名产相结合。如此等等，我们可做的事情还是不少的。

最后，明清小说中的山东城市映像可以作为城市建设、改造和保护的参考。2020 年 10 月，习近平总书记在广东考察时强调，在改造老城、开发新城过程中，要保护好城市历史文化遗存，延续城市文脉，使历史和当代相得益彰；要保护好具有历史文化价值的老城区，彰显城市特色，增强文化旅游内涵，让人们受到更多教育。[①] 在历史文化名城保护、城市建设与改造等工作中，尤其在保护和修复历史文化街区、建设地方文化特色城市时，我们可以适当参考明清小说中山东城市映像的资料，以为城市注入更多历史底蕴和文化内涵。在这一方面，有的城市已经有所行动。例如，阳谷县根据《水浒传》武松打虎的故事，建设景阳冈旅游景区；高唐县根据《水浒传》的描写，建成柴府花园；东平县建起了罗贯中纪念馆；莘县观城镇建树十字坡、野猪林石碑；济南大明湖也有和《老残游记》明湖居白妞说书情节相关的雕塑等。这些建筑、碑刻以及雕塑，为所在城市注入了历史感，增强了文化内涵。

总之，明清小说中的山东城市映像自有其经济、社会、文化的价值。政府有关部门、文旅企业管理和策划人员与明清小说研究专业人员等，可以共同携手，就这一资源的合理开发、推广等共作文章，让其发挥利国利民的实际效益。

---

① 参见《习近平在广东考察时强调：以更大魄力在更高起点上推进改革开放 在全面建设社会主义现代化国家新征程中走在全国前列创造新的辉煌》，《人民日报》2020 年 10 月 16 日。

参考文献

一、著作

1.(清)步月主人编次:《玉支玑》,中国经济出版社 2011 年版。

2.(清)曹雪芹著,(清)无名氏续,(清)程伟元、高鹗整理:《红楼梦》,人民文学出版社 2008 年第 3 版。

3.(清)陈忱:《水浒后传》,江西美术出版社 2018 年版。

4.程毅中辑注:《宋元小说家话本集》,齐鲁书社 2000 年版。

5.(清)荻岸山人编次:《定情人》,中国经济出版社 2010 年版。

6.(清)丁耀亢著,孔一标点:《续金瓶梅》,上海古籍出版社 1993 年版。

7.董文成等校点:《中国古代珍稀本小说》(7),春风文艺出版社 1994 年版。

8.(明)冯梦龙编著,(明)绿天馆主人点评,陈熙中校:《三言・喻世明言》,中华书局 2015 年版。

9.(明)冯梦龙编著,(明)无碍居士点评,吴书荫校:《三言・警世通言》,中华书局 2015 年版。

10.(明)冯梦龙编著,(明)可一居士点评,张明高校:《三言・醒世恒言》,中华书局 2015 年版。

11.傅憎享等校点:《中国古代珍稀本小说》(8),春风文艺出版社 1994 年版。

12.(明)华阳散人:《鸳鸯针》,黑龙江美术出版社 2015 年版。

13.(清)纪昀:《阅微草堂笔记》,上海古籍出版社 2005 年版。

14.(清)江左樵子编辑,钱江拗生批点,史愚校点:《樵史通俗演义》,人民文学出版社 1989 年版。

15.(清)乐钧著,石继昌校点:《耳食录》,时代文艺出版社 1987 年版。

16.(清)李百川著,冯伟民校点:《绿野仙踪》,人民文学出版社 2002 年版。

17.(清)李宝嘉著,张友鹤校注:《官场现形记》,人民文学出版社 1957 年版。

18.(清)李伯元:《活地狱》,江西人民出版社 1989 年版。

19.(清)李伯元:《中国现在记》,江西人民出版社 1989 年版。

20.(清)李伯元:《文明小史》,百花洲文艺出版社 2010 年第 2 版。

21.(宋)李昉等编:《太平广记》,中华书局 1961 年新 1 版。

22.(清)李绿园著,李颖点校:《歧路灯》,中华书局 2004 年版。

23.(清)李汝珍著,张友鹤校注:《镜花缘》,人民文学出版社 1955 年版。

24.李时人编校:《全唐五代小说》,中华书局 2014 年版。

25.(清)李渔:《连城璧》,上海古籍出版社 1992 年版。

26.(明)凌濛初编著,(明)即空观主人点评,张明高校:《二拍・初刻拍案惊奇》,中华书局 2015 年版。

27.(明)凌濛初编著,(明)即空观主人点评,吴书荫校:《二拍・二刻拍案惊奇》,中华书局 2015 年版。

28.(清)刘鹗:《老残游记》,中华书局 2013 年版。

29.刘文忠校点:《梼杌闲评》,人民文学出版社 1983 年版。

30.刘玉民总主编,李永祥、刘书龙分册主编:《济南文学大系》(古代戏剧与小说卷),济南出版社 2015 年版。

31.(明)陆粲、顾启元撰,谭棣华、陈稼禾点校:《庚己编　客座赘语》，中华书局 1987 年版。

32.(明)陆人龙:《型世言》，浙江古籍出版社 2016 年版。

33.(清)吕熊著，杨钟贤校点:《女仙外史》，百花文艺出版社 1984 年版。

34.(清)旅生:《痴人说梦记》，江西人民出版社 1989 年版。

35.(明)罗贯中著，沈伯俊校注:《三国志通俗演义》，文汇出版社 2008 年版。

36.(明)罗懋登著，陆树崙、竺少华校点:《三宝太监西洋记通俗演义》，上海古籍出版社 1985 年版。

37.(清)名教中人编次，钟夫标点:《好逑传》，上海古籍出版社 1994 年版。

38.(清)蒲松龄著，张友鹤辑校:《聊斋志异》(会校会注会评本)，上海古籍出版社 1986 年版。

39.秦修容整理:《金瓶梅》(会评会校本)，中华书局 1998 年版。

40.(清)沈复著，徐思源注评:《浮生六记》，凤凰出版社 2016 年版。

41.(明)施耐庵、罗贯中著，李永祜点校:《水浒传》，中华书局 1998 年版。

42.施永林、周颖:《泰山历代小说选》，山东文艺出版社 1989 年版。

43.(清)随缘下士编辑，徐明点校:《林兰香》，中华书局 2004 年版。

44.(明)陶辅撰，程毅中点校:《花影集》，中华书局 2008 年版。

45.(明)天花藏主人著，王根林标点:《平山冷燕》，上海古籍出版社 1994 年版。

46.(明)天花藏主人:《飞花咏》，中国经济出版社 2011 年版。

47.(明)天然痴叟:《石点头》，黑龙江美术出版社 2015 年版。

48.(宋)王辟之、陈鹄撰，韩谷、郑世刚校点:《渑水燕谈录西塘集耆旧续闻》,上海古籍出版社 2012 年版。

49.(清)王士祯撰,靳斯仁点校:《池北偶谈》,中华书局 1982 年版。

50.(清)王韬著,王思宇校点:《淞隐漫录》,人民文学出版社 1983 年版。

51.王维新编著:《古典小说中的济宁》,中国戏剧出版社 2010 年版。

52.(清)文康著,弥松颐校注:《儿女英雄传》,人民文学出版社 2014 年版。

53.(清)吴趼人著,张友鹤校注:《二十年目睹之怪现状》,人民文学出版社 1959 年版。

54.(清)吴趼人:《发财秘诀》,天津古籍出版社 1986 年版。

55.(清)吴趼人:《近十年之怪现状》,天津古籍出版社 1986 年版。

56.(清)吴敬梓著,张慧剑校注:《儒林外史》,人民文学出版社 1958 年版。

57.(明)西周生辑著,李国庆校注:《醒世姻缘传》,中华书局 2005 年版。

58.(清)夏敬渠撰,黄克校点:《野叟曝言》,人民文学出版社 2006 年版。

59.(明)熊大木:《大宋中兴通俗演义》,中国文史出版社 2003 年版。

60.(明)熊龙峰刊行,石昌渝校点:《熊龙峰刊行小说四种》,江苏古籍出版社 1990 年版。

61.(明)许仲琳:《封神演义》,浙江古籍出版社 2016 年版。

62.(明)叶权撰,凌毅点校:《贤博编》,中华书局 1987 年版。

63.(清)荑荻散人编次,廖祖灿点校:《玉娇梨》,安徽文艺出版社 2005 年版。

64.(清)佚名编次,天花藏主人序:《赛红丝》,中国经济出版社 2011 年版。

65.(清)俞蛟撰,骆宝善校点:《梦厂杂著》,上海古籍出版社1988年版。

66.(清)袁枚:《子不语》,浙江古籍出版社2017年版。

67.(明)袁于令评改,宋祥瑞校点:《隋史遗文》,北京大学出版社1988年版。

68.(清)曾朴著,张明高校注:《孽海花》,人民文学出版社2006年版。

69.(清)曾衍东著,盛伟校点:《小豆棚》,齐鲁书社2004年版。

70.(清)赵慎畛撰,徐怀宝点校:《榆巢杂识》,中华书局2001年版。

71.(明)周游等编撰:《开辟演义(外三种)》,华夏出版社2017年版。

72.凤凰出版社选:《中国地方志集成·山东府县志辑》,凤凰出版社2004年版。

73.郭云策搜集、整理:《历代东平州志集校》,中国文史出版社2008年版。

74.临清市人民政府编:《临清州志》,山东省地图出版社2001年版。

75.《(光绪)山东通志》,商务印书馆1934年影印本。

76.孙忠礼主编:《青州文献·志乘汇编》,青州市政府史志办公室2010年编印。

77.汤贵仁、刘慧主编:《泰山文献集成》,泰山出版社2005年版。

78.张华松等校点:《历城县志正续合编》,济南出版社2007年版。

79.杜贵晨:《齐鲁文化与明清小说》,齐鲁书社2008年版。

80.葛永海:《古代小说与城市文化研究》,复旦大学出版社2005年版。

81.黄霖、杜明德:《〈金瓶梅〉与临清》,齐鲁书社2008年版。

82.江苏省社会科学院明清小说研究中心、文学研究所编：《中国通俗小说总目提要》，中国文联出版公司 1990 年版。

83.刘德隆、朱禧、刘德平：《刘鹗及老残游记资料》，四川人民出版社 1985 年版。

84.刘德隆、刘瑀编著：《刘鹗年谱长编》，上海交通大学出版社 2019 年版。

85.鲁迅：《中国小说史略》，人民文学出版社 2006 年版。

86.《马克思恩格斯论文学与艺术》，人民文学出版社 1982 年版。

87.荣跃明主编，王进编选：《城市文学：知识、问题与方法》，复旦大学出版社 2018 年版。

88.施晔：《近代小说的城市书写与社会变革》，广西师范大学出版社 2013 年版。

89.王日根编著：《明清小说中的社会史》，中国财政经济出版社 2000 年版。

90.徐永斌：《凌濛初考证》，江苏人民出版社 2010 年版。

91.郑振铎：《郑振铎古典文学论文集》，上海古籍出版社 2009 年版。

92.郑振铎：《中国文学论集》，岳麓书社 2011 年版。

93.郑振铎：《文学大纲》，吉林出版集团股份有限公司 2017 年版。

94.周乐诗：《清末小说中的女性想象(1902—1911)》，复旦大学出版社 2012 年版。

95.周晓琳、刘玉平：《中国古代城市文学史》，人民出版社 2013 年版。

96.朱一玄、刘毓忱编：《水浒传资料汇编》，南开大学出版社 2002 年版。

97.朱一玄、宁稼雨、陈桂声编著：《中国古代小说总目提要》，人民文学出版社 2005 年版。

二、论文

1.陈平原:《文学的都市与都市的文学——中国文学史有待彰显的另一面相》,《社会科学论坛·学术评论卷》2009 年第 3 期。

2.杜贵晨:《古代小说与山东文化旅游开发》,《大众日报》1999 年 7 月 10 日《齐鲁文化专刊》。

3.段江丽:《通俗小说中的童生试、岁考与科考——以〈醒世姻缘传〉等为中心》,《明清小说研究》2011 年第 3 期。

4.范恩君:《论碧霞元君信仰》,《中国道教》1995 年第 2 期。

5.孙逊、葛永海:《中国古代小说中的"双城"意象及其文化蕴涵》,《中国社会科学》2004 年第 6 期。

6.孙逊、刘方:《中国古代小说中的城市书写及现代阐释》,《中国社会科学》2007 年第 5 期。

7.张进:《泰山娘娘与女性宗教信仰》,《管子学刊》2007 年第 3 期。

8.张丽军:《"文学济南":百年济南文学的空间现代性审美建构》,《济南大学学报》(社会科学版)2014 年第 4 期。

9.赵兴勤:《陈经济栖身晏公庙故事由来及其他》,《明清小说研究》2013 年第 4 期。

10.周晴:《〈绿野仙踪〉与泰山》,《南都学坛》2015 年第 4 期。

11.周郢:《从巫山神女到泰山玉女》,《管子学刊》2012 年第 2 期。

后　记

本书是我所申报2019年度山东省社会科学规划研究项目同题课题(批准号:19CZWJ04)的预期结项成果。在课题获得立项后,我即展开研究前期的资料搜集研读等系列工作,并于2020年着手撰写书稿内容。经过不懈努力,书稿终于成形,即将出版,心中稍有放松之感。但我深知,由于个人学识浅陋,加以教学及其他工作任务颇为繁杂,导致在研究和书稿撰写中用心欠专,因而本书肯定存在这样那样的问题。对此,恳请方家不吝指正、赐教!

特别感谢我的老师杜贵晨先生!本书稿写成后,先生拨冗审阅,提出修改建议,并费心撰序,以为鼓舞。这使我在深为感动的同时,更深感一种继续努力、不断提高学术研究能力的鞭策。还要感谢齐鲁工业大学社科处领导对本课题研究的关心和支持!感谢各位师友给予的无私帮助!感谢山东省图书馆提供的丰富资料支持!

王守亮

2021年10月22日